공자, 페미니즘을 상상하다

공자, 페미니즘을 상상하다

김세서리아 지음

성균관대학교
출판부

| 차례 |

프롤로그 : 기이한 시도   _ 006

제1부 소통과 공존   _ 027

1장   인(仁), 휴머니즘! 反페미니즘?   _ 028
2장   '효(孝)'와 여성주의 보살핌 윤리   _ 052
3장   유교적 유토피아, 여성주의적 유토피아   _ 080

제2부 차이와 연대   _ 099

4장   차이 – 연대의 에토스로서의 '화이부동(和而不同)'   _ 100
5장   군자의 충서(忠恕) : 공자의 똘레랑스와 여성주의   _ 123
6장   유교적 '정직함(直)'에서 찾는 여성주의 윤리의 단초   _ 138

제3부 경계와 탈경계   _ 159

7장   '뫼비우스 띠'로서의 음양과 경계 흐리기의 철학   _ 160
8장   삶/죽음에 대한 유교적 성찰과 여성주의   _ 180
9장   한국의 다문화 가족을 위한 친친(親親)의 패러디   _ 198
10장 자유·권리에 대한 유교적 반추와 여성주의   _ 222

에필로그 : 공자, 페미니즘을 상상하다   _ 243

후기   _ 251

기이한 시도

1

페미니즘을 말하기로 하면서 왜 굳이 공자(孔子)를 떠올리는가? 그의 이름은 자주 봉건 정치 이데올로기, 도덕적 규범, 엘리트 중심주의, 계급, 보수주의와 연관하여서 더 자주 등장하지 않는가? 또한 가부장제, 남성 중심, 여성 억압, 제도적 모성 등의 측면과 어울리지 않는가? 페미니즘 진영에서는 특히나 더 의심스러운 이 '성자(聖者)'가 지금 여기의 우리에게 왜 주목되어야 하는가? 공자와 그의 텍스트들에게서 결코 떨어질 수 없을 것처럼 단단하게 연결되어 있는 전통 유교 가부장제라는 장치를 페미니즘의 스펙트럼으로 분석한다는 것은 어떤 의미를 지니는가? 불순물이 가득 담겨 넘칠 듯 넘칠 듯하는 이 위험한 인물과 그의 사유를 왜 끌어안아야 하는가? 도대체 그런 무모한 짓, 기이한 시도가 왜 우리에게 필요한 것인가?

이런 물음에 대한 대답은 의외로 간단하다. 그것은 바로 그 전통 유교 가부장제가 우리 삶의 일부를 장악하고 있으며, 일상에 깊숙이 자리하고 있기 때문이라는 것이다. 서로 다른 문화와 역사, 엄청난 차이들이 민족, 나라, 인종, 성별, 그리고 각각의 개인 안에 존재한다는 것, 세계는 한 가지 색이 아니라 알록달록, 컬러풀하다는 것이며 우리의 색은 서양의 그들과는 다른 색, 즉 전통 유교라는 색깔을 품고 있다는 것이다. 이러한 이유 때문에 공자를, 유교를 어떤 방식으로든 말하지 않고는 우리에게 익숙한, 혹은 알맞은 페미니즘 이론을 개발할 수 없다는 것이다.

한 사상가에게 매료된다는 것은 어떤 사상을 산출해내는 조건들에 관련된, 그것을 정립하는 힘 속에 들어 있는 주체의 몸짓에 감응하는 것이다. 따라서 그 몸짓을 잘 이해하기 위해서는 그의 이념적, 제도적 측면이 아니라, 그의 삶을 둘러싸고 있던 상황을 간과하지 않는 것이 더 필요하다. 솔직히 나에게 공자는 초월적이거나 숭배해야 할 의미를 지니는 인물은 아니다. 그의 텍스트로부터 무한한 감동을 받고 거기에서 수많은 교훈을 얻지만, 그것의 내용이 어떤 초월성이나 신비함, 숭배의 개념과 같은 것은 아니다. 그러기에 다른 어떤 사람들처럼 공자를 신격화하거나 공자의 사상을 절대적으로 찬양하거나 미화하지 않는다. 나에게 공자는 현실적 삶에 대한 고민이 어느 누구보다도 절절하였던, 한 시대를 풍미했던 위대한 사상가일 뿐이다. 그래서 그를 聖者라고 부르지만 그것은 초월, 신비, 숭배의 단어와는 거리가 있다. '聖'이라는 글자에 담겨져 있는 '耳 + 口', 즉 '귀 달리고 입 달린' '세속적인'의 의미로 그를 대한다.

하지만 이러한 것이 나에게서 공자의 가치를 희석시키는 요인이 되지는 않는다. 오히려 그렇기 때문에 신비감이나 초월성, 혹은 숭배라는 단어가 주는 거리감을 벗어나 친근함을 섞어 현실 감각이 뛰어난 공자와 그의 사유를 논의할 수 있다. 사랑하는 제자의 죽음 앞에서 "하늘이 나를 망치는구나! 하늘이 나를 망치는구나!"라며 통곡하던 공자, 양화에게 예물을 받아들고는 예를 지키기 위해 어쩔 수 없이 답례하러 가는 공자, 양화가 없는 틈을 타서 가지만 급기야는 골목에서 양화를 마주치고 마는 공자, 원양의 무례한 행동거지에 불쾌한 기색을 감추지 않고 자신의 생각을 단호히 퍼붓는 공자, 낮잠 자는 제자를 썩은 담장에 비유하면서 혹독하게 나무라던 공자를 통해 우리 주변에 필요한 이야기들을 풀어놓을 수 있다. 이러한 작업을 통해 제도와 이념을 넘어서는 공자의 휴머니즘을 발견할 수 있고, 거기에서 한 걸음 더 나아가 페미니즘 이론을 개발할 수도 있을 것이라 생각한다.

벼룩시장에 가본 적이 있는가? 그곳에는 다른 데서는 발견할 수 없는 물건들을 찾을 수 있다. 한참 유행이 지난 구식 물건, 온전하게 보존되지 못한 깨진 물건, 쓸모없어 보이는 물건, 용도를 정확히 가늠할 수 없는 정체불명의 물건, 기름때가 끼어 노랗게 바랜 사진과 문헌들, 그리고 무디게 생긴 무쇠칼 등을 발견한다. 오래된 옛것은 전통, 보수 등의 단어를 연상시킨다. 하지만 늘 그런 것은 아니다. 한때 유행했었으나 이제는 유행의 대열에서 탈락한 것이라는 의미의 구식 물건에 대한 이미지는 패러디와 연관되고, 그것이 궁극적으로는 긍정적인 의미를 가질 수도 있다. 과거는 기억의 형태로 현재 순간에 공존하고 있다. 비록 우리를 실제로 지각하게 했던 과거의 그 대상이 지금 현재 실재하지 않는다 하더라도, 그 느낌과 이미지의 영역은 살아 있어 우리는 그것을 생생하게 느낄 수 있다. 단지 잠시 잊고 있었을 뿐 사라지지 않은 과거의 느낌은 우리 곁에 남아서 능동적이고 창조적인 자아를 만드는 원천이 된다. 조각조각 떠도는 기억들이 인간의 상상력과 심리적 활동을 거쳐 과거의 의식으로부터 수면 위로 떠올려지고, 그것이 창조적이고 역동적인 힘으로 전환될 수 있다는 것이다.

그런데 이렇게 말하고 나서도 성차별적인 예(禮)를 말하고 계급성을 옹호하며 혈연가족을 강조하는 공자의 사상을 어떻게 새로이 재조명할 것인가는 여전히 쉽게 해결되지 않고 머릿속에서 뱅뱅 맴을 돈다. 사실 묻혀 있는 물건들을 찾아 세상에 의미 있게 내놓으려는 시도는 어쩌면 개인적인 욕심에 불과할지도 모른다. 따라서 나의 시도는 '오독' 혹은 '오용'이라는 비판을 받을 수도 있다. 하지만 나의 오독은 그냥 오독이 아니라 치밀하게 계산된 오독과 오용이다. 의도된 오독과 오용을 통해서 새로운 것, 지금 여기에 의미 있는 것을 얻어낼 수 있다면, 그것은 가치 있는 작업이 아닐까? 여성철학자 이리가레는 "말의 오용을 통해서만 여성적인 것이 나타난다"고 말한다. 이리가레가 주장하는 오용의 방법론은 전적으로 부적합한 목적을 위해 타당한 것을 언어적 오용 방식으로 받아들이면서 철학을 흉내내는 것이다. 그리고 이 속에서 담론의 사용을 지배하는 배제적인 고유성 규칙들에 대해 문제제기를 하는 것이다. 나의 의도는 이리가레가 말하는 오용의 원리와 맞닿아 있다.

그러나 이러한 나의 정당화 작업에도 불구하고 내가 이 책에서 시도하는 바는 또 다른 비판을 받을 수 있다. 그것은 공자의 사상이 산출된 조건들의 형식을 잔여로서 남겨놓음으로써, 여성주의가 단행하고자 하는 모든 시도에 폐허를 남겨놓는다는 것이다. 가부장제라는 온상에서 자라난 사상과 개념으로부터 그와는 아주 상반된 여성주의 논의를 이끌어내는 것은 애초부터 어불성설이거나 혹은 여성주의가 지향하는 목적을 흐리는 불온한 작업이라는 것이다. 이같은 비판과 우려는 일면 합당하다. 하지만 이전에 부정적인 의미를 지녔던 개념이 앞으로도 똑같이 그럴 것이라고 장담할 수 있는 확실한 근거도 사실 없다. 토양이 바뀌면 혹은 의도적으로 토양을 달리해주는 방식으로 다른 생성물을 얻어낼 수 있을 것이기 때문이다.

온고이지신(溫故而知新), '옛 것을 익혀 새로운 것을 앎'으로 해석되는 말이다. 이 말을 어떻게 해석하느냐에 따라 우리는 진보적인 공자 혹은 보수적인 공자를 만나게 된다. 옛 것을 익힌다는 말이 주는 의미에서 보수성을 발견할 수도 있고, 새로운 것을 안다는 말에서 진보성을 말할 수도 있다. 우리에게 공자는 주나라의 예를 복원하고자 한 복고주의자로 알려져 있지만, 사실 공자는 주례를 고집하기만 한 것은 아니다. 예를 지키려고 무진장 노력하지만, 그것을 그저 묵수하려고 하지는 않는다. 그렇기 때문에 그는 그냥 "옛 것을 익히자"라고 말하지 않고, "옛 것을 익혀서 새로운 것을 알라"고 말한다. 형식의 존속을 꾀하지만 시대에 맞는 합리성을 부여하여 새로운 의미 창출을 하라는 말이다. "옛 것을 익혀 새로운 것을 안다"는 공자의 말은 무엇을 익히고 그것을 어떻게 새롭게 할 것인가의 고민을 우리에게 안겨준다. 사실 '페미니즘'이라는 복잡하고도 지형이 넓은 주제 아래에서 '옛 것을 익혀 새롭게 하기'의 의무를 수행하기란 완성되지 못할 지난한 과제를 떠맡는 것이 아닌가 하는 불안감을 엄습하게 한다. 그러나 그렇다고 해서 지금의 나 혹은 우리를 있게 한 옛 것을 모두 버릴 수도 없다. 그것을 모두 버린 채 저들이 마련해준 옷으로 냉큼 갈아입을 수 없다는 말이다. 사실 그것은 쉽지 않으며 가능하지도 않을 것이며, 또한 억지로 갈아입었다 해도 내내 남의 것을 덧입었다는 사실 때문에 불편할 것이다. 나에게 익숙한 개념들을 그러나 낯선(새로운) 방식으로, 지금 여기의 나에게 있는 것들을 재활용하고 고쳐 쓰는 방식, 그리고 그것에 기대어 한국적 페미니즘 이론을 만들어보는 것, 이것이 온고이지신의 방법일 것이다.

이러한 의미에서 나는 이 책에서 내가 시도하는 작업이 그저 무모한 것이거나 전혀 무가치한 것은 아닐 것이라 확신한다. 그것은 사회를 비판하는 하나의 은밀한 제스처가 될 수도 있으며 또 어쩌면 도화선이 될 수도 있다. 그저 공자의 사상을 받아들이는 것이 아니라 편파적 사랑의 방식인 공자의 혈연애를 어떻게 보편적인 휴머니즘으로 만들 수 있으며 나아가서 페미니즘에 유용한 전략과 만나게 할까? 효를 어떻게 진정한 여성주의 보살핌의 윤리와 만나게 할 수 있을까? 군자의 충서(忠恕)는 톨레랑스와 어떻게 같거나 다른가? 전통 유교에서 조화의 의미는 현대 여성주의에서 어떻게 재활용될 수 있을까? 친친(親親)을 패러디한다는 것은 어떻게 가능하며, 그것은 또한 현재 우리의 가족 담론에 어떻게 순기능으로 작동할 수 있는가? 삶도 모르면서 어찌 죽음에 대해 논하랴라고 발뺌하는 공자의 죽음관이 여성주의와 무슨 상관이 있는가? 등등을 묻고 그것에 답하는 과정 속에서 새로운 페미니즘 이론의 지평을 여는 길을 만날 수 있으리라 기대하기 때문이다.

공자가 지배 계층의 이익을 대변하고 남성중심, 가부장제에 유익한 이론을 제공한 측면을 부정하기란 어렵다. 그러나 공자가 전해주는 메시지가 단지 엘리트, 지배계층, 권력의 중심에 처해 있는 자, 남성, 가부장의 이익 대변에 그치는 것인가에 대해서는 더 생각할 일이다. 만약 아니라면 공자가 궁극적으로 바라는 것, 그가 이루고자 한 것은 무엇이었는가? 그것은 '한데 어울려 잘살기'일 것이다. 그리고 그것은 일부 엘리트 지배층이나 백성, 남성에게만 국한하는 것이 아니라 그의 가르침과 교훈이 작용 가능한 세상의 모든 이들에게 해당되는 것일 게다. 그의 사랑(仁)은 비록 출발의 지점을 혈연에 두고 있지만, 거기에서 끝나지 않고 보편애를 지향하기 때문이다. 사랑을 자신이 머무는 공동체 안으로만 축소시키지 않고 자기와 소원한 관계의 사람, 천하, 무생물에게까지 미치도록 하는 것이 공자가 그토록 간절히 바랐던 모든 사람의 인(仁)이 아니었던가?

어떤 사상이 내적으로 여성주의적 특성을 갖고 있지 않다고 해서 그 사상을 계기로 한 여성주의 이론이 개발되지 못하는 것은 아니다. 맑스의 사상이나 프로이트의 정신분석학 이론이 남성중심성, 여성주의적 한계를 지니고 있다고 해서 맑시즘적 페미니즘, 혹은 정신분석학적 페미니즘이 성립할 수 없는 것은 아니다. 물론 어떤 사상으로부터 'ㅇㅇㅇ적 페미니즘'이 산출되기 위해서는 '어떤 사상'과 'ㅇㅇㅇ적 페미니즘' 사이에 구체적이고 강력한 개념적 연결고리가 분명하게 드러날 수 있어야 할 것이다. 만약 그 연결고리를 찾지 못한다면 그 논의는 허구이며 아무런 힘도 갖지 못할 것이기 때문이다. 이 책은 그런 연결고리를 찾고자 한 노력의 결과이다. 그러나 연결고리를 찾는 나의 작업이 공자의 사상에서 페미니즘적 요소를 찾아내는 방식으로만 이루어진 것은 아니다. 오히려 곳곳에서 공자의 사상이 지니는 반페미니즘적 요소를 철저하게 드러내는 방식을 따르고자 하였다. 공자의 사상에서 반페미니즘적 내용을 포기해야 한다는 사실 자체가 문제시 될 필요가 있을까? 한 걸음 앞으로 나아가기 위해서는 몇 걸음의 후퇴도 필요할 때도 있지 않을까? 이러한 질문을 해보면서 나는 공자의 사상을 지금, 여기의 우리에게도 여전히 필요한 것으로 두기 위해서는 공자 사상이 가지고 있는 갖가지 요철을 인식하고 그것을 온전히 펴는 작업이 필요하리란 생각을 한다. 즉 지금 우리가 해야 할 일, 필요한 일은 공자가 보여주었던 몸짓을 다시 사유하는 것, 공자의 몸짓이 지니는 복잡한 굴곡들을 현재적 의식에 맞게 펴보는 것, 공자의 몸짓이 주는 메시지에 활력을 불어넣는 일이라는 것이다.

여성억압의 현실을 인식하고 그것을 넘으려는 우리의 노력은 한국적 상황에 맞는 여성철학 이론의 정립을 요청한다. 이는 이미 논의된 서구의 페미니즘 이론을 분석하고 이해하는 노력에 못지않게 우리에게는 중요한 사안이다. 한국적 여성철학의 이론 정립을 문제 삼는 논의는 두 가지 프로젝트에 주목해볼 필요가 있다. 하나는 지리적, 역사적, 문화적인 기반을 가지고 있는 자율적인 페미니즘의 관심과 전략을 제안하는 문제이다. 다른 하나는 헤게모니를 잡고 있는 서구 페미니즘에 대한 내재적 비판에 관한 문제이다. 전자는 새로운 건설과 구성에 관한 것이고, 후자는 탈구조화와 해체에 관한 것이다. 해체와 건설이라는 프로젝트의 주제는 모순적인 것처럼 보인다. 하지만 이 두 가지 작업이 동시에 이루어지지 않고는 한국적 여성철학의 이론은 마련될 수 없으며, 설령 마련된다고 하더라도 그것은 서구 페미니즘 담론 모두로부터 주변화되어 버리고 만다. 이 책의 작업은 첫 번째 프로젝트에 집중한 것이다. 서구 페미니즘 이해관계에 접합되어온 준거틀을 기반으로 주제에 관한 독특한 분석적 범주를 통해 유가 철학의 개념을 분석해보고 이를 한국 여성철학의 이론 정립에 재활용하고자 하는 것이다.

크리스티나 폰 브라운은 "서양에서 사상가가 되기 위해서 정말 잘해야 하는 것이 있다. 다시 말해 언급할 수 없는 대상인 여성을 추상적인 언어로 은폐시키는 일을 잘해야 한다. 이 일을 얼마만큼 잘할 수 있는가에 따라 사상가가 될 수도 있고 안 될 수도 있기 때문이다"[1]라고 말한다. 이 말에 의거해보면 여성철학자가 되기 위해서는 그와는 반대의 방

---

1 Christina von Braun, Nicht ich, Logik-Lüge-Libido, Frankfurt a. M. 1985, 11쪽 참조.

식, 즉 여성을 비근한 언어로 얼마만큼 잘 드러낼 수 있는가가 관건이다. 이렇게 보면 지금 우리가 해야 할 작업은 우리 주변의 것들이 얼마나 여성을 억압했는가를 찾아내는 것뿐 아니라 수면에 떠오르지 못한 채로 남아 있는 여성의 이야기를 퍼올리는 것, 공자가 구체적으로 거론하지 않았어도 만약 그가 지금 살아 있다면 했을 법한 논의들을 발굴해내는 것, 그의 사상에 의지하여 우리가 의도하는 바대로 발전시켜 보는 것이다. 그저 남근 논리에 따른 가치의 왕국과 남근을 중심으로 한 성에 의지한 논의가 아니라, 여성의 눈으로, 여성주의적 눈으로, 여성의 경험으로 철학을 읽어내고 만들어내는 과정이 필요하다.[2]

2

이 책은 서로 연관된 3개의 주제를 1부, 2부, 3부로 나누어 구성하였으며, 10개의 세부 주제로 이루어져 있다. 이 책의 키워드는 차이, 연대, 경험, 구체성, 특수성, 다양성, 공존, 소통, 경계, 탈경계 등이다. 특히 '차이'는 이 책을 관통하는 핵심 키워드이다. 하지만 차이만을 강조할 때 산출될 수 있는 한계를 넘어서기 위한 방편으로 연대를 동시에 강조한다. 여기에서의 연대는 통일성이나 단일성과는 다른, 느슨한 형태로서의 의미로 사용되었다. 이 책의 세 부분, "소통과 공존" "차이와 연대" "경계와 탈경계"는 내가 펼치고자 하는 생각의 움직임을 나름 표현

----

2   상동 63쪽.

한 것이다. 세 개의 주제로 범주화하기는 했으나 이들은 각각 동떨어져 있는 것이 아니라 상호 유기적으로 밀접하게 연결되어 있으며 각각의 범주들이 서로의 논리를 뒷받침해주고 있다. 각 장에서 논의하고 있는 내용은 대체로 다음과 같다.

1장, "인(仁), 휴머니즘! 反페미니즘?"에서는 사람을 사랑함, 사람다움, 타자와 함께 하기를 강조하는 공자의 휴머니즘이 어떻게 해서 반페미니즘으로 남게 되는가? 누구보다도 인간 사랑에 치중하는 공자가 반페미니스트의 혐의를 받게 되는 것은 어떤 이유에서인가? 등의 문제를 다루고 있다. 공자의 인이 반페미즘으로 남겨지게 되는 이유를 세 가지 지점에서 살펴보았다. 우선 유가적 인의 실현은 남성중심주의적인 시각에서 마련된 모범의 전형인 삶의 틀을 인정하고 그것을 실천하면 나름대로의 도덕성을 실현할 수 있다는 포부를 지니지만, 그것이 여성에게 적용될 때, 그것은 유교 사회가 인정하는 도덕적 주체가 아님을 비판했다. 주어진 방식대로 모범적인 삶을 살아가면 그것으로써 여성은 도덕 주체가 되는 것이 아니라, 남성을 도덕 주체로 만드는 훌륭한 보조자가 되는 것에 그친다는 것이다. 그래서 결국 유가적 도덕 주체의 기획은 여성주의와 만날 수 없게 된다는 것이다. 또 인은 아무렇게나 이루어지는 것이 아니라 예(禮)라는 형식에 따라 실현되는데, 예는 상하 존비, 남녀의 구분을 명확히 함을 드러내주는 기제이다. 상하존비와 남녀분별이라는 위계적 특성 속에서 상하와 남녀에게 다르게 적용되는 예는 '함께'의 의미와 더불어 '차별'의 측면을 강하게 제시하고 있는데, 이 역시 여성주의적 입장에서 한계로 지적될 수 있음을 상기하였다. 그리고 전통 유가 철학에서 예는 욕망과는 대치관계에서 이해되고 따라서 욕망 자체가 부정되지는 않지만 욕망을 절제할 것, 욕망을 억압할 것의 과제가 강조되는 성향을 갖는데, 이때 욕망과 예는 불연속적인 관계임을 밝혔다.

2장, "효(孝)와 여성주의 보살핌의 윤리"는 가톨릭여성연구원 〈가정 생명 심포지움 II(2008. 12. 13)〉에서 "반생명 문화현상으로서의 가족 폭력과 여성주의적 돌봄의 윤리 –노인 학대와 효를 중심으로–"의 제목으로 발표했던 내용을 기저로 삼았다. 이 장에서는 그동안 보살핌의 행위가 불평등한 인간관계 속에서의 활동으로 이루어져왔고 그 속에서 개인적인 책임과 희생만을 강조해왔음을 지적하면서, 효의 강조 역시 이러한 맥락 속에 있음을 논의하였다. 따라서 '보살핌의 윤리'라는 측면에서 가질 수 있는 효의 긍정적 지점을 찾으면서도 그것이 가질 수 있는 한계를 최소화하는 방안을 모색하고자 하였다. 이를 통해 전통적인 효의 내용을 재조명하고 그 의미를 정확히 알면서 현대 페미니즘 담론에서 효를 긍정적으로 검토할 수 있는 지점을 확보하고자 했다.

이러한 문제의식을 효과적으로 다루기 위해 효를 혈연 가족관계 안에서만 다루거나 모성에만 의지하지 않는 개념으로 상상해보는 것, 즉 사회적 관계, 성별을 넘어서 남성의 영역으로까지 확장, 적용되는 방식을 택하였다. 또한 효를 실천하는 데에는 어려운 일을 수행할 때에 수반되어야 하는 책임감과 자기 보살핌이 전제로 되어야 함을 강조했다. 보살핌의 행위란 '자연적으로 주어져 있는 본성'이 '저절로' 나타나는 것이 아니며, 비록 그러한 본성이 자연적으로 주어져 있다고 하더라도 그것은 어떤 노력을 통해서 이루어지는 '프로젝트'임을 논의했다.

3장, "유교적 유토피아, 여성주의적 유토피아"에서는 유가 철학에서 이상 사회로 제시하는 대동 사회를 여성주의 입장에서 분석함으로써 유교적 유토피아가 여성주의적 유토피아와 어떤 지점에서 같거나 다른가에 대해 논의하였다. 이 책에서 유토피아의 개념은 개방성과 역동성을 가진 보다 나은 세계의 의미로, 그 지평을 확장하는 의미를 지니는 것으로 사용되었다. 유토피아를 열린 혹은 역동적인 의미로 이해하는 것을 통해 여성주의적 전략에 유용한 지점으로 활용해볼 수 있다고 생각하기 때문이다.

대동 사회가 지니는 유토피아적 의미를 점검하면서, 그것이 지니고 있는 여성주의적 한계, 예컨대 성별 역할 분업, 동일성, 중립성 등이 산출하는 문제점들을 논의하였다. 이러한 논의를 통해 '여성주의적'이라는 수식어를 뺀 원리주의적 사고가 어떤 한계를 지니는지, 혹은 그것이 내포하는 이론적이고 정치적인 함정이 무엇인지 등을 드러내 보이고자 했다. 하지만 이러한 작업이 유토피아 그 자체로부터 후퇴하거나 유토피아를 포기하는 것을 의미하는 것은 아니다. 유토피아를 포기한다는 것은 여성들이 앞으로 만들어낼 새로운 사회에 대한 전망, 혹은 여성들이 가질 수 있는 힘의 포기를 의미하며, 이는 결국 얻는 것보다 잃는 것이 더 많을 것이라 생각하기 때문이다.

4장, "차이-연대의 에토스로서의 '화이부동(和而不同)'"에서는 어떤 것에 단순히 동일화되지 않고 차이를 인정하면서도 그것들 간의 조화와 연대를 꾀하는 윤리적 태도에 대해 논의하였다. 차이를 인정하는 조화, 연대의 개념이 추상적 일반화, 보편화의 폭력성을 피해 가면서도 규범적 가치기준이 부재할 때 발생하게 되는 문제점을 해결할 수 있다고 보는 것이다. 다원성, 차이를 보장받기 위해서 윤리적 실천의 공통된 기반이 필요한 것은 당연하지만, 이것이 보편성을 강조하는 차이 이전의 윤리 규범으로 환원되어서는 안 된다는 점을 밝혔다.

또한 권력의 핵심에서 벗어나 있는 집단, 억눌린 사람들의 집단, 소외 계층에게는 무엇보다도 그들의 생각과 욕구를 말할 수 있고 또 표현할 수 있는 목소리를 확보하는 것이 필요하며, 구체적 타자로서의 개인들을 그 자체로 인정할 수 있는 '윤리적인 에토스'가 필요함을 논의했다. 이렇게 조화를 강조하면서도 그러나 그 조화가 자신의 고유한 특성을 모두 잃어버린 채 다른 것에 동화되는 것을 의미하는 것이 아님을 특별히 강조하였다. 진정한 의미에서의 조화란 차이를 개발하는 그래서 개별적인 특성을 보전시키면서도 전체와 융화하고 통합하려는 지점을 찾고자 노력하는 것이어야 함을 분명히 인식시키고자 한 것이다. 또한 아무리 조화와 통합, 소통 등을 염두에 둔다고 하더라도 그것이 상대주의에 빠지거나 혹은 차별을 은폐하는 방식이어서는 안 되는 것임을 강조했다.

5장, "군자의 충서(忠恕) : 공자의 똘레랑스와 여성주의"에서는 나와 다른 이념, 다른 생각을 인정해주는 것으로서의 똘레랑스 정신이 다양성, 차이 등을 추구하는 여성주의와 만나는 지점이 있음에 주목했다. 그러나 여기에 그치지 않고 이 똘레랑스가 한국 사회, 한국적 상황에서는 어떠한 한계점을 지니는가 논의하면서, 공자가 말하는 '군자의 충서'를 통한 보완을 생각해보았다. 똘레랑스의 정신이 지니는 긍정적인 측면을 무시하는 것은 아니지만 서구에서 전적으로 자신들의 필요에 의해 산출된 개념인 똘레랑스가 비서구 사회를 살아가는 사람들에게 폭력을 행사하는 국면을 낳을 수 있음을 강조했다. 또한 사회적 불평등, 빈부의 극심한 차이, 사회적 약자에 대한 탄압이라는 현실에 직면해 있는 사람들에게 부적절할 수도 있음을 논의했다. 아직 불평등의 요소가 많이 남아 있는 사회에서 다름의 인정을 크게 강조하는 방식은 자칫 불평등한 관계를 더욱 공고화하는 요소로 전용될 위험이 크다는 점을 논의하고자 했다. 이에 다름을 인정하고 타자의 입장을 존중하면서도 그에 앞서 도덕적 수양과 자기반성이 요구되는 충서의 정신을 통해 차이의 철학의 진정성, 여성주의 차이의 철학을 논의하고자 한 것이다.

그러나 충서 개념이 아무런 제한점 없이 여성주의 전략이 되는 것은 아님을 분명히 했다. 충서 그 자체가 억압적인 개념이 아님을 말하더라도, 여기에 일방적인 방향성이 있음을 부정할 수 없다는 것이다. 일방적인 방향성을 지니는 것에서 대화, 상호성, 소통이라는 이미지를 산출하기는 사실 매우 어렵다. 따라서 군자/비군자라는 계급적 문제와 불평등성의 문제가 아직 해결되지 않은 유교적 충서 그 자체로는 여성주의에 유용한 개념으로 재활용할 수 없음을 지적하고, 이러한 한계를 넘어서기 위한 더 많은 논의의 필요가 있음을 강조하였다.

6장 "유교적 '정직함(直)'에서 찾는 여성주의 윤리의 단초"는 "유교적 가족 서사로서의 친친에 대한 비판적 성찰"(『인간연구』, 제17호, 2009)을 근거로 하였다. 이 장에서 다루는 주제는 혈연애에 기반하는 유교적 정직함을 어떻게 도덕적으로 정당화할 수 있는지, 편파성과 윤리성 두 가지 개념을 아무런 모순 없이 공존시키는 것이 과연 가능한지 등이다. 이를 효과적으로 논의하기 위해 우선 정의의 윤리가 가지는 한계점을 지적하였다. 정의와 공평성에만 치중하는 도덕 원리를 채택할 경우, 편파성은 도덕적으로 정당화될 수 없으며 편파성에 대한 도덕적 정당화라는 의도 자체는 모순이거나 불순한 동기를 갖는 것임을 상기시키는 것이다. 이러한 작업은 정의의 윤리가 표방하는 공정성과 보편성이 언제나 도덕적으로 정당하기만 한 것인가를 반성하는 작업의 일환이다. 모든 사람에게 동일한 도덕 원리나 기준을 적용하는 것이 개인이 지니는 특수성이나 맥락에 따른 미묘한 차이를 간과할 수 있으며, 이로부터 여성, 유색인종, 노약자, 장애인, 빈곤층 등 사회적 주변인의 생각이나 경험이 무시될 수 있음을 드러내 보이는 것이다.

그리고 보편성, 정의의 윤리가 지니는 한계를 넘기 위한 대안으로 전통 유교의 차별애의 맥락이 지니는 편파성을 제시해보았다. 유교적 사랑의 방식은 구체성, 특수성에 기반하고 있으면서 어떤 특수한 상황들을 하나하나 고려하며, 이러한 측면은 여성주의 윤리가 강조하는 감정, 차이, 경험의 맥락을 고려하는 것과 만나는 지점이 있기 때문이다. 하지만 특정한 관계 안에서 당사자들의 필요를 고려하기 때문에 편파적이 될 위험성이 따른다는 점을 간과하지 않기 위해 노력하였다. 유교적 차별애는 부계혈통 강화와 밀접하게 연관됨으로써 가부장제적 성향에 의한 여성억압과 혈연의 강조로 인한 가족 문제를 산출할 수 있으며, 특별한 관계의 사람들에게 편파적 애정을 갖느라 그 편파성이 산출하는 폭력성이나 횡포의 힘을 간과하기 쉽다는 점을 인식하는 것이다. 이러한 한계를 인식하면서도 그럼에도 불구하고 이것이 어떻게 도덕적 유의미성을 확보할 수 있을지 그 방안을 모색하는 데 주력하였다.

7장, "'뫼비우스 띠'로서의 음양과 경계 흐리기의 철학"에서는 안과 밖이 서로 꼬여 있는 뫼비우스의 띠를 음양 관계에 유비하여, 음양 개념이 경계 흐리기의 철학이 될 수 있음을 시사하였다. 음양을 뫼비우스 띠로 이해하면서, 이를 통해 음양을 이분법을 넘어서는 하나의 이론 모델로 사용할 수 있는 지점을 모색하고자 한 것이다. 이 장에서 특별히 강조하는 바는 음양은 이분법적인 한 쌍으로서가 아니라 이분법적인 쌍의 중추적인 지점에서 비결정적으로 위태롭게 배회하는 문지방이자 경계선의 개념으로 이해해야 한다는 것이다. 즉 이분법적인 쌍을 능가하거나 벗어나서 음양을 거론할 수 있는 장치가 고안되어야 한다는 것이다. 음양은 두 가지의 것, 마음/몸, 남성/여성 등의 이항 사이의 관계를 설명 가능하게 하는 개념임을 상기시키면서, 두 가지 것들이 각각의 정체성을 가지는, 그렇지만 그것이 철저히 분리된 것도 아님을 가정한다. 즉 이질적인 것이 서로 연결되어 있으면서 한 가닥이 다른 가닥과 꼬일 수 있는 능력을 가지고 있음을 강조했다. 하나이면서 둘이고 둘이면서 하나인 음양의 특징을 통해 둘로 분리된 것들 간의 단단하고 확고한 경계를 허물고 그것을 위반하는 이론 모델을 모색할 수 있음을 제시하였다.

음양은 만물을 이루는 최초의 원형이면서도 엄격히 말하면 실체는 아니라는 인식에서 출발한다. 즉 음양은 실체로 이해되는 것이 아니라 모든 물질성의 양식을 구성하는 순수한 차이의 효과로 간주되어야 한다는 것이다. 음양이라는 두 가지 완전히 분리된 실체의 유형이라는 의미로 설명되는 대신 차이, 엄밀하게 말하면 통합이 불가능한 차이, 다양한 타자성과 분리 불가능한 차이들을 말할 수 있는 개념으로 설명되어야 한다는 것이다. 이러한 과정은 동일시되거나 밀폐되는 것이 아니라 차이와 차이들의 흔적과 잔재를 찾는 방향으로 이루어져야 함을 강조하였다. 음양에 대한 이같은 이해를 통해 음양을 이분법을 넘어서 무수히 많은 차이와 그것들의 변형태를 생각하는 이론 모델로 만드는 것이 가능해진다.

8장, "삶/죽음에 대한 유교적 성찰과 여성주의"에서는 죽음/삶, 남성/여성의 이분법적 사고 안에서 뒤에 오는 항들이 가치 폄하되는 사고를 비판적으로 인식하면서, 전통 유가 철학에서 죽음에 대한 이해는 이와 다른 방식이었음을 소개하였다. 그리고 이 과정 안에서 유교와 여성의 관계를 생각해보는 하나의 지평을 열어보고자 하였다. 정신/육체, 남성/여성, 삶/죽음 등의 이분법이 산출하는 죽음과 여성에 대한 가치평가적인 사고를 반성하고, 죽음을 삶 혹은 생명의 연속성으로 논의하고 이때 연속성을 재생과 반복의 의미로 해석하는 유가 철학의 사생관을 소개하였다.

"삶도 모르는데 죽음을 어찌 말하겠는가?"라는 공자의 말이 죽음에 대한 도외시가 아니라 잘사는 삶이 인간이 담당해야 할 몫이고 그렇게 함으로써 죽음에 대해서도 잘 알 수 있는 것임을 밝혀, 이로부터 긍정적인 여성주의 전략을 구상해보고자 하였다. 죽음을 도외시하지는 않지만 사상의 초점을 현실적 인간의 삶, 즉 현재의 시간과 공간 속에 존재하는 구체적 인간과 인간의 일에 두는 공자의 생사관으로부터 현실적 여성 경험, 여성의 삶에 대한 논의를 생생한 담론으로 이끌어낼 수 있는 여지를 발견해보려는 것이다. 즉 공자의 삶과 죽음에 대한 언설은 지금 억압된 삶에 순응하면서 참고 이겨내기를 권유하거나 힘든 현실적 삶의 고충을 저 세상에서 보상 받을 수 있다는 거짓 희망을 주는 논리가 아니라, 현실적 삶에 관심을 가지고 그것을 고민하라는 것으로 읽혀질 수 있음을 밝힌 것이다. 그리고 이러한 공자의 삶과 죽음에 대한 논의로부터 여성들이 현실적인 삶에 보다 많은 관심을 가지고 그것이 지니는 한계를 극복하는 철학을 모색할 수도 있음을 주장하였다.

9장, "한국의 다문화 가족을 위한 친친(親親)의 패러디"는 "친친의 역설에 근거한 한국의 다문화적 가족 상황에 대한 전망"(『한국여성철학』, 제9권, 2008)에서 논의했던 내용을 '패러디' 개념과 연관지어 발전시킨 것이다. '패러디' 개념은 버틀러의 논의에서 차용했으며, "기존의 특권을 가진 정체성과 실패한 정체성 사이의 간극을 새롭게 형성하는 데 기여하는 것"의 의미를 지닌다. 버틀러는 패러디 개념을 본래적인 실체성이란 없음을 드러내는 개념으로 사용하는데, 이 글에서 역시 이러한 범주로 패러디를 차용했다. 따라서 '친친의 패러디'란 친친의 개념을 실체화시키거나 고정된 범주로 이해하는 것이 아니라, 그것이 구성된 배경을 바라보고 그것을 전복하면서 새로운 것으로 재개념화, 재위치시키는 방식을 고민한 흔적을 보여주는 것이다. 현재 한국이 직면하고 있는 다문화적 상황을 친친에 대한 재해석 작업과 연관하여 논의했다. 차이에 대한 민감성을 높이고 다문화적 가치를 수용하여 획일화된 가치 아래 움직이는 단일한 문화이념으로부터 벗어나야 한다는 시각의 다문화주의가 한국적 정서 안에서는 어떻게 통용되고 있는지 살피면서, 친친과 다문화적 상황이 빚어낼 수 있는 충돌을 넘어 한국의 다문화 가족 안에서 상호문화성을 이룰 방안을 모색하였다.

　"친한 이는 친하게 대접받아야 한다"는 친친의 논리를 현대 한국사회의 다문화적 상황에 맞게 패러디하는 작업은 과연 가능한가? 한국에서의 다문화주의 정착과 관련하여 긍정적 의미로 작용할 수 있는가? 또 그것은 젠더, 한국남자의 아내, 혼혈아의 어머니, 모국에 두고 온 원가족의 딸, 자매, 한국인 혹은 한국여성 등의 중층적으로 구성되어 있는 이주결혼여성들의 정체성에 어떻게 작용하는가? 친친 개념을 전통적인 가족 이념이 산출하는 폐쇄적이고 배타적인 이미지를 넘어서 다문화적 상황 안에서 열린 공동체를 향한 긍정적 전략으로 재활용하는 것은 어떻게 가능한가? 이러한 물음들을 통해 아시아 이주 여성을 유입한 한국 가족의 다문화적 상황에 대한 이해를 높이고, 또 한국의 다문화적 가족 상황 속에서 재구성되는 가부장적 문화에 대해 반성하는 기회로 삼고자 하였다.

　10장, "'권리·자유'에 대한 유교적 반추와 여성주의"에서는 자유와 권리의 개념이 진보적 성향을 지니지만 다른 한편 고립적이고 대립적인 인간관계를 상정한다는 점을 비판적으로 인식하여, 그것의 대안을 유가 철학 안에서 마련해보고자 하였다. 이 글은 "유가 철학의 '자유' '권리' 문제에 대한 여성주의 이해"라는 제목으로 『가톨릭철학』, 제13호(2009)에 실린 내용을 수정, 보완하여 발전시킨 것이다. "유가 철학의 '자유' '권리' 문제에 대한 여성주의 이해"가 자유와 권리의 개념에 천착하여 논의한 것이라면, "'권리·자유'에 대한 유교적 반추와 여성주의"는 개인과 공동체라는 문제에 초점을 두어 논의하였다. 이 책 역시 여성의 몸, 여성의 욕망에 관한 권리, 여성들의 삶의 질을 증진시킨 많은 교육적, 법적 개혁 등이 자유주의 전통에 빚지고 있음을 부정하지는 않는다. 하지만 개인이 사회에 우선한다는 원칙을 강하게 고수함으로써 존재론적 개인주의에 치중하게 되는 한계를 노정하게 됨을 비판하고, 이러한 문제를 공동체의 권익과 상충되지 않는 방향으로 논의하는 것이 가능한가를 타진해보고자 하였다.

유가 철학의 공동체 논의는 동질성을 강조하는 조화로운 공동체를 상정하며, 따라서 동질성을 확보하지 못하는 존재들에 대해서는 차별화하거나 억압을 가할 수 있음을 간과하지 않고자 노력하였다. 단일한 공동체를 상정하고 그것을 강조하는 공동체 논의는 자칫 전체주의적 성향을 띠는 방식으로 나아갈 수 있으며, 소수자의 입장을 무시할 수 있다는 점을 인식하기 때문이다. 이러한 문제의식 하에서 유가 철학의 공동체 논의를 여성주의적 공동체 논의와 만나게 할 지점을 찾고자 한다면 그것은 이질성, 파편화, 특수성, 차이, 변화 등의 개념을 도외시하는 것이 아니라 그것을 포용하는 수정된 공동체 논의여야 함을 강조했다. 개개인의 정체성이 구성되는 방식이 결코 일률적이거나 단일한 것이 아님을 인정해야 한다는 것이다. 그래야만 그 안에서 성, 인종, 계급, 나이 등의 차이들이 존중받고 수용될 수 있을 것이기 때문이다. 차이를 드러내지 않은 채로 권리, 평등, 자유를 언급하는 것, 여성도 남성처럼 인간으로서의 존엄성과 권리를 똑같이 행사할 수 있는 존재임을 입증해내려 애쓰는 방식은 여성과 남성의 같음을 강조하는 데서 머물게 될 뿐이다. 그래서 결국 불평등의 원인이 되는 여성의 생물학적, 심리적, 사회적 차이에 대해서는 말하지 못하게 된다.

또한 유가 철학의 공동체 논의를 여성주의에 유용한 전략으로 활용하기 위해서는 여성의 권리, 욕망, 자유, 정체성 등의 문제가 전통 유가 철학의 입장을 그대로 고수하는 방식 안에서는 확보될 수 없음을 솔직히 인정하는 데서 출발해야 함을 강조했다. 자아성취, 자기확신, 독립성, 자아실현 등은 여성주의가 기본적으로 표방하는 것이며, 개인주의적 가치와 여성주의의 결합은 여성 해방의 이미지 구축과 연관되는 것이기 때문이다. 유가 철학에서의 자유, 권리, 공동체에 관한 논의를 여성주의와 만나게 하려는 시도는 유가 철학에서의 자유와 권리의 문제, 공동체 논의를 일관된 도식의 범주에서 이해하는 것을 넘어서는 것, 다양한 방식의 논의를 진행할 계기를 제공해 주는 것임을 강조하였다.

제1부

소통과 공존

1장 | 인(仁), 휴머니즘! 反페미니즘?

2장 | 효(孝)와 여성주의 보살핌 윤리

3장 | 유교적 유토피아, 여성주의적 유토피아

1장

인(仁), 휴머니즘!
反페미니즘?

휴머니즘

라틴어 Humantitas를 어원으로 하는 휴
머니즘은 고대 그리스어 Padeia로부터 유
래한 것이라고 한다. 이 말은 동물과 달리
인간을 인간답게 함양시키는 교육, 즉 교양 습득에 의한 인간성의 도야
라는 의미를 지니며, 르네상스 시기에 와서 Humaniroa라는 의미가 추
가되었다. 이로부터 서양에서의 휴머니즘은 신 중심이 아니라 인간 중
심임을 밝히는 의미, 즉 인간 스스로 독립해 있다는 인식 안에서 중세적
인간관을 거부하고 고대 희랍, 로마적 인간성을 탐구한다는 의미를 내
포하는 것이 되었다. 이러한 과정을 겪으면서 휴머니즘은 '초자연적인
것과 초월적인 것에 대해 회의를 가지게 되었고, 점차 인간의 행복을 중
심 과제로 여기는 인식'[3], '인간의 가치와 존엄성을 인식하고 인간을 만
물의 척도로 생각하거나 그 주제, 관심, 범주에 있어 인간성을 다른 어

---

3 Peter Faulkener, Humanism in the English Novel, London, 1976, p. 1.

떤 것에 앞서 다루는 철학'[4]의 의미를 가지게 되었다. 또 '인류의 통합에 대한 믿음이며 스스로의 노력에 의해 자아를 완성하는 인간의 잠재력'[5] 등이라는 의미로 정의되기도 하였다.

휴머니즘이란 말에는 인간적인 것을 무엇보다 소중히 여기는 것이며 인간적인 것에 봉사하는 것이라는 의미가 담겨 있다. 인간적인 것을 고양시키기 위해서 인간적인 것에 봉사하는 것을 말하는 것이다. 휴머니즘이 담지하고 있는 이러한 의미에 입각해 볼 때, 공자의 사상은 분명 '일종의 휴머니즘'이라고 할 수 있을 것이다. 물론 공자의 인은 서구의 휴머니즘과 발생 배경부터가 다르고 자유, 평등, 민주의 이념에 기반해 있지 않다. 오히려 가부장적 종법제도에 근간을 두고 있으면서 반휴머니즘적 성향을 보이기도 한다. 그럼에도 불구하고 공자의 인을 휴머니즘이라 말할 수 있는 것은 공자 사상이 무엇보다 인간의 일, 인간관계 등에 주목한다는 사실, 또 이러한 삶의 이상을 현실에서 실천하고 참된 인간상을 도덕적, 윤리적 실천에 의해 확립하고자 했다는 점 등 때문이다. 공자 사상의 핵심인 인은 사람다움, 사람을 사랑함 등으로 해석되며 모든 개별적 덕성들의 포괄적 전체를 의미하는 인간적 특성을 의미한다. 모든 사회적 미덕과 예를 그 본연의 정신에서 수행할 수 있는 능력을 아울러 포괄하고 있다는 점에서 인을 휴머니즘이라 정의하는 것은 큰 무리가 없을 듯하다.

---

4 Paul Edward ed. The Encyclopedia of Philosophy, N.Y. The Macmillan Company, 1978.

5 Erich Fromm ed. Humanism L an International Symposium, 사계절 번역실, 사계절, 1982, p. 1.

이렇듯 휴머니즘은 인간의 생명, 인간의 가치, 인간의 교양, 인간의 창조력을 존중하는 것, 인간적인 것, 인간다움에 관한 것을 논의하고 그 것에 봉사하는 정신을 의미하는 것이라 정의될 수 있다. 그리고 같은 맥락에서 페미니즘은 휴머니즘의 일환이라 말할 수 있다. 페미니즘은 성 억압적 측면을 고발하고 여성의 권익을 보호할 것으로 촉구하며 여성 해방을 강조하는 사상을 기저로 하기 때문이다. 공자의 사상은 일종의 휴머니즘이고, 페미니즘은 휴머니즘의 일환이라는 이같은 논의에 입각해보면 공자의 사상과 페미니즘의 관계는 그리 요원하지 않아야 한다. 그러나 공자의 사상은 아주 오랫동안 여성억압적인 사상의 대표적인 예로 거론되어오지 않았던가? 공자의 사상이 반페미니즘으로 비판받는 이유는 어디에서 기인하는가? 인간다움, 인간을 사랑하기, 인간애를 말하는 공자의 사상은 분명 휴머니즘이고 그런 점에서 그를 휴머니스트라고 부르는 것은 타당하다고 말할 수 있을 것이다. 그런데도 어떤 이유로 공자의 사상은 페미니즘일 수 없고 공자를 페미니스트라고 부를 수 없는가? 무엇이 그의 사상을, 그리고 그를 반페미니즘, 반페미니스트의 대명사로 남게 하는가? 휴머니즘 자체가 반페미니즘적 경향을 지니는 것인가? 휴머니즘의 어떤 경향이 페미니즘과 결별하는 요인이 되는가?

仁, 남자다움?

공자 사상의 핵심을 이루는 인은 도덕적, 인격적, 덕성 등의 내용과 긴밀하게 연관된다. 공자의 인은 사람을 손상하는 것과는 거리가 먼 사람다움, 사람을 사랑하기, 사람간의 관계, 친밀성 등을 내용으로 한다. 인은 윗사람에 대한 공경과 아랫사람에 대한 사랑을 기반으로 한다. 그런데 이러한 공자의 인은 공자 이전의 초기 문헌에 나타나는 인과는 그 내용을 달리한다.[6]

숙이 사냥 나가니, 길이 텅 빈 것 같네.
어찌 사람이 없으리요.
숙처럼 잘생기고 남자답지 않다는 것이지.

숙이 몰이사냥 나가니, 길엔 술 마시는 이 없네.
어찌 술을 마시는 사람이 없으리요.
숙만큼 참으로 잘생기고 좋은 이가 없다는 것이지.

숙이 들로 나가니, 길엔 말타는 이 없구려!
어찌 말을 타지 않으리요?
숙만큼 참으로 잘생기고 늠름하지 않구려.[7]

『시경』의 「숙이 사냥을 가다」라는 시이다. 린위성(林毓生)은 1연의 마지막 행에 나오는 인을 '남자다움'의 의미로 해석한다. 린위성은 이 시

....

6 "The Evolution of the Pre-Confucian Meaning of Jen and the Confucian Concept of Moral Autonomy" Monumenta Serica 31 (1924-1925) (벤자민 슈월츠, 『중국고대사상의 세계』, 살림, 122쪽에서 재인용)과 신정근, 『인간다움의 발견』 이학사, 2005에서 이와 관계되는 자세한 논의를 볼 수 있다.

7 『시경』「정풍」〈숙우전〉 叔于田 巷無居人 豈無居人 不如叔也 洵美且仁. 叔于狩 巷無飮酒 豈無飮酒 不如叔也 洵美且好. 叔適野 巷無服馬 豈無服馬 不如叔也 洵美且武.

가 사냥을 소재로 한 점을 고려하면 여기에서의 인을 어질다와 같이 도덕적인 덕목으로 해석하는 것은 무리라고 한다. 왜냐하면 2연과 3연에서 이어지는 내용이 술을 잘 마시는 것, 말을 잘 모는 것 등과 연관된 구체적 행위를 보여주는 것임을 고려해보면, 인은 『논어』이후에서와 같이 도덕성이나 인격 등과 연관한 개념으로 볼 수는 없다는 것이다.[8]

또 다른 시에서 사냥과 관련해서 인이라는 글자가 등장하는 예를 만날 수 있다. 인이라는 글자는 『시경』의 「사냥개의 방울」이라는 시에서 한 번 더 등장하는데, 여기서의 인 역시 인자함, 어짊 등의 도덕적 의미보다는 남자다움, 씩씩함, 용감함 등의 의미와 어울려서 사용되고 있다.

사냥개 방울 소리 딸랑딸랑 울리고
그 사람 잘생기고 남자답구나.

사냥개 목엔 큰 고리 작은 고리
그 사람은 잘생기고 용감하구나.

사냥개 목엔 사슴 목걸이
그 사람 잘생기고 재능 있구나.[9]

---

8   林毓生(Lin Yü-Sheng) "The Evolution of the Pre-Confucian Meaning of Jen and the Confucian Conception of Moral Autonomy" Monumeta serica, 31(1924~1925) 192~204쪽 참조.

9   『시경』「제풍」〈노령〉 叔于田 乘乘馬 執轡如組 兩驂如舞 叔在藪 火烈具擧 襢裼暴虎 獻于公所 將叔無狃 戒其傷女. 叔于田 乘乘黃 兩服上襄 兩驂雁行 叔在藪 火烈具揚. 叔善射忌 又良御忌 抑磬控忌 抑縱送忌. 叔于田 乘乘鴇 兩服齊首 兩驂如手 叔在藪 火烈具阜 叔馬慢忌 叔發罕忌 抑釋掤忌 抑鬯弓忌.

시의 제목에서 드러나 있는 바와 같이 이 시 역시 사냥을 소재로 하고 있으며, 시에 등장하는 주인공 남성을 찬미하고 있다. 서주 시기에서 춘추 시대까지 선진 시대에는 남자다움, 용맹스러움, 장부다움 등이 숭상되었던 것으로 보이는데,[10] 이는 당시에 공동체의 위기를 극복할 수 있는 능력을 힘에 두었고, 따라서 물리적으로 강한 힘이 사람들에게 선망의 대상으로 추앙되었음을 보여준다.[11] 이 같은 분위기는 공자 이후 인이 용(勇)이나 무(武) 등을 제약하는 맥락으로 이해되는 것과는 매우 다르다. 『시경』「정풍」의 〈대숙우전〉의 내용을 통해 확인해 볼 수 있다.

숙이 사냥을 나가 네 필의 말이 끄는 수레를 타네.

고삐를 실 다루듯 하고 바깥쪽 두 필 말을 춤추듯 몰도다.

숙이 늪가에 다가가니 몰이꾼들은 불꽃을 올리네.

웃통 벗고 맨손으로 호랑이 잡아 임금께 바치도다.

숙이여, 장차 거듭하지 마소서. 당신 몸 상할 것을 경계해주오.[12]

이 시에서 '폭호'는 비록 숙의 몸을 상하게 할까 하는 마음에서 경계의 대상이 되고 있긴 하지만 비판의 대상은 아니다. 공자 이전의 문헌에서 '웃통 벗고 맨손으로 호랑이를 잡아 임금께 바치는' 용맹한 행위는 찬양의 표상으로 그려진다. 하지만 공자 이후 이러한 용맹은 인을 능가

10 신정근, 『사람다움의 발견』, 이학사, 2005. 188~189쪽 참조.

11 신정근, 위의 책, 595쪽.

12 『시경』「정풍」〈대숙우전〉 叔于田 乘乘馬 執轡如組 兩驂如舞 叔在藪 火烈具舉 襢裼暴虎 獻于公所 將叔無狃 戒其傷女.

해서 긍정적인 덕목으로 평가되지 않는다. 공자 이후 무엇보다 중요한 것은 자아와 타자와의 관계였고, 사람 간의 결속, 결합을 이루기 위해서는 덕성, 사람다움, 사람을 사랑함 등이 강조된다. 공자에게서도 용기가 인과 더불어 논의되기는 하지만 이때의 용기는 호랑이를 맨손으로 때려잡을 만큼의 강한 물리적인 힘을 연상시키는 용맹의 의미가 아니라, 사람으로서 해서는 안 되는 일을 하지 않고 해야 할 도리는 반드시 행하는 신념과 확신에 찬 것으로 설명되어진다.[13]

남성성, 남성다움이 강조되는 남성중심 문화에서 남자다움과 여자다움은 명확하게 구분되어지며, 이때 '여자다움'은 열등한 것, 수치스러운 것으로 간주된다. 인간 사회의 일반적인 문화 안에서 남자아이와 여자아이의 놀이 형태는 어린 나이에서부터 구분된다. 남아의 경우 로봇이나 총, 칼 등이 장난감으로 주어지지만 여아들에게는 인형이나 소꿉이 주어지며 여기에는 위계질서가 내재해 있다. 남자아이가 인형이나 소꿉놀이를 하는 것은 여자아이가 총이나 로봇을 가지고 노는 것과는 비교되지 않을 만큼의 지위 하락이 포함되어 있기 때문이다.

이처럼 남성성을 강조하는 문화적 맥락은 육체적 힘, 공격성의 숭배로 나타난다. 강인함, 공격성, 늠름함 등은 남성다움 혹은 남성성의 대표적인 특성으로 간주되어 왔으며, 이는 궁극적으로 불순종, 폭력성, 성적인 과시, 여성에 대한 경멸 등의 특성으로까지 확장된다. 일반적으로 폭(暴)은 '지나침' '정도를 벗어남'의 의미를 내포하고 있다. 폭을 접두어로 하고 있는 말, 예컨대 폭설, 폭우, 폭한, 폭염, 폭식, 폭음, 폭주 등

---

13 『논어』「위령공 8」子曰志士仁人 無求生而害仁 有殺身以成仁.

에서 이를 잘 알 수 있다. 이렇게 보면 폭력이란 '정도를 벗어난 지나친 힘'이라고 번역될 수 있을 것이다. 폭력성이 남성성과 연관되어 이해되는 속에서 남성성은 정도를 벗어난 과격한 힘, 내지는 파괴적인 휘이라고도 볼 수 있다.

심리학자 윌리엄 폴락에 따르면 남성다움의 강조란 물리적인 힘을 많이 쓰고 감정을 억제하도록 길러진다는 의미라고 한다.[14] 마치스모(Machismo)는 남성스러움의 신비를 가리키는 라틴 아메리카의 용어인데, 이는 남성에게 해악적일 뿐 아니라 여성과 사회에도 해를 끼치는 것으로 알려져 있다. 여성을 성적으로 정복하거나 폭력, 무모한 짓을 통해 자신이 남자임을 과시하는 행위이다. 이렇게 보면 남자다움, 용맹스러움 등의 의미로 해석되었던 공자 이전의 인으로부터 휴머니즘 논의를 이끌어내기란 어려운 점이 있고, 이를 기대하는 것은 공자에게서나 가능한 일인 것처럼 보인다.

인(仁), 사람다움!

공자 이전 시대에 남성다움, 씩씩함, 용맹스러움 등이 강조되고 찬양되었던 것과는 달리 공자 이후에는 온화한 도덕적 감정의 측면이 보다 부각된다. 공자에게서 '맨손으로 범을 잡으려 하고 맨몸으로 강을 건너려다가 죽어도 후회함이 없는 자'는 칭송의 대상이 아니라 오히려 함께 일

---

14 김원홍, 이인숙, 권희안 공저, 『오늘의 여성학』, 건국대학교출판부, 1999, 80쪽 참조.

을 도모할 수 없는 자로 그려진다.[15] 공자에게서 인의 내용은 남자다움이 아니라 도덕성, 인격, 인간다움, 인간을 사랑함 등의 의미이며, 따라서 공자에게서는 인이 용(勇)이나 무(武)를 제어하는 위치에 자리한다. 이러한 의미 전환으로부터 우리는 공자의 인 사상을 남성다움을 넘어 인간다움을 상징하는 말, 휴머니즘, 인도주의, 인문주의 등의 이름으로 부를 수 있다.

『설문해자』와 그에 대한 단옥재의 주석에 의하면 인은 人과 二로 구성되며[16], "사람의 짝은 너와 나의 친밀함을 말하는 용어와 같다. 혼자면 짝이 없고 짝이 있으면 서로 친해진다. 그러므로 그 글자가 인과 이로 구성된 것이다"[17]라고 하여 친애의 의미와 긴밀하게 연관된다. 『논어』에서 인은 애인[18], 효행과 공경[19], 또는 용(勇)에 대비되는 개념[20] 등으로 설명된다. 또 공자는 인을 "사람다움이다"라고도 말하는데, 이는 인이 인간 존재의 근거가 됨을 의미하는 것이다. 공자의 인은 주관적 도덕의식이며, 이는 인간의 내적인 정감으로부터 자연발생적으로 드러나는 것이다. "말을 교묘히 잘하고 얼굴빛을 잘 꾸미는 자 중에는 인한 이가 드물다"[21] 라는 공자의 언급은 이러한 맥락에서 이해될 수 있다.

『논어』에서 인은 '사랑하다(愛)' '보편적 사랑(博愛)' '내재적 덕성(性)'

....

15 『논어』 「술이 10」 子路曰子行三軍則誰與 子曰暴虎馮河 死而無悔者 吾不與也 必也臨事而懼 好謀而成者也.

16 『설문해자 주』 仁 親也. 從人二(臺北, 蘭臺版, 369 頁).

17 상동, 按 : 人耦猶言爾我親密之詞. 獨則無耦, 耦則相親, 故其字從人二.

18 『논어』 「안연 22」 樊遲問仁 子曰愛人.

19 『논어』 「학이 2」 孝弟也者 其爲仁之本與.

20 『논어』 「헌문 4」 仁者 必有勇 勇者 不必有仁.

21 『논어』 「학이 3」 子曰巧言令色 鮮矣仁.

'세계와의 유대의식(천지만물일체)' '무한재생력(生生)' 등의 사랑의 틀이 자 마음의 능력으로 표현되고 있으며, 이들을 모두 포괄하여 주로 '사 랑하다(愛)'의 의미로 해석한다.[22] 이로써 볼 때 공자는 비록 계급 사회 의 이익을 대변하는 이념을 옹호하기는 하지만, 인도주의의 측면을 무 시하지는 않는다는 것을 알 수 있다. 분수에 넘치는 행위를 했던 관중에 게 예를 모르는 사람이라고 몇 번에 걸쳐 비판하면서도, 자로가 "환공 이 공자 규를 죽이자 소홀도 따라 죽었지만 관중은 죽지 않았으니 관중 은 불인한 것이 아닙니까?"라고 묻자 "환공이 제후들을 규합하여 무력 을 쓰지 않은 것은 관중의 힘이었다. 누가 그의 인만 하겠는가, 누가 그 의 인만 하겠는가"[23]라고 강조하는 공자의 언급은 이를 잘 보여준다. 이 는 공자가 인의 첫 번째 요소를 인간다운 삶에 두었음을 보여주는 대목 이다. 예와 의가 중요한 것이기는 하지만 따스한 온정으로서의 인이 무 엇보다 중요한 것임을 강조한 것이다.[24]

공자의 인이 인간 생명에 대한 중시와 밀접하게 연관되어 있는 것임 은 다음의 대목에서 자세히 보인다.

> 마굿간에 불이 났는데 공자께서 조정에서 물러나와 사람이 다치지는 않았는가라고 물었다.[25]

---

22 신정근, 『사람다움의 발견』, 이학사, 2005, 52쪽.

23 『논어』 「헌문 17」 子路曰桓公殺公子糾 김忽死之 管仲不死 曰未仁乎 子曰桓公九合諸侯 不以兵 車 管仲之力也 如其仁如其仁.

24 리쩌허우, 정병석 옮김, 『중국고대사상사론』, 한길사, 2005. 84쪽 참조.

25 『논어』 「향당 12」 廏焚 子退朝曰傷人乎 不問馬.

재아가 물었다. "인한 사람은 가령 우물 속에 사람이 빠졌다고 하면 당장에 쫓아 들어가기라도 하겠습니다." 공자가 말하였다. "인한 사람은 쫓아가기는 하겠지만 무조건 빠지지는 않는다."[26]

재산 가치로서의 말의 상해보다 인간의 생명을 중요하게 생각하는 것이나 인간 생명을 훼손하는 방식을 통해서라면 이타적인 행위조차도 허용될 수 없다고 보는 공자의 입장에서 역시 휴머니즘적 요소를 발견할 수 있다.

또한 『논어』에서 인은 여러 덕을 총괄하는 상위의 덕의 성격으로도 표현된다.

자장이 공자에게 인에 대해서 물었다. 공자가 답하길, "능히 다섯 가지 덕을 천하에 행한다면 인이 될 것이다." 자장이 가르쳐주기를 청하여 물으니 공자가 답하길 "공손함과 관대함, 신의, 민첩함, 은혜 이다."[27]

공손, 관대, 믿음, 민첩, 은혜 이 다섯 가지 각각의 덕만으로는 인이 되지 못하고 모든 덕을 합쳐야 비로소 인이 될 수 있다는 것이다. 공손하고 관대하며 신뢰를 쌓고 민첩하며 은혜를 생각한다는 다섯 가지의 덕은 모두 휴머니즘과 긴밀하게 연관되어 있다. 인간이 이 세계를 변화시켜 나가는 데 중심적이고 창조적인 역할을 담당한다고 보았다는 점에

---

26 『논어』「옹야 24」宰我問曰仁者 雖告之曰井有人焉 其從之也 子曰何爲其然也 君子可逝也 不可陷也.

27 『논어』「양화 6」子張問仁於孔子 孔子曰能行五者於天下 爲仁矣 請問之 曰恭寬信敏惠.

서, 학문의 중심 과제를 인간의 구체적인 삶과 체험으로 본다는 점에서 공자의 철학은 확실히 휴머니즘적 성격을 지닌다.[28]

仁의 反페미니즘적 성향

내면의 도덕성을 강조함으로써 인간을 도덕적 주체로 세우고자 하는 유가 철학은 인간에게 최고의 가치를 부여하는 인본주의 사상이다. 인간을 사랑하는 것, 인간다워야 할 것을 말한다는 점에서 유가 철학적 휴머니즘 사상이 강하게 드러난다. 페미니즘이 인간 사랑을 근간으로 한다는 점에 입각해보면, 인간을 사랑하고 관계적 자아를 설정하고 타자를 무시하지 않는 유가의 사상은 분명 페미니즘과 만날 수 있는 지점이 있다. 하지만 다른 한편 공자의 사상에는 여성을 폄하하고 여성을 억압하는 남성중심적, 가부장제적 면모가 다분히 담겨 있다. 인간을 사랑함, 인간다움, 타자와 함께 하기를 강조하는 공자의 휴머니즘이 페미니즘과 결별하게 되는 맥락은 어디인가? 인은 그리고 공자는 왜, 어떤 이유로 반페미니즘, 반페미니스트와 연관되는 개념이 되었는가?

동일화의 경향

공자의 사상에서 사람다움의 완성은 도덕 주체인 나에서부터 비롯하여

28 시어도어 드 베리 지음, 표정훈 옮김, 『중국의 '자유' 전통』, 이산, 1998, 31쪽.

보다 먼 관계에까지 확장됨으로써 이루어진다. "인이 멀리 있는가? 내가 인을 하고자 하면 인이 나에게로 이른다"[29]에서 보여지는 바와 같이 인을 실천하는 것은 인을 실천하겠다는 스스로의 도덕적 의지에서 출발하는 것이다. 즉 인은 나 아닌 다른 곳에 멀리 있는 것이 아니며 나로 말미암아 남에게로 미루어가는 것이다. 인을 이루기 위한 배움의 과정 역시 나로부터 시작하여 나와 가까운 관계, 그리고 보다 먼 관계의 사람에게 확장되는 것으로 이해된다.

① 배우고 때로 익히면 또한 즐겁지 아니한가?
② 벗이 있어 먼 곳으로부터 오면 또한 즐겁지 아니한가?
③ 남이 나를 알아주지 않아도 성내지 않으면 또한 군자가 아닌가?[30]

이처럼 공자의 인은 주체로서의 나를 인정하고 주체의 도덕적 자각을 이루어 궁극적으로 나와 남이 통합되는 단계를 거쳐 완성되는 것으로 이해된다. 즉 공자의 인 사상은 타자와 더불어 함, 공존과 화합의 논리를 펼칠 수 있는 근거가 되는 것이다. "내가 원하지 않는 것을 남에게 베풀지 말 것"[31]과 "자기가 서고자 하는 데에 남을 서게 하고 자기가 이르고자 하는 데에 남도 이르게 한다"[32]는 내용은 내가 하고자 하는 것, 바라는 것을 남과 함께 하고, 내가 하고 싶지 않은 것에 대해서 남에게

---

29 『논어』 「술이 29」 子曰仁遠乎哉 我欲仁 斯仁至矣.
30 『논어』 「학이 1」 子曰學而時習之 不亦說乎 有朋 自遠方來 不亦樂乎 人不知而不慍 不亦君子乎.
31 『논어』 「안연 2」 己所不欲 勿施於人.
32 『논어』 「옹야 28」 夫仁者 己欲立而立人 己欲達而達人.

강요하지 않는 것이 사람다움의 내용이며, 인한 자의 행위임을 밝히는 대목이다. 이러한 사상은 자아에 대한 의식으로부터 출발해서 타자를 인정하는 방식으로 나아간다. 또 이러한 사고 경향은 한편으로는 자아를 끊임없이 자아와 타자가 얽히는 관계 속에 머물게 하고, 타자를 극복되어야 할 존재나 극복할 수 있는 존재로 이해하지 않는다는 점에서 공존의 철학, 상생, 융화의 철학으로 갈 수 있는 지점을 내포한다.

하지만 공자의 인 사상의 내용은 사람 사이의 관계에서 타인을 나와 동일시하는 것, 타인에 대한 자기 동일화의 맥락에 있다는 점에서 한계를 지니기도 한다. 내가 나이면서 너인 것과 마찬가지로 너 역시 너이면서 나인 것으로 이해되는 동일성의 측면으로 간주될 위험성이 동시에 지닌다. 이러한 사고 경향은 타자성을 가진 타자를 나와 동일한 자아로 인식한다는 점에서 자칫 동일성의 철학으로 나아갈 위험성으로 전용되기 쉽다. 그리고 이로부터 타자를 나와 너의 조화 속에서 용해되거나 소멸하지 않는 존재로 이해할 것을 촉구하는 여성주의 이념과 전면 대치할 수도 있다. 차이의 철학에 기반하는 여성주의 이념은 동일성이 아닌 타자성을 지향하는 것이어야 한다. 그런데 공자의 휴머니즘은 타자를 인정하는 구조를 지니는 듯이 보이지만 타자성은 받아들이지 않는 구도를 유지함으로써 결국 동일화의 원리가 작동되는 것을 허용하고 만다.

군자/소인, 소인 – 여자, 군자 : 여자

전통 유가 철학의 입장에서 인간의 존엄성은 개개인이 그가 속한 공동체 안에서 이루는 인격 형성과 매우 긴밀하게 연관되어 논의된다. 그리고 이때 인간 존엄성은 개개인이 자기 수양을 이루어 도덕적으로 완전한 인간, 모범적인 인간 전형을 이루었을 때 확보되는 것으로 이해된다. 인간을 도덕 주체로 상정한다는 점에서 공자의 사상이 지니는 인간에 대한 도덕적 자부심을 엿볼 수 있다. 애초에 통치자/피통치자의 신분을 구별하는 개념이었던 군자/소인이 '덕을 갖춘 자'와 '덕을 갖추지 못한 자'의 도덕성과 연관된 의미로 전환되어 사용된 것은 유가 철학이 인간의 도덕성을 얼마만큼 중요하게 생각하였는지를 보여준다.

그런데, 도덕적 주체로서의 군자를 남성으로 상정하는 유가적 기획은 결코 여성주의와 만날 수 없다. 여자와 소인에 대한 『논어』의 언급에서 여자는 결코 군자와 같게 평가되지 않는다. 게다가 도덕 주체로서의 군자는 남성만이 도달할 수 있는 것이라고 주장한다. 비록 군자=남성이라는 내용이 『논어』의 어디에도 명확하게 거론되지 않는다 해도, 군자에 이르는 길이 수신제국치국평천하, 수기치인에 있다는 점과 그 과제를 실현할 수 있는 현실적 주체가 남성이었다는 점으로부터 공자가 군자에 해당하는 사람을 남성으로 간주했을 가능성은 거의 확실하다. 유교 사회가 도덕 주체로 상정했던 군자의 범주에 여자가 들어 있지 않다는 내용은 결국 유교 사회에서 여자는 도덕 주체가 될 수 없었다는 논의와도 같은 맥락일 것이다.

『논어』에서 군자는 "음식에 배부름을 구하지 않으며 거처에 편안함을 구하지 않으며 일에 민첩하고 말을 삼가며 도 있는 사람에게 나아가 나를 바로 잡으니 학문을 좋아한다고 할 만한 사람"이다. 또 덕을 숭상하는 자이며 인을 실천하는 자, 의를 바탕으로 삼고 예에 따라 행하고 공손한 태도와 신의로 성사시키는 사람이다. 이에 반해 소인은 "편파적이어서 두루두루 하지 못하는 사람" "자신이 잘못을 저질렀을 때 반드시 그것을 정당화시키며 자신의 책임을 면하고자 하는 사람"이다. 특히 그들은 군자들이 관심을 두는 인이나 의가 아닌 이익에 관심을 두는 사람이다. 유교 사회에서 군자는 모범의 전형이지만 소인은 그와는 반대로 경멸의 대상이다.

공자에게서 여자는 어떻게 평가되어졌는가? 『논어』에서 소인에 유비되는 여자는 결코 도덕 주체가 될 수 없는 존재이다. 하지만 그렇다고 해서 여자가 소인과 똑같이 경멸의 대상으로 간주되었던 것도 아니다. 소인이 군자의 대립항이었던 것과는 달리 여자는 군자의 짝으로 등장한다. 군자의 짝은 여전히 여자(요조숙녀)이며, 여자가 아니고서는 남자 역시 군자가 될 수 없다. 군자가 되기 위한 필수적인 과제로서의 혼인과 생자의 의무는 여자 없이는 이룰 수 없기 때문이다. 소인이 군자의 대립항으로 자리매김되었던 것과는 달리 여자는 군자의 짝이었다는 구도로부터 우리는 유교 사회에서 여자는 소인처럼 극복되어야 할 인간상은 아니었다는 논의를 개진시킬 수도 있을 것이다. 여성 중에서 어떤 여성상은 경계하지만 어떤 여성상에 대해서는 찬양하기 때문이다.[33]

하지만 이러한 논의 구도가 궁극적으로 여성 주체성을 논의하는 방식으로 나아갈 수 없다는 점을 상기해보면, 이같은 논의 자체가 여성주의에 그다지 유의미한 것은 아니다. 왜냐하면 남성중심주의적인 시각에서 마련된 모범의 전형인 삶의 틀을 인정하고 그것을 실천하면 나름대로의 도덕성을 실현할 수 있다는 포부를 지니지만 그것이 유교 사회가 인정하는 도덕적 주체인 것은 아니기 때문이다. 주어진 방식대로 모범적인 삶을 살아가면 그것으로써 도덕 주체가 되는 것이 아니라 남성을

....

33 김세서리아, 『동양 여성철학 에세이』, 랜덤하우스코리아, 2006, 57~68쪽 참조.

도덕 주체로 만드는 훌륭한 보조자가 될 수 있다는 유가적 도덕 주체의 기획은 여성주의와 만날 수 없는 간극을 지닐 수밖에 없다.

휴머니즘에 이르는 길로서의 예(禮) : 그 불평등성에 대하여

인은 아무렇게나 이루어지는 것이 아니라 예라는 형식에 따라 실현된다.[34] 즉 예는 삶 속에서의 인간관계를 표현하는 행위의 구체적 방식이며 인을 표출하는 방식이라는 것이다. 『논어』에서 인과 예와의 관계는 자주 언급된다.

사람이 어질지 못하면 어떻게 예로 절제할 수 있단 말인가? 사람이 어질지 못하면 악으로 어떻게 할 수 있다는 말인가?[35]

자기를 극복하여 예로 돌아가는 것이 인이다.[36]

예는 인의 기초가 되며, 그렇기 때문에 인을 행하는 강령은 "예가 아니면 보지 말고 예가 아니면 듣지 말며 예가 아니면 말하지 말고 예가 아니면 행동하지 말라"[37]로 표현된다. 보고 듣고 말하고 행동하는 데 있

....

34 "예(禮)는 허신의 『설문해자』에 의하면 '예는 신다, 밟다, 실천하다'이며 신을 섬겨서 복을 받는 것이요, 시(示)와 풍(豊)의 두 부분으로 결합된 문자이다."라 하였다. 許愼, 『說文解字』(臺北 黎明文化事業有限公司, 1980, 2頁. 禮 履也, 所以事神致福也, 從示從豊 豊亦聲).

35 『논어』「팔일 3」人而不仁, 如何禮? 人而不仁, 如何樂?

36 『논어』「안연 1」子曰克己復禮爲仁.

37 『논어』「안연 1」子曰非禮勿視 非禮勿聽 非禮勿言 非禮勿動.

어 잠시 잠깐도 벗어날 수 없음을 보여주는 것이다.

그런데 인을 실천하는 데 필수적인 예는 평등이나 수평의 의미보다는 상하남녀의 구분을 분명히 하는 수직 질서를 표방한다.

예는 서인에게까지 내려가지 않으며 형벌은 대부 이상에게까지 올라가지 않는다.[38]

예는 부부의 구별을 삼가는 데서 비롯한다. 그러므로 궁실을 만들어 밖과 안을 구별하여 남자는 외실에 거처하고 여자는 내실에 거처하도록 한다.[39]

또한 예의 실천은 자아를 타인보다 낮추고 뒤로 하는 마음의 방향성을 강조한다.[40] 이러한 때문에

예란 자신을 낮추고 타인을 높이는 것이다. 미천한 장사꾼도 반드시 타인을 높이거늘 부귀한 자야 말할 나위도 없다.[41]

의 내용을 지니며, 이 같은 내용으로부터 유가에서의 예는 상하존비, 남녀의 구분을 명확히 하는 기제였음을 분명히 알 수 있다. 따라서 전통

---

38 『예기』 「곡례 상」, 禮不下庶人, 刑不上大夫.

39 『예기』 「내칙」 禮始於謹夫婦, 爲宮室, 辨外內, 男子居外, 女子居內.

40 최진덕, 「유학의 정신과 예의 본질」, 『전통 예교와 시민 윤리』, 청계, 2002, 113쪽.

41 『예기』 「곡례 상」, 夫禮者 自卑而尊人, 雖負販者, 必有尊也, 而況富貴乎.

유교 사회에서 예는 상하존비와 남녀분별이라는 위계적 특성 속에서 상하와 남녀에게 다르게 적용됨으로써, '함께'라는 의미와 더불어 차별적인 측면을 강하게 제시하는 덕목이었다.

남녀가 분별이 있은 연후에 비로소 부자 간에 친할 수 있고 부자 간에 친한 연후에 비로소 사람이 지켜야 할 의리가 생기고 의리가 생긴 연후에 예가 일어나고 이 예가 일어난 후에 만물이 평안하다. 남녀의 분별이 없고 부자의 친함이 없으며 군신의 의가 없는 것은 금수의 생태와 같다.[42]

7세가 되면 사내아이와 계집아이는 자리를 같이 하지 않으며 함께 식사하지 않는다.[43]

남자는 안의 일을 말하지 않으며 여자는 밖의 일을 말하지 않는다. 제사가 아니고 초상이 아니면 그릇을 서로 주고받지 않는다. 서로 주고받을 때에는 여자가 광주리를 가지고 받는다. 광주리가 없을 때에는 모두 꿇어 앉아서 그릇을 놓고 받는다. 남녀는 우물을 함께 쓰지 않고 목욕을 함께 하지 않고 침석을 서로 통하지 않고 빌리는 것을 통하지 않는다. 남녀는 의상을 통하지 않고 안의 말이 밖에 나가지 않게 하며 밖의 말이 안으로 들어가지 않게 한다. 남자는 안에 들어가서 휘파람을 불지

---

42 『소학』「내편」〈명륜〉, 男女有別然後父子親, 父子親然後義生, 義生然後禮作, 禮作然後萬物安, 無別無義, 禽獸之道也.

43 『소학』「내편」〈입교〉, 七年, 男女不同席, 不共食.

않고 손가락질을 하지 않고 밤에 다닐 때에는 촛불을 가지고 다닌다. 촛불이 없으면 가지 않는다. 여자가 문밖에 나갈 때에는 반드시 낯을 가린다. 밤에 다닐 때에는 촛불을 가지고 다닌다. 촛불이 없으면 가지 않는다. 길에서는 남자는 오른쪽으로 가고 여자는 왼쪽으로 간다.[44]

이러한 속에서 공자의 휴머니즘은 페미니즘과 그만큼 멀어진다. 남녀의 행실을 단속하는 부분에서 분리적이고 불평등한 구조로 설명하는 방식으로부터 남녀불평등의 요소는 극명하게 드러나기 때문이다.

예와 욕망

전통 유가 철학에서 예는 욕망과 대치관계에서 이해되고 따라서 욕망 자체가 부정되지는 않지만 욕망을 절제할 것, 욕망을 억압할 것의 과제가 강조되는 성향을 갖는다. 욕망과 예를 불연속적인 관계로, 인과 예를 긴밀한 연관관계로 이해하는 공자의 언급은 이를 잘 설명해준다.

나의 사욕을 이겨 예로 돌아간다.[45]

사람이 태어나 고요한 상태가 하늘의 성품이다. 사물에 감응하여 움직

---

44 『예기』 「내칙」 男不言内, 女不言外, 非祭非喪, 不相授器. 其相授, 則女受以篚. 其無篚則皆坐, 奠之而后取之. 外内不共井, 不共湢浴, 不通寢席, 不通乞假. 男女不通衣裳, 内言不出, 外言不入. 男子入内, 不嘯不指, 夜行以燭, 無燭則止. 女子出門, 必擁蔽其面, 夜行以燭, 無燭則止. 道路男子由右, 女子由左.

45 『논어』 「안연 1」 克己復禮爲仁.

이는 것이 인간 본성의 욕망이다. 사물에 이르러 알게 된 연후에 좋고 싫음이 생겨난다. 안에서 좋고 싫음을 조절하지 못하면 앎이 밖으로 이끌리어 스스로 돌이켜 반성할 줄 모르며 천리가 사라지게 된다. 대저 사물이 인간에 감응하는 것은 무궁한데 사람의 좋아하고 싫어함이 절도를 잃어버리면 사물이 이르러서 사람은 사물로 변하게 된다. 사람이 사물이 된다는 것은 곧 천리가 멸하고 인욕이 다하는 것이다. 이에 어그러지고 속이는 마음이 생기게 되며 일그러지고 어지러움을 일으키는 일이 생기게 된다.[46]

이처럼 욕망을 잘 조절함으로써 예를 구현할 수 있다고 보는 관점, 그리고 그 예라는 형식을 통해 인을 실천하게 된다는 구도 안에서는 욕망을 인정하는 신체 주체, 성적 주체에 관한 논의는 마련될 수 없다. 여성주의는 여성의 성욕을 인정하고 섹슈얼리티에 기반한 성적 주체에 관한 논의에 관심을 둔다. 따라서 전통 유가 철학에서처럼 인간의 욕망, 여성의 욕망을 억압함으로써 도덕 주체가 실현될 수 있다고 보는 구도는 여성주의와 만나기 어려운 지점을 산출하게 된다.

또한 유가 철학의 도덕 주체 실현 방법인 자기 몸을 가, 국, 천하로 잘 은유하는 방식은 여성이 도덕 주체가 되는 길을 원천적으로 봉쇄한다. 왜냐하면 전통 유가 철학에서 여성의 몸이 은유될 계기는 가(家), 기껏해야 남편과 아들에게로 한정되어 주어지기 때문에 여성은 자기 몸을 국, 천하로 은유할 기회를 갖지 못하고 그래서 결국 도덕 주체가 되지

....

46 『예기』 「악기」 人生而靜, 天之性也. 感於物而動, 性之欲也. 物至知知, 然後好惡形焉. 好惡無節, 於內, 知誘於外, 不能反躬, 天理滅矣. 未物之感人無窮, 而人之好惡無節, 則是物至而人化物也.

못한다.[47] 여성에게는 도덕 주체를 이루는 남성의 보조자 역할의 기회만이 주어질 뿐이다. 도덕 주체가 되는 것이 인을 실천하는 것이라 이해하는 유가 철학의 휴머니즘에서 여성은 이렇게 제외된다. 유학의 자기수양(수신)을 통한 인간다움의 실현 과정에서 나타나는 이러한 남성중심성은 많은 여성주의자들에 의해 비판받는다. 그들은 유가 철학이 내세우는 모범적인 인간 전형으로서의 군자, 선비, 현인, 성인이 남성성과 깊이 관련되어 있으며, 따라서 성적으로 구별되어 있는 행위 과정을 여성이 본받기란 매우 어렵다고 비판한다.

또한 욕망을 절제하고 덕을 함양해야 할 것에 기반한 윤리를 주장하는 전통 유가 철학은 법이나 윤리에 있어서 권리에 관한 사안을 핵심 주제로 하지 않는다. 따라서 개인의 권리는 물론 여성의 권리에 대해서 구체적인 논의를 하지 못하게 된다. 서구의 자유주의 전통에 입각해 볼 때 인간 존엄성은 목적적 주체로서의 개인들이 지니는 이성적이고 자율적인 능력과 긴밀하게 연관된다. 인간 존엄성이 보장되기 위해서는 개개인이 서로의 권리를 존중해줄 것이 요청되어야 하며, 이를 통해 공정성, 정의, 상호불간섭, 권리 등의 문제 역시 논의할 수 있게 된다.[48] 하지만 전통 유가 철학에서처럼 개인의 권리와 욕망의 추구라는 측면보다는 의무와 욕망 억압을 강요하고 특히 사회의 기초로서 가족이 중시되는 속에서 가정을 잘 꾸려야 할 여성의 의무를 강조하는 것은 여성의 권리에

---

47 이에 대한 자세한 논의는 김세서리아, 「유가 철학의 몸은유 방식에 대한 여성주의 이해」, 『여성의 몸에 관한 철학적 성찰』, 철학과 현실사, 2000을 참조.

48 이승환, 「왜 유학에서는 권리 존중의 윤리관이 형성되지 못했는가」 중국철학연구회, 『중국의 사회 사상』, 형설출판사, 1994, 41쪽.

대한 논의를 진전시킬 수 없게 된다.

그럼에도 불구하고……
− 공자의 인에 대한, 여성주의적 변명

공자의 인은 인간이 자신을 도덕 주체로 파악하고 정립하는 여러 방식들을 위한 하나의 풍요로운 가능성을 갖게 했다는 점에서 휴머니즘이라 할 수 있다. 그러나 공자의 인은 동시에 자기 자신이 정립한 근거에 대한 확증을 줄 수 있는 것은 주체로서의 인간뿐이라는 점, 그리고 그때의 인간은 군자, 남성이라는 점, 그리하여 여성을 도덕 주체에서 배제하고 있다는 점 등의 내용 안에서 페미니즘과 방향을 달리한다. 또한 친친의 원리에 기반한 공자의 인 사상은 나와 타인이 정립한 존재자 전체에 대한 규정이 서로 다를 경우, 나는 나의 것을 확보하기 위해 다른 쪽을 배제한다는 문제점도 지닌다. 이 모든 것이 군자, 남성, 인간을 주체로 놓은 공자사상이 지니는 한계이며, 이러한 한계는 도덕 주체의 본질을 확보하게 하면 할수록, 즉 인간을 도덕 주체로 확고하게 놓으려고 하면 할수록 점점 더 뚜렷해진다.

이와 같은 논의에 입각해보면, 공자의 인 사상은 일종의 휴머니즘이긴 하지만 결코 페미니즘일 수는 없다는 결론에 도달한다. 인간다움, 인간을 사랑하기 등의 내용을 지닌 공자의 휴머니즘은 인을 실천하기 위한 방편인 예의 남녀 차별성, 몸을 은유함으로써 도달하게 되는 도덕 주체의 과업에서 여성을 제외하는 방식, 욕망 억압의 과제가 산출하는 여성의 섹슈얼리티 부정과 억압 기제들을 통해 반페미니즘적 요소를 지니게 된다는 것이다. 더욱이 공동체를 우선하는 속에서 가족, 가정이 강조되고 그것을 잘 보전하기 위해서 개인의 권리보다는 의무가 강조되고[49] 특히 그것이 여성의 의무를 강조하는 방식으로 나타났다는 사실은 공자의 휴머니즘을 반페미니즘으로 규정하는 것이다.

하지만 그럼에도 불구하고 인을 핵심으로 하는 공자의 사상은 관계적 자아로서의 주체와 이러한 주체의 반성과 책임 의식, 그리고 이것이 완성됨으로써 비로소 다른 사람에 대한 훈계와 비난을 시작할 수 있게 한다는 점에서 페미니즘과의 만남을 재고하게 한다. 그것은 공자의 인의 실천 과정 중에 비록 엄격한 위계질서가 내포되어 있기는 하지만, 여기에는 공동체적 삶의 평화와 교육에 있어서의 평등을 소중히 여기는 의미를 내포하는 지점이 내재되어 있어 이를 무시할 수는 없다는 것이다. 그리고 이것은 유학과 페미니즘의 만남을 가능하게 하는 하나의 연결고리로 작용할 수 있다는 것이다.[50]

---

49 테리 우, 「유교와 페미니즘」(뚜웨이밍, 나성 옮김, 『문명간의 대화』, 철학과 현실사, 2007, 304쪽 재인용).

50 뚜웨이밍, 나성 옮김, 『문명간의 대화』, 철학과 현실사, 2007, 307~309쪽 참조.

2장

'효(孝)'와 여성주의 보살핌 윤리

한국 사회에서의 노인 문제와 보살핌

불미스럽게 생애를 마감할 수밖에 없는 내 처지를 이해해주게. 늙고 병들고 재산도 날려버린 초라한 독거 생활을 더 이상 지속할 수가 없네. 지금의 생활을 계속한다면 머지않아 정신병자나 치매환자가 되고 말 것만 같네. 그런 지경에서 시중을 받으며 연명한다는 것은 너무도 끔찍한 비극이야. 세상사 모든 부분에서 뒤떨어진 낙오자인 나는 더 이상 우매한 삶을 이어갈 의욕을 상실한 지 오래됐네.[51]

배우자와 사별한 뒤 혼자 남아서 생활하다가 보살핌을 받지 못해서 자살을 선택한 70대 독거노인의 유서이다. 효에 관한 의식이 어느 민족보다도 강한 한국 사회에서 아이러니하게도 이 같은 경우는 심심치 않

---

51 뉴시스, 2008. 5. 31.

게 일어난다. 자식들에게 짐이 된다며 80대 할아버지가 아내를 숨지게 한 뒤 음독자살을 기도한 경우[52], 동대문구의 한 단칸방에서 84세 된 할머니가 숨진 채로 발견된 사건[53], 강원도 춘천의 모텔에서 발견된 70세 여자 노인 등의 사례 등은 모두 같은 맥락에 있는 사건들이다. 물론 노인 부양과 노인 학대의 문제는 개인의 도덕적 심성이나 개별 가족 단위의 차원에서만 논의될 수 없는 측면이 있다. 사회적 여건의 변화에 따라 현실적으로 노인 부양이 어렵게 된 상황에서 개인이나 개별 가족에게 모든 책임을 전가하는 것은 온전한 해결방안이 될 수 없기 때문이다. 따라서 사회복지적 개입을 기반으로 한 전문프로그램 및 서비스의 제공을 통한 노인 문제 해결 방안이 우선적으로 요청된다.

하지만 이미 오래전부터 서구 사회에서 사회보장제도에 의한 노인 지원 능력이 한계를 지닌다는 점이 보고되고 있다. 이는 가족과 지역 사회가 자신들의 성원을 보호 부양하는 자조적 기능을 보강해야 함이 강조되고 있음은 노인 문제를 단지 사회복지를 통해서만 해결할 수 없다는 것을 보여준다.[54] 사회복지가 가족이 실현하기 어려운 것을 실현해 주고 가족 해체에서 오는 비극을 최대한 완화시켜줄 것으로 전망했지만, 그것만으로는 해결되지 않는 지점이 있다는 것이다. 노인장기요양보험 등의 의료적 보살핌의 지원을 사회보장의 차원에서 계획하더라도 노인을 사회적 부담이나 위험을 불러일으키는 집단으로 인식하는 속에

52 SBS TV 8시 뉴스 2004. 12. 15.

53 노컷 뉴스, 2008. 2. 27.

54 R.M. Morney, The Family and the State : Consideration for Social Policy(New York : Longman, 1976. pp. 15-20).

서는 노인에 대한 진정성의 보살핌 논의는 이루어질 수 없다. 인간이 늙는 것은 누구도 회피할 수 없는 문제이며 그 과정에서 적절한 보살핌과 의료적 처치를 받는 일은 노인뿐 아니라 사회구성원 모두에게 영향을 미친다.

보살핌은 타자 존중의 사랑을 기초로 이루어지는 일종의 사랑이며, 대상자에 대한 개방적 태도를 지니고 연민, 동정심, 공감, 책임감 등의 도덕적 감정이 개입되는 의사소통 과정이다. 이러한 보살핌의 도덕적 정서는 현대 가족에서 빈번히 일어나는 가족 폭력의 문제를 극복하는 대안 중의 하나가 될 수 있다. 또한 이로부터 한국 가족의 맥락에서 부모-자식 간의 도덕 감정인 효를 통해 논의해볼 수 있다. 현대 사회에서 일어나고 있는 노인 문제를 어떤 방식으로든 해결하고자 할 때 보살핌의 행위는 중요한 이슈가 되고 이는 여성주의 논의 안에서 반드시 논의되어야 할 사안이다. 따라서 한국 사회에서 노인과 젊은 세대와의 관계를 규정짓는 하나의 덕목으로서 효의 의미를 살펴보고 그것을 현대적 맥락에 맞게 수정하는 방안은 매우 필요하다. 효의 구체적 내용이 노인 부양과 노인 보살핌을 포함하고 있음을 감안할 때 효는 분명 일종의 보살핌의 윤리라 명명할 수 있다. 여성주의가 보살핌의 행위와 윤리에 주목하고 있음을 염두에 두어 볼 때, 일종의 보살핌의 윤리인 효를 여성주의 맥락 안에서 논의해보는 것은 중요한 사안이 된다. 효를 보살핌의 윤리라고 할 수 있는 근거는 무엇인가? 효를 일종의 보살핌으로 본다고 할 때, 그것이 여성주의 보살핌과 만나는 지점과 상충하는 지점은 각각 어디인가? 또 일종의 보살핌의 윤리인 효를 여성주의 보살핌의 윤리와 만나게 하기 위해서 더 논의되어야 할 필수적 사항은 무엇인가?

보살핌의 윤리와 효

보살핌은 캐롤 길리간(Carol Gilligan)[55]이 여성 고유의 도덕성으로 부각시킨 이래 많은 여성주의자들에 의해 지지되고 있다. 노딩스는 길리건의 연구에 힘입어 자연적인 성향으로서의 보살핌을 윤리적 보살핌에로 끌어올리는 시도를 하였다.[56] 노딩스의 논의는 윤리적 보살핌에 대한 가치 폄하적인 평가나 자연적 보살핌의 성향으로서의 선의지를 보다 높게 평가한 칸트의 입장과는 상반된다. 칸트에게서 선은 인간이 원하기 때문이 아니라 해야 할 것이기 때문에 행해야 하는 것이며, 이러한 의무감에서 나온 행위만이 도덕적 가치를 지니는 것으로 이해된다. 칸트와는 달리 노딩스는 인간의 의무감이 '원함'에 근거한다고 본다. 그녀에 따르면 윤리는 자기의 이해를 부정하는 과정을 통해 다른 이들의 필요를 긍정하도록 하는 것이 아니라, 오히려 다른 이들의 필요를 긍정하는

---

55 Carol Gilligan, In a Different Voice : Philosophical Theory and Woman's Development, Cambridge : Harvard University Press, 1982. 길리건은 콜버그의 도덕 발달 단계 모델이 여성을 항상 낮은 도덕 단계에 할당한다고 비판하는 데서 출발한다. 그에 의하면 정의의 윤리는 추상적이고 자율적인 개개인에 토대를 두는 반면 보살핌의 윤리는 구체적인 개인과 인간 관계의 심리학적, 사회적 결단성이 놓여 있다. 이렇듯 도덕 문제의 구체적 문맥을 재구성하는 일은 보살핌 윤리의 관점에서 나온 도덕 판단에 있어 결정적인 것이라고 한다. 정의의 윤리에서의 도덕 판단이 규칙들/보편적 원칙들을 특수한 상황에 연역적으로 적용함에 따라 만들어진 것이라면 보살핌의 윤리 내에서의 도덕 판단들은 최상의 것이 결부된 모든 것에 영향을 미치는 해결책을 귀납적으로 찾음으로써 형성된다고 한다. 전자에서 주요한 도덕 기준이 정의와 공정성이라면 후자에서는 보살핌과 공감이 된다. 길리건에 따르면 도덕적 입장은 적어도 두 가지이며 각각의 진리들은 서로 환원될 수도 더 높은 도덕적 위치를 차지할 수도 없으며, 도덕에 대한 서로 다른 개념들은 결코 어느 한 성에게만 확보될 수 있는 것도 아니다. 어떠한 도덕도 공적인 영역이나 사적인 영역으로 제한되지 않는다. 명료성의 부족이 주는 긴장을 견뎌내기 위해서 각 사람은 높은 수준의 애매성에 대한 아량을 요구받는다고 주장한다(한국여성철학회, 『여성주의 사상 2』, 서광사, 2005, 88쪽 참조).

56 Nel Nodings, Caring : Feminine Approach to Ethics and Moral Education, Berkeley : University of California Press, 1984.

과정을 통해 자기의 이해를 긍정하도록 이끈다는 것이다.

'보살핌'이라는 말에는 자기중심적이 아닌 타자의 관점을 취하는 논리가 내재되어 있으며, 때문에 우리는 남을 보살피는 것을 도덕적으로 가치 있는 일이라 생각한다. 그러나 모든 보살핌의 행위가 저절로 윤리적인 것으로 되지는 않는다. 일방적인 보살핌의 행위와 또 자기를 보살피지 않은 채 남을 보살피는 것은 공평무사함의 의미를 상실하며, 따라서 진정한 보살핌이라 할 수 없다. 여성주의 논의 중에 여성들이 이제껏 담당해온 보살핌의 행위를 부정적으로 인식하는 것은 이러한 맥락에서이다. 공평무사함이나 정의에 입각한 것이 아니라 단지 친밀한 감정으로 누군가를 보살피는 행위를 하는 것은 쉽게 희생과 억압으로 된다.

유가 철학의 효는 자식이 부모를 돌보는 행위를 전제로 하며, 따라서 '일종의' 보살핌의 윤리라 할 수 있다. 여기에서 굳이 '일종의'라는 말을 덧붙이는 것은 전통적 효 그 자체를 '진정한 의미에서의 보살핌의 윤리'[57]와 동일시할 수 없는 맥락이 있기 때문이다. 전통적 효가 산출되는 기저인 부모-자식이라는 혈연으로 맺어진 특수한 관계는 자칫 공평무사함의 의미를 놓치게 하며, 또한 전통적 효에서 보살핌의 행위 수행은 특정한 성별에게만 연결되었고, 또 한쪽 방향의 보살핌의 행위만을 강요해왔다. 이로부터 일방적으로 희생, 봉사가 강조되고 자기 보살핌을 고려하지 못하게 된다.

....

57 이 글에서 '진정성'의 보살핌의 윤리란 말은 '여성주의' 보살핌의 윤리와 같은 맥락으로 사용되었다. 여성주의 윤리는 보살핌과 책임의 윤리가 중요하고 필요하기는 하지만, 남성지배적인 환경에서 여성성이 곧 여성주의적인 것은 아니라는데 착안해서 출발하기 때문이다.

이러한 측면에서 가부장제 사회에서 작동되어온 전통적 효는 진정한 보살핌의 윤리가 될 수 없는 요인을 지닌다. 그러나 그렇다고 해서 효가 아무런 윤리적 가치도 지니지 못하는 것은 아니다. 효는 분명 타자에 대한 보살핌의 관점과 이를 통해 맺어지는 관계적 자아를 구축하는 덕목과 연결되어 있기 때문이다. 효가 산출되고 장려되었던 맥락이 남성중심적 윤리이고 따라서 여성 억압과 여성의 희생을 수반하는 것이었음을 간과할 수는 없을 것이다. 하지만 그럼에도 불구하고 효는 일종의 보살핌의 윤리로서 의미를 지닌다. 그렇다면 효를 진정성의 보살핌의 윤리로 재구성하기 위한 노력은 어떻게 이루어져야 하는가? 그것은 효 안에서 보살핌의 윤리로서의 진정성을 찾는 일, 효를 여성주의 보살핌의 윤리로 만들기 위해 반드시 수반되어야 할 필수적인 요소들을 꼼꼼히 점검하는 일일 것이다. 보살핌의 윤리를 인정하되 보살핌이 성차별적 문화에서 이용되지 않을 수 있도록 평등한 구조의 문제가 전제되어야 함도 반드시 논의되어야 한다. 이러한 전제가 이루어진 이후에야 진정한 보살핌의 윤리로서의 효가 논의될 수 있을 것이기 때문이다.

전통적 효에 대한 이해

하나. 가부장제적 억압성과 폭력성으로서의 효

일반적으로 부모-자식 간에는 뚜렷한 권력의 불균형이 있다. 특히 전통 유교 사회처럼 가부장적 의식이 강하게 작동하는 사회에서 가장에게 부여해주는 결정적인 힘은 상당한 정도의 강제성을 지닌다.

내칙에 이르기를 부모나 시부모가 계신 곳에서 명령이 있으면 곧 예하고 공경스레 대답하고는 나아가고 물러나고 주선하는 데 삼가 조심하며, 오르내리고 드나들 때는 몸을 굽히고 펴며 삼가 행동해야 한다. 그리고 감히 딸꾹질이나 한숨이나 재채기나 기침이나 하품을 하거나 기지개를 켜거나 한쪽 발을 치켜들고 비뚜로 서거나 흘겨보거나 하지 말아야 하고 감히 침을 뱉고 코를 풀거나 하지도 않아야 한다. 또 춥더라도 감히 옷을 덧입지 않아야 하고 가렵더라도 감히 긁지 않아야 한다. 그리고 공경하는 일이 있지 않으면 감히 단석(웃옷의 왼 소매를 벗어 어깨를 드러내거나 속옷을 보이는 짓)을 하지 않으며 강물을 건널 때가 아니면 옷을 걷어 올리지 않고 더러운 옷이나 이불은 안을 보이지 않는다. 또 부모가 침을 뱉거나 코를 푸는 것을 보지 않으며 관이나 띠에 때가 묻었으면 잿물에 담가서 빨아드릴 것을 청하고 의복에 때가 끼어도 잿물에 담가서 빨 것을 청하고 의복이 터지거나 찢어졌으면 바늘에 실을 꿰어 꿰매드릴 것을 청할 것이다.[58]

또한 아들과 며느리가 효도하고 공경하는 일은 그 부모와 시부모의 명령을 거역하지 말고 태만하지 말아야 하는 것이다. 만약 음식을 먹으라고 하면 비록 좋아하는 것이 아니더라도 반드시 맛을 보고서 분부를 기다려야 하고 의복을 주면 비록 탐나는 것이 아니더라도 반드시 입어보고 분부를 기다려야 한다. 또 일을 시키고 다른 사람에게 자기를 대신

---

58 「내훈」「효친장」 內則曰 在父母舅姑之所 有命之 應唯敬對 進退周旋 愼齊 昇降出入 揖遊 不敢噦噫嚏咳欠伸跛倚睇視 不敢唾洟 寒不敢襲 癢不敢搔 不有敬事 不敢袒裼 不涉 不涉 褻衣衾 不見裏 父母唾洟 不見 冠帶垢 和灰 請漱 衣裳 垢 和灰 請澣 衣裳 綻裂 紉침 請補綴 少事長 賤事貴 共帥時.

하게 하면 비록 그렇게 하고 싶지 않더라도 잠깐 그에게 주어 좀 해보게 한 뒤에 이를 다시 맡아야 할 것이다.[59]

전통 유교 사회에서 효는 가부장제적 특성을 지니며, 따라서 남성보다 여성에게 더 억압적으로 작용하였다.

아들이 두 사람의 첩을 두었을 때 부모가 그 한 사람을 사랑한다면 아들은 그 한 사람을 사랑하되 그 의복과 음식으로부터 하는 일에 이르기까지 감히 부모의 사랑하는 사람과 견주지 말고 비록 부모가 죽더라도 쇠진하게 하지 않을 것이다.[60]

이처럼 전통 사회에서의 효는 가부장제적 이데올로기와 성의 관계성을 보여주는 확실한 이념 기제였다. 따라서 효 윤리를 여성의 측면에서 검토하여 보면 폭력과 희생의 장치로서의 근원적 성격이 강력하게 드러난다. 효와 관련하여 회자되는 제영 설화로부터 중국의 이기, 목란, 한국의 심청이, 바리데기 설화를 거쳐 근대에 이르기까지 여성이 집안에서 실현해왔던 효와 관련한 행위는 여성 억압적인 면을 단적으로 보여준다.

전통 유교 사회에서 효가 보다 왜곡되고 엽기적인 형태로 나타난 전

---

59 「내훈」「효친장」子婦孝子敬者 父母舅姑之命 勿逆勿怠. 若飮食之 雖不者 必嘗而待, 加之衣服, 雖不欲 必服而待, 加之事, 人代之己, 雖不欲, 姑與之, 而姑使之而後, 復之.

60 「내훈」「효친장」子有二妾 父母 愛一人焉 子愛一人焉 由衣服飮食 由執事 毋敢父母所愛 雖父母沒 不衰.

형들을 전통 사회에서 효자의 기본적인 행위 양식처럼 간주되어온 '할고(割股)'에서 엿볼 수 있다. 할고의 문자상 의미는 '허벅다리에서 살점을 잘라내는 일'이며, 효자, 효녀가 자기 살의 일부를 떼어내어 특별히 신성하고 효능이 뛰어난 약으로 병든 부모에게 드리는 행위를 의미한다. 8세기 진장기(陳藏器)가 출판한 『본초습유(本草拾遺)』에서는 인육이 노망뿐 아니라 폐병으로 인한 육체적, 정신적 쇠약에 효과적이라고 기록함으로써 할고의 기원이 됨을 기록하고 있다. 애초에 할고 행위는 팔이나 젖꼭지 또는 귀를 잘라내는 일, 먹이 아니라 피로 불교의 경전을 필사하는 일, 불타는 향으로 머리를 태우는 일, 등을 걸기 위해 몸에 갈고리를 박는 일, 부모나 친지들의 병을 기원하기 위해 신에게 바칠 피를 뺨에서 내는 일 등 불교의 신체공양의 의미에서 행해지던 것이었다. 하지만 이것이 효를 강조하는 유교적 사고와 연관되면서 전통 유교 사회에서도 빈번하게 이루어졌다.[61] 기록에 의하면 할고와 함께 할간(간의 일부를 떼어내는 것)도 있었다고 전해진다.[62]

장씨의 시어머니는 병이 매우 위중하였다. 그녀는 좋다는 약은 다 써보았지만 소용이 없었다. 우연히 한 방사를 만났는데 사람의 간으로 그 병을 고칠 수 있을 것이라고 했다. 장씨는 자신의 왼쪽 가슴을 절개하여 몸 안으로 왼손을 집어넣었더니 면화와 비슷한 막 같은 것을 느낄

---

61 쪼그리고 앉은 자세에서 할고 하는 모습을 담은 남송대의 기록을 『영락대전』 권 10, 「할고구모」에서 볼 수 있으며, 또 「열전」에는 74명의 효자 중 7명이 허벅지를, 2명이 젖꼭지를, 1명이 간을 도려냈다는 기록이 전해진다.

62 『원사』 권 198 "작은 칼로 가슴의 왼쪽에서 피부의 일부를 떼어 내 지방질을 얻었다……."

수 있었다. 그녀는 손목이 들어갈 만큼 손을 깊이 넣어 자기 간을 2촌 정도 떼어냈다. 그녀는 이렇게 하면서 크게 통증을 느끼지는 않았다고 한다. 사람의 간으로 만든 약을 마신 후 시어머니는 곧 회복되었다.[63]

몇몇 유학자들이 신랄하게 비판을 했음에도 불구하고 할고가 전통 유교 사회에서 유행처럼 번졌던 것은 관료 집단의 비호를 받았기 때문이다.[64]

이 같은 사례들을 통해서 볼 때, 가부장제 사회에서 효는 매우 억압적이고 폭력적인 기제로 작동해왔다고 할 수 있다. 이 같은 폭력적이고 억압적이며 강압적인 성격을 지닌 전통적 효 이념이 보살핌의 윤리와 만날 수는 있는가? 그 만남의 지점은 과연 마련될 수 있기는 한 것인가?

둘. 감정적 보살핌으로서의 효

유가 철학에서 인(仁)은 사람다움, 사람을 사랑함(愛人)으로 요약되며, 이는 자식의 부모에 대한 사랑에서 출발하는 것으로 이해된다. 효를 실천하는 것은 인간다움을 실현하는 기본적인 행위이다. 전통 유교에서 효는 "평소 집에 있을 때는 마음을 다하여 부모를 공경하고 부모를 봉양할 때에는 마음을 다하여 즐겁게 해드리고 부모가 병환 중일 때는 마

---

63 「명사」 「열전」(田汝康 지음, 이재정 옮김, 「공자의 이름으로 죽은 여인들」 예문서원, 2001에서 재인용).

64 田汝康 지음, 이재정 옮김, 상게서, 중국의 당대 초기에 할고 행위가 처음 발생했을 때 조정에서 그 공로를 표창하기 위해 할고를 한 효자의 집 대문 앞에 흙으로 만든 높은 단을 수여하기도 하였고, 또 각종 물질적인 보상 및 효자에게 부모를 섬길 충분한 시간과 유리한 조건을 주기 위해 세금과 요역을 면제해주는 등 국가 차원에서 장려하는 풍습이었다.

음을 다하여 근심하고 부모가 돌아가셔서 거상 중일 때는 마음을 다하여 슬퍼하고 부모의 영(靈)을 제사 지낼 때에는 마음을 다하여 엄숙하게 하는 것"[65]의 내용을 지닌다. 이는 부모의 상태가 어떠한가에 따라 나의 감정이 달라지며, 나의 감정에 따라 내가 취해야 할 마음가짐과 행위 양태가 달라짐을 보여주는 것으로 효가 친밀성의 정서에 기반하는 것임을 증명한다. 때문에 효는 사랑과 공경을 전제하여 비롯하는 것으로, 감정의 교류 없이, 즉 부모에 대한 사랑과 공경의 마음 없이 단지 물질적으로 봉양하는 것만이 효의 진정한 의미가 아님을 강조하는 것이다.

> 오늘날의 효는 어버이를 음식으로써 부양하는 것을 말한다. 그러나 개나 말에 이르기까지 모두 사람의 기름을 받는다. 그러니 공경이 따르지 않으면 어디에 구별이 있겠는가.[66]

> 소인도 모두 능히 그 부모는 봉양한다. 군자가 공경심이 없다면 무엇으로써 소인과 구별할 수 있겠는가.[67]

등은 모두 효가 감정적 보살핌과 연관되어 있음을 보여준다. 이러한 때문에 유가 철학에서 효자는 "부모가 병중에 있을 때는 갓 쓴 자는 머리를 빗지 않으며 다닐 때에는 나는 듯이 빨리 걷지 않으며 사람들과 대

....

65 『효경』「기효행장」 子曰, 孝子之事親也居則致其敬. 養則致其樂. 病則致其憂. 喪則致其哀. 祭則致其嚴. 五者備矣然後能事親. 事親者居上不驕. 爲下不亂. 在醜不爭. 居上而驕則亡爲下而亂則刑在醜而爭則兵. 三者不除雖日用三牲之養猶爲不孝也.

66 『논어』「위정 7」 子游問孝 子曰今之孝者 是謂能養 至於犬馬 皆能有養 不敬 何以別乎.

67 『예기』「방기편」 小人皆能養其親. 君子不敬何以辨?

화할 때에도 농담을 하지 않으며 거문고나 비파를 타지 않는다. 고기는 먹어도 맛이 변하도록 먹지 않으며 술을 마셔도 얼굴색이 변하도록 먹지는 않는다. 웃을 때에는 잇몸이 드러나도록 크게 웃지 않으며 화가 나도 다른 사람을 욕하지 않는"[68] 사람으로 묘사된다.

효를 감정적 보살핌이라 정의할 수 있는 맥락을 유교의 상례에서 찾아볼 수 있다.[69] 유교에서는 부모상을 당하면 3일째에 입관하는 것을 예로 하는데, 이는 부모의 죽음에 직면한 자식의 감정 상태를 고려하기 때문이다.

> "어떤 사람이 물었다. '부모님이 돌아가신 후 3일째에야 비로소 입관하는 것은 어째서입니까?' 그에 대하여 말했다. '부모가 돌아가시면 효자는 슬픔으로 인해 몹시 괴로워한다. 그러므로 효자는 엎어져 구르며 곡읍한다. 그렇게 하면 부모가 살아서 돌아오기라도 할 것처럼. 그러니 어찌 효자의 뜻을 거슬러 입관할 수 있겠는가. 그러므로 사흘째에 비로소 염을 하는 것이다.'"[70]

또한 전통 유교에서는 부모가 돌아가시면 삼년상을 치르는 것을 예로 하는데, 이는 자식이 태어난 지 3년이 지나야 비로소 부모의 품에서

....

68 『예기』「곡례 상」父母有疾, 冠者不櫛, 行不翔, 言不惰, 琴瑟不御, 食肉不至變味, 飮酒不至變貌, 笑不至矧, 怒不至詈.

69 효 강조를 통해서 통일 왕조의 기반을 굳건히 하고자 했던 조선 초기에 상례를 엄격하게 준수하도록 규정하고 사헌부와 예조에서 숱하게 위반 사례를 상소한 것은 이를 입증해준다.

70 『예기』「문상」或問曰, 死三日而后斂者, 何也? 曰, 孝子親死, 悲哀志懣, 故匍匐而哭之, 若將復生然, 安可得奪而斂之也? 故曰, 三日而后斂者, 以俟其生也. 三日而不生, 亦不生矣. 孝子之心亦益衰矣. 家室之計衣服之具, 亦可以成矣. 親戚之遠者亦可以至矣. 是故聖人爲之斷決, 以三日爲之禮制也.

떨어지는 것을 감안하여 부모의 은혜와 정을 기리는 일종의 감정적 보답의 방식이다. 삼년상이 너무 길다고 불평하는 재아(宰我)의 말에 "부모의 상중에 맛있는 밥을 먹고 아름다운 옷을 입어도 마음이 편하겠느냐? 네 마음이 편하거든 그렇게 하라"고 말하는 것이나, "군자는 상중에 있을 때에는 맛있는 음식을 먹어도 달지 않고 음악을 들어도 즐겁지 않으며 기거동작이 편하지 않다. 그래서 그렇게 하지 않는 것이다"[71]라고 답하는 공자의 말은 부모의 상이 감정과 연관되어 있음을 잘 설명해 준다. 때문에 부모 사후에는 "때를 정해놓지 않고, 슬프면 곡읍하고 3년 동안 복상하는 것은 사모하는 마음에서 나오는 것으로 그것이 효자의 심정이며 인정의 진실이다. 그러므로 상례는 슬픔이라는 감정을 주로 한다"[72]고 말한다. 곡읍하여 슬픔이 복받칠 때 그 감정 표출은 "여자는 가슴을 치며 애통해하고, 남자는 계상(稽顙)의 예(이마를 땅에 대어 절함)를 행한다."[73]

셋. 자발적 도덕 감정으로서의 효

전통적 효가 지니는 가장 일반적인 이미지는 강압성, 억압성일 것이다. 그런데 효를 부모에 대한 무조건적인 절대 복종으로 이해하는 것이 전통적 유교의 맥락을 온전히 이해한 것인가에 대해서는 좀 더 꼼꼼히 생

---

71 『논어』 「양화 21」 食夫稻, 衣夫錦, 於女安乎. 女安則爲之. 夫君子之居喪, 食旨不甘, 聞樂不樂, 居處不安, 故不爲也.

72 『예기』 「문상」 故哭泣無時, 服勤三年, 思慕之心, 孝子之志也. 仁情之實也. 故曰, 喪禮唯哀爲主矣.

73 『예기』 「문상」 女子哭泣悲哀, 擊胸傷心, 男子哭泣悲哀, 稽顙觸地無容. 哀之至也.

각해 볼 일이다. 유가 전적에서 신하와 자식은 군주와 부모의 잘못에 대해 반드시 간해야 할 것을 강조하는 맥락은 효가 무조건적인 복종의 의미를 지녔다는 것을 재고할 계기를 제공하기 때문이다. 부모의 명령이 잘못된 것인 줄을 알면서도 그것에 무조건 복종하는 것은 진정한 효가 될 수 없음을 많은 유학자들이 주장하였고, 공자 역시 부모의 명령에 무조건 따르는 것이 효가 아님을 강조하였다.

> 부모의 과실을 간하여 다투는 자식이 있다면 부모의 몸이 불의에 빠지는 일이 없다. 그러므로 도리에 어긋나는 일이 있으면 자식은 부모에게 간하지 않으면 안 되고, 신하는 임금에게 간하지 않으면 안 된다. 부모에게 불의의 행위가 있다면 반드시 그것을 간쟁해야 하는 것이다. 부모의 명령에 무조건 따르기만 하는 것을 어찌 효라 할 수 있겠는가.[74]

부모의 뜻을 무조건적으로 따르는 것이 효가 아님은 다음의 일화에서도 나타난다.

> 증자가 오이밭을 김매다 잘못하여 오이 뿌리를 자르고 말았다. 증석이 크게 노하여 큰 지팡이로 증자의 등을 후려쳤다. 증자는 쓰러져 정신을 잃었는데 한참 만에 깨어나자 기쁜 마음으로 일어나 아버지인 증석에게 가서 "좀 전에 제가 큰 잘못을 저질렀습니다. 아버님께서는 힘으

---

74 『효경』 「간쟁」 父有爭子, 則身不陷於不義. 故當不誼, 則子不可以不爭于父. 臣不可以不爭於君. 故當不誼, 則爭之. 從父之命, 又安得爲孝乎.

로 저의 잘못을 깨우쳐 주셨습니다. 제 몸은 아무렇지도 않습니다."
그러고는 자신의 방으로 돌아와 거문고를 뜯으며 노래를 한 사건이 있
었다. 이 애기를 듣고 공자는 노하여 제자들에게 "증삼이 들어오더라
도 들여보내지 말라"고 하였다. 증자가 그 영문을 몰라 공자에게 물으
니 공자가 이렇게 대답하였다. "옛날 고수에게 아들이 있었는데 이름
을 순이라 하였다. 아버지가 자신을 부리려고 하면 순은 반드시 옆에
있었지만 만일 자신을 죽이려고 하는 것 같으면 어디론가 달아나 아버
지의 눈에 띄지 않도록 하였다. 작은 지팡이로 때릴 때에는 달게 벌을
받았지만, 큰 지팡이일 때는 달아났다. 그래서 고수는 부도에 어긋나
는 자식을 죽이는 죄를 범하지 않을 수 있었고 순은 효를 완수할 수가
있었다. 그런데 너는 아버지의 큰 노여움에 자신의 몸을 함부로 맡기
며 죽을 지경이 되었는데도 피하지 않았다. 만약 네가 죽어 네 아비가
자식을 죽인 죄에 빠지게 되면 이보다 더 큰 불효가 어디에 있겠는
가?"[75]

『격몽요결』, 『동몽선습』과 같은 조선 시대 아동을 교육하기 위한 서
적에서도 부모의 과실을 그대로 보아 넘기는 것에 대한 비판이 나타나
며, 적극적으로 부모를 설득하여 올바르게 처신하도록 간해야 함이 강

---

[75] 『공자가어』 제4장 「육본」 曾子芸瓜, 誤斬其根. 曾晳奴, 建大杖以擊其背. 曾子仆地而不知人久
之. 有頃乃甦, 欣然而起, 進於曾晳曰, '嚮也參得罪於大人, 大人用力教參. 得無疾乎.' 退而就房, 援琴
而歌. 令曾晳聞之, 知其體康也. 孔子聞之而怒, 告門弟子曰, '參來勿内.' 曾參自以爲無罪. 使人請於
孔子. 子曰 '女不聞乎. 昔瞽瞍有子, 曰舜. 舜之事瞽瞍, 欲使之未嘗不在於側, 索而殺之未嘗可得. 小
捶則待過, 大仗則逃走. 故瞽瞍不犯不父之罪, 而舜不失烝烝之孝. 今參事父, 委身以待暴怒, 殖而不
避, 旣身死而陷父於不義, 其不孝孰大焉.

조된다.[76] 이 같은 내용에 의거해볼 때, 효를 단순히 억압적 복종의 윤리로만 평가하는 것은 유가의 효를 온전히 이해하지 못한 것이다.

유교적 효를 단순히 억압적 복종의 윤리로 단언할 수 없다면, 유가의 효를 자발적 보살핌의 윤리로 해석할 여지는 있는가? 효는 외부에서 전적으로 주어지는 것이 아니라 나에게 이미 갖추어져 있는 것이라는 점임을 떠올려보면, 효의 실천은 자발성에 기초하는 것이라 할 수 있다. 때문에 전통 유교에서 효를 온전히 실천하지 못한 자는 도덕적인 주체가 될 수 없다. 성인, 성왕들이 효자였음을 강조하는 유가 철학의 내용[77]들은 모두 이 같은 맥락에서 이해될 수 있다. 즉 전통 유교에서 가족을 꾸린다는 것은 도덕적 주체로서의 인간이 되는 첫걸음의 의미를 지니며, 이는 자기와 타자에 대한 책임을 지는 것이기도 하다. 즉 도덕적 주체로서의 인격체를 참된 인간성의 전형으로 보면서 이를 사랑의 공동체의 주체로 규정짓는 것이다. 효는 도덕적 주체를 이루는 기초이며, 이러한 의미에서 자발적으로 일어나는 도덕적 감정이라 할 수 있다.

---

76 헌공의 잘못된 처사에도 맹종하여 죽음을 당한 태자 신생을 두고 주자학들이 불효자로 평가한 것이나 증자가 아버지에게 몽둥이로 매를 맞은 사건에 대해 공자가 신체를 훼손하는 것은 불효이며 반면 고수가 죽이려고 할 때 도망한 순임금을 효자라고 일컫은 점 등은 모두 이 같은 맥락에서 이해될 수 있다.

77 『맹자』, 『효경』, 『내훈』 등에서 순임금, 문왕, 무왕 등의 효성을 밝히고 있음은 모두 이러한 맥락에서 이해될 수 있다. "인의 실질은 부모를 잘 섬기는 것이고 의의 실질은 형을 잘 따르는 것이다"(『맹자』 [이루 상] 27). "요임금, 순임금의 치도는 효도와 공경일 따름이다"(『맹자』 [고자 하] 2).

효와 여성주의 보살핌의 윤리

하나. 사적 친밀감에서 공평무사한 보살핌의 윤리로

효는 친한 이를 친하게 대접하는 친친의 관계에서 시작하며, 그것은 사적 친밀성에 기반한다. 하지만 유가 철학에서의 효의 의미가 단지 거기에서 그치는 것은 아니다. 부모자식 관계에서 비롯하는 사랑을 혈연관계에 놓이지 않은 보다 먼 관계에 있는 사람에게까지도 확장시켜야 할 것이 동시에 강조되기 때문이다. 친한 이로부터 소원한 이로, 혈연에서 비혈연으로, 동류에서 만물로 확충되어야만 진정한 의미의 유교적 사랑(仁)이 실현될 수 있다고 보는 것이다. 『맹자』의 "우리 노인 섬기듯이 남의 노인도 섬기며, 우리 아이 사랑하듯 남의 아이까지 사랑한다면 천하를 다스리는 일은 손바닥 뒤집는 것만큼이나 쉬운 일입니다"[78]나 "도가 가까운 곳에 있는데도 먼 곳에서 구하며 만사가 쉬운 데 있는데도 어려운 데서 찾는다. 사람마다 각기 어버이를 사랑하고 어른을 어른으로 섬기면 천하가 태평해질 것이다"[79]등의 인에 관한 혹은 효에 관한 유교 경전의 언급은 이를 잘 보여준다.[80]

그러나 사실 유교적 친친의 논리가 보다 소원한 관계, 대사회적 관계

---

78 『맹자』 「양혜왕 상」 老吾老, 以及人之老, 幼吾幼, 以及人之幼, 天下可運於掌.

79 『맹자』 「이루 상」 道在爾, 而求諸遠, 事在易, 而求之難. 人人親其親, 長其長, 而天下平.

80 유가의 인은 부모와 자식 사랑하는 일에서 시작하여 만물을 사랑하는 데에까지 미칠 것을 말하는데, 이것이 유가의 인을 보살핌의 윤리로 상정시킬 수 있는 맥락이다. 특히 노딩스의 보살핌의 가장 친밀한 상황이 자연적인 관계에서부터 시작하고 그것이 가장 강력한 보살핌이라고 하는 부분은 유가의 인과 비교될 만하다.

에까지 확충되어야 함을 말함에도 불구하고, 전통 유교에서의 효는 궁극적으로 모든 사람을 두루두루 사랑하라는 묵가의 겸애나 법가의 공평무사함의 중요성을 비판하고, 자신과 가까운 사람에 대한 호의를 이상화하고 친애의 배타성을 강하게 전제한다. 이는 집안에서의 효제의 실천이 무엇보다 우선되어야 한다고 간주되는 가운데 가족 이기주의로 인한 불화와 갈등을 초래하는 방향으로 진전되기 쉽게 한다. 가부장적 질서와 효제의 윤리에 기반한 유학의 가족주의는 이념적으로는 개인과 가족(혹은 친척), 가족과 국가를 연결하는 매개자의 역할을 할 수 있으리라 기대되지만, 현실적으로는 개인의 권리를 무시하게 되는 것은 물론 국가라는 전체의 이익도 고려하지 않는 가족이기주의를 조장하게 될 위험성을 지닌다. 이러한 전통 유교적 효의 특성 때문에 효는 일종의 보살핌의 윤리로 상정될 수 있음에도 불구하고, 한편으로는 공평무사함의 원칙을 무시할 위험성을 동시에 내포한다.

그런데 보살핌의 윤리의 진정성은 자신과 가까운 사람들 이외의 사람들에 대한 배려를 촉진하는 방안을 모색하는 데에서 찾아진다.[81] 따라서 우리가 효를 진정한 의미의 보살핌의 윤리로 만들기 위해서는 우선 효 개념을 혈연적인 관계에서만 유효한 의미로 사용하는 것을 넘어 사회관계에까지 확장되는 개념으로 사용할 수 있어야 한다. 특별한 관계에서 발생하는 감정을 무시할 수는 없지만, 그 감정의 소산물을 특별한 관계에만 제한하지 않고 소원한 관계에까지 확대시킬 수 있을 때 비로소 진정한 보살핌의 윤리가 될 수 있을 것이기 때문이다. 이렇게 나와

---

81 허라금, 『원칙의 윤리에서 여성주의 윤리로』 철학과 현실사, 2004. 274쪽 참조.

특수한 관계에 있는 사람들과의 사이에서 발생한 관심과 공감, 배려의 감정을 사회적 관계로 확장시키는 방식으로 현대적 의미의 새로운 효 개념, 공평무사함을 전제로 하는 보살핌의 윤리로서의 효는 마련될 수 있다.[82]

따라서 우리가 현대 사회에서도 유의미한 효 덕목을 구축하고자 한다면, 효를 특별한 관계에서 친밀한 감정을 통해 나오는 보살핌의 차원에서만 논의할 것이 아니라, 보살핌의 행위를 주고받는 사람 간의 권리와 평등, 정의의 문제와 연관하여 논의되어야 한다. 친밀성은 '민주주의의 약속을 의미하는 것'[83]이고, 효는 기본적으로 친밀성을 기본으로 지닌다는 논의의 지점은 효를 민주주의와 연관 지어 논의할 수 있게 한다. 하지만 친밀성이 "단지 상대방의 상호적인 감정 교류가 아니라 권리를 전제로 하는 것이어야 함이 강조되어야 한다"[84]라는 내용을 담보하는 것임을 생각해보면 효와 민주주의를 연결지어 논의하는 것에는 상당한 어려움이 있다. 권리는 그것이 타인에 대한 책임을 수행함으로써 의무의 평형상태로 이끌어갈 때에만 자의적 권력을 해소하는 데 도움이 되기 때문이다.[85]

82 이와 관련하여 Heisook Kim, Is Confucian Feminism Possible? IAph Conference in Boston, 1998 참조.

83 앤소니 기든스, 배은경, 황정미 옮김, 『친밀성의 구조 변동—현대 사회의 성, 사랑, 에로티시즘』, 새물결, 2003, 271쪽.

84 위의 책, 281쪽.

85 상동.

둘. 일방적 보살핌에서 '서로 보살핌의 윤리'로(父慈子孝)

전통 유교에서 효는 가족 관계에 있는 상하세대간의 수직적 위계서열에 따라 아랫세대의 순종을 의무화함으로써 권위적 위계성을 강제하는 전형적인 가부장제의 면모를 지닌다. 이러한 위계질서는 윗세대가 생존한 경우 뿐 아니라 사망 후에도 계속되어, 아랫세대의 의무, 제사, 윗세대의 유지 계승 등의 실천이 요구된다. 따라서 상하세대간의 쌍무관계가 아니라 일방적인 편무 관계가 설정되는 측면이 있다. 진정한 보살핌의 행위는 한쪽 방향의 보살핌[86]이 아니라 양방향으로 진행될 것을 추구한다. 이 때문에 보살핌의 윤리를 주장하는 여성주의자들은 한쪽 방향으로 보살핌의 행위가 보살핌을 주는 사람의 자발적 희생이 강요될 수 있음을 경계한다. 보살핌의 행위는 분명 도덕적으로 중요한 가치를 지니는 것이지만, 그것을 행하는 사람에 대한 고려가 충분히 이루어지지 못할 때 그 일을 담당하는 사람에게는 매우 큰 부담을 줄 수 있기 때문이다.

따라서 진정한 의미의 보살핌의 윤리는 보살핌을 하는 행위자뿐 아니라 보살핌을 받는 자에게서도 윤리적 행위가 요구되는 것이어야 한다.[87] 즉 보살핌의 윤리는 일방적으로 보살핌을 주거나 일방적으로 보살핌을 받는 차원이 아니라 '서로 보살핌'으로 이루어져야 한다는 것이다. 인간의 존엄성은 개개인 서로가 상대방의 권리를 존중해줄 때 비로

---

86 어린아이 양육, 가족 돌보기, 노인 및 어른 봉양, 제사 모시기 등은 주로 일방향적 특성을 지닌 채 이루어진다.

87 이 같은 논의에 대해서는 노딩스의 주장을 참조(Nel Nodings, Caring : A Feminine Approach to Ethics and Moral Education, Berkeley : University of California Press, 1984).

소 보호받을 수 있는 것이기 때문이다. 이러한 의미에서 보살핌을 받는 자가 보살핌을 하는 행위에 대해 적절하게 부응하지 않는다면, 그것은 진정한 보살핌의 행위라 말할 수 없다.[88] 보살핌의 윤리란 보살피는 사람이 보살핌을 한 것만으로 이루어지는 것이 아니라 보살핌을 받는 사람으로부터 자신의 보살핌의 행위에 상응하는 보상을 받는 데서 이루어진다. 보살핌의 행위에서 상호성은 필수적으로 수반되어야 하기 때문이다. 따라서 효를 보살핌의 윤리라는 범주에서 이해하고자 한다면, 효가 지니는 기본적 특성인 '섬김의 마음'과 '타자를 보살피는 마음' 역시 한쪽 방향으로만 진행되는 것이 아니라 양방향으로 이루어져야 한다. 그리고 그것은 또한 동시적, 현재적 보답으로 이루어져야 한다.

사실 많은 사람들 특히 여성들이 효라는 덫에 걸려 정신적 봉사와 실질적 부양을 아낌없이 제공한다. 하지만 그러다보면 남을 보살피는 행위가 배려의 차원을 넘어 의무가 되어버리고, 부모 공경이라는 일 역시 자신을 소모시키는 부정적인 것이 되어버린다. 부모와 일방적인 관계를 맺고 있는 많은 여성들이 효라는 미명하에 자기 스스로를 얼마나 고갈시키고 있는지조차 모른 채 살아가고 있다. 다른 사람을 보살피는 행위는 절대 과소평가될 수 없는 고귀한 것이다. 하지만 다른 사람을 보살피는 것만이 도덕적이고 책임감 있는 행위라는 생각으로부터는 어느 정도 벗어날 필요가 있다. 보살핌의 윤리는 상호간 서로 보살핌을 통해서 진정성을 확보받을 수 있는 것이기 때문이다.

---

88 이혜정, 「에코 페미니즘과 보살핌의 윤리, 그리고 생명평화교육」을 참조.

셋. 자기희생적 보살핌에서 '자기 보살핌의 윤리'로

자기를 보살피는 행위를 이기적이라고 자책하는 사람들이 종종 있다. 하지만 이것 역시도 수정되어야 한다. 자신을 보살피고 자신을 돌아보는 것 역시 도덕적이고 책임감 있는 행위이기 때문이다. 누구에겐가 무엇인가를 끊임없이 봉사해야 한다는 강박관념을 갖는 사람들은 자기를 보살피는 시간을 갖는다는 것이 자신이 해야 할 일을 하지 않는 이기심, 나태함 또는 개인적인 쾌락만을 한없이 추구하는 것과 동일하다는 생각을 한다. 자기 보살핌이 이기적이라는 생각은 노인 부양이나 아이를 돌보는 일을 맡고 있는 여성의 경우 특히 그러하다. 자아도취를 자기 보살핌으로 위장하는 이기적인 여성들이 소수 있기는 하지만 그런 사람은 매우 드물다.[89]

한쪽 방향의 희생적인 보살핌의 행위를 하는 여성 역할은 자주 애정, 이타심으로 포장된다. 효를 행하는 것에서도 상황은 그리 다르지 않다. 하지만 이는 보살핌을 받는 자뿐 아니라 보살핌을 주는 자 또한 주체적인 삶을 살 수 없게 만든다. 일반적으로 보살핌을 주는 자의 행위는 이타적인 삶을 사는 바람직한 인간형으로 찬양된다. 하지만 어떤 심리학자에 의하면 자신의 삶을 주체적으로 영위하지 못하고 헌신적인 삶을 사는 사람은 실제로는 일종의 '의존성 성격 장애'라고 한다. 의존성 성격 장애는 흔히 남에게 전적으로 의지하는 어린아이 같은 삶을 사는 것으로 간주되지만, 모든 의존성 성격 장애가 '어린아이형'으로만 나타나

---

89 앨리스 D. 도마, 헨리 드레허 지음, 노진선 옮김, 『자기보살핌』 한문화, 2002, 73~74쪽 참조.

는 것은 아니라고 한다. 생활 능력이 낮은 사람의 경우 '어린아이형'으로 나타나지만, 지능이나 생활 능력이 충분한 경우에는 이와는 반대로 '헌신형'이 되기 때문이다.[90]

자신을 돌보지 않은 채 남에게 보살핌을 주는 자는 분명 외형상 남에게 헌신하는 삶을 사는 자이다. 하지만 그런 사람들은 자신의 권리는 돌아보지 못하게 되고 그래서 결국 자기 인생의 주체가 되지 못한다. 그들이 적극적으로 남을 돕는 이유는 그렇게 함으로써 자기 행동의 책임을 그들에게 떠넘길 수 있다는 데에 있기 때문이다. 이러한 사람은 결국 보살핌이 필요한 사람을 보면서 "이 사람을 도와줘야 하나? 말아야 하나?"를 고민하는 것이 아니라 "어떻게 하는 것이 이 사람을 도와주는 길일까?"를 이미 고민하고 있다고 한다.[91] 이러한 삶을 사는 사람은 자기 자신이 아니라 상대를 중심으로 생각하게 함으로써, 자기감정이나 자신의 판단보다는 남들의 필요나 감정을 더 중요한 것으로 생각하며 살게 한다.

사실 전통 유교 사회에서도 자기 보살핌을 하지 않는 행위는 효로 간주되지 않는다. 『효경』의 "팔다리, 피부와 머리카락까지 부모에게 물려받은 것이므로 소중히 하는 것이 효의 시작"[92]임을 말하는 언급은 자기 신체에 대한 보살핌을 강조하는 전형이다. 또 『맹자』의 "위험한 암석이나 무너지려고 하는 담장 밑에 서지 않는다"[93] 역시 신체 훼손에 대한

---

92 장근영, 「너 싸이코지?」 자유로운 상상, 2004, 167~169쪽 참조.

91 상동.

92 『효경』 「개종명의장」 身體髮膚受于父母, 不敢毁傷 孝之本也.

93 『맹자』 「진심 상」 不立乎巖牆之下.

경계를 보여준다. 『예기』 「곡례」의 "상중의 예는 마음이 아프고 슬퍼도 야위어 뼈가 드러날 정도로까지 이르게 하지 않으며, 시력이나 청력이 약해질 정도까지 이르게 하지는 않는다"[94]나 "상중의 예는 머리에 상처가 있으면 머리를 감고, 몸에 부스럼이 있으면 목욕하고 병이 있으면 술을 마시고 고기를 먹는다. 병이 나으면 처음의 상태로 돌아간다. 부모를 잃은 슬픔으로 인해 치료를 소홀히 하여 생명을 잃어 부모를 위해 상복을 입을 수 없는 것이야말로 자손에게는 부자(不慈)이며, 부모에게는 불효인 것이다"[95] 등은 모두 자기 보살핌의 차원으로서의 효로 이해될 수 있다.

윤리적 사랑은 모든 인간에 대해 열려 있어야 하는 것이지만 그렇다고 해도 윤리적 사랑은 자기 자신을 사랑하고 보살피는 데서 출발하여야 한다. 타자를 참되게 사랑하기 위해서는 스스로가 윤리적 인격체로서의 자격을 갖추고 있어야 하고, 타자를 사랑하기 위해서는 자신을 먼저 사랑해야 한다. 또 거기에는 단지 친밀감의 감정 차원이 아니라 자기와 타자 모두를 고려한 권리, 평등의 문제가 반드시 함께 논의되어야 한다. 자기 사랑과 이웃 사랑은 이런 점에서 서로 대립적인 것이 아니라 상호불가분의 관계에 있다. '자기 보살핌과 남을 위한 보살핌의 변증법', 그것을 이루는 것이 진정한 보살핌의 윤리를 구성하는 길이다.

---

94 『예기』 「곡례 상」 居喪之禮, 毀瘠不形, 視聽不衰, 升降不由阼階, 出入不當門隧.

95 상동, 居喪之禮, 頭有創則沐, 身有瘍則浴, 有疾則飲酒食肉, 疾止復初. 不勝喪, 乃比於不慈不孝. 五十不致毁, 六十不毁, 七十唯衰麻在身, 飲酒食肉, 處於內.

효와 여성주의 보살핌의 윤리의 만남을 위하여

인간의 탄생만큼 늙음과 죽음은 타자의 축복과 격려 속에서 이루어져야 하고 늙어가는 혹은 죽어가는 과정에서 충분한 보살핌을 받을 수 있어야 한다. 하지만 무한 경쟁이 요구되고 늙음과 죽음에 대한 부정적 인식이 팽배한 현대 사회에서 노인 보살핌은 자녀들에게 큰 부담을 주는 민폐 정도로만 이해된다. 따라서 노인들은 보살핌의 경험을 통해 자신의 주장이나 권리를 내세우는 방식보다는 관계성을 고려하고 타자에 대한 배려와 희생을 전제함으로써 자신이 보살핌을 받고 싶은 욕구를 적절한 방식으로 드러내지 못하게 한다. 이러한 속에서 의료적 도움이나 보살핌을 제대로 받지 못하게 되고, 결국 고통을 회피하거나 생명을 단축시키는 결정을 내릴 수밖에 없는 상황에 내몰리게 된다. 더 나아가서는 자식들이 늙은 부모를 방기하거나 학대하고 폭력을 가하는 극한적인 사태까지 야기한다.

물론 노인 부양의 문제를 복지의 차원에서 복리 중심으로 논의하기보다 가족 간의 친밀성, 사랑, 보살핌을 강조하는 것은 자칫 가족 이데올로기를 낳는 기제가 될 수 있다. 하지만 가족 구성원 간에 서로를 배려하고 돌보는 감정이 전적으로 무시되어서도 안 된다. 현대 사회에서 혈연 가족에 대한 신화는 점차 벗겨지고 있으며 그래서 다양한 가족의 모습이 등장하고 있지만, 그럼에도 불구하고 우리는 '가족'이라는 이름과 그 이름에서 우러나는 '친밀한 감정'을 버리지는 않기 때문이다. 비록 혈연관계가 아니라 해도 '가족'이라는 이름하에 묶이는 사람들에게는 친밀한 감정이 기반하며 이들 안에서 서로 보살핌은 필요한 것이 되기 때문이다.

보살핌이란 병든 사람이나 연로한 노인, 어린아이를 돌보거나 그들에게 관심을 기울이는 것으로, 이러한 보살핌의 행위는 다양한 인간관계 속에서 이루어진다.[96] 모성이 여성에게 선천적으로 주어져 있는 것인가에 대한 여성주의 논의는 다양하게 나타나지만[97] 어쨌든 현실 안에서 보살핌의 행위는 오랫동안 여성들에 의해 이루어져왔고, 그런 의미에서 보살핌을 여성성이라고 보는 것은 가능할 것 같다. 보살핌은 남을 수용하는 감정, 배려의 마음, 함께 공감하는 것으로서의 윤리학, 구체적인 사람들 간의 관계를 중시하는 윤리학을 개발하는 방향으로 이루어져야 한다. 또한 지금 우리에게 보살핌의 윤리가 필요하다고 한다면, 그것은 단지 여성에게만 해당하는 특성으로서가 아니라 남녀 모두에게 필요한 것, 따라서 남녀 모두가 수행해야 할 것으로 이해되어야 한다.

그동안 보살핌의 행위는 평등한 인간관계보다는 불평등한 인간관계 속에서의 활동으로 여겨져왔고, 그 속에서 개인적인 책임과 희생만이 강조되어왔다. 효가 강조되는 맥락 역시도 이러한 속에 놓여 있다. 효는 현대 사회에서도 유용한 덕목일 수 있지만, 그것이 불평등한 가부장제의 가족 구조 안에서 제공되는 것에 따른 제한점은 극복되어야 할 것이다. 효를 현대 사회에서 유용한 덕목으로 사용하기 위해서는 다음과 같은 것들이 우선적으로 전제되어야 한다. 효가 지니는 이타성, 휴머니즘은 현대 사회에서도 꼭 필요한 것이며 그래서 현대 사회에서 재활용

---

96 이는 현실 생활에서 부모와 어린 자녀, 의사와 환자, 노부모와 자녀, 선생과 학생 등의 관계로 나타난다.

97 보살핌에 대한 관심을 여성주의 윤리학의 기본 모토로 삼고 있는 여성주의자들로 길리건, 노딩스, 트론토, 초도로우 등이 있다. 이들은 보살핌(care)이라는 개념을 통하여 기존의 남성 중심적인 윤리학이 아니라 감정이입, 함께 공감하는 감정으로서의 새로운 여성주의 윤리학을 개발하고자 한다.

해볼 여지를 지니는 것이다. 하지만 만약 거기에 억압성, 불평등성이 내재하고 있다면 그것을 그대로 수용할 수는 없을 것이기 때문이다. 따라서 현대 사회에서 효에 관한 담론은 효가 지니는 보살핌의 윤리적 측면을 살리면서도 전통적 효 의식을 강조하는 데서 산출되는 문제점들을 최소화하는 방식으로 논의되어야 한다. 그것은 우선 가족 관계 안에만 한정되는 것이 아니라, 또 모성에만 의지하는 것이 아니라 사회적 관계, 성별을 넘어서 남성의 영역으로까지 확장, 적용되는 것이어야 한다. 그래야만 자연적 보살핌이 지니는 사적 이미지를 벗어나서 공적 보살핌의 윤리로 승화할 수 있다.[98] 또 자연적인 보살핌이 일어나지 않는 대상들에게도 보살핌의 관계를 맺을 수 있는 공적인 보살핌의 윤리를 구축할 수도 있다.

마지막으로 효를 실천하는 데에는 어려운 일을 수행할 때에 수반되어야 하는 책임감[99]과 자기 보살핌이 전제되어야 한다. 보살핌의 행위란 '자연적으로 주어져 있는 본성'이 '저절로' 나타나는 것이 아니다. 비록 그러한 본성이 자연적으로 주어져 있다고 하더라도, 그것은 어떤 노력을 통해서 이루어지는 일종의 '프로젝트'이다.[100] 프로젝트는 이미

----

98 노딩스의 보살핌의 윤리에 관해서는 Caring, Berkeley : University of California Press, 1984. 및 한국여성철학회, 『여성주의 철학』, 서광사, 2005, 168쪽을 참조.

99 이 때의 책임감은 의무(duty), 책무(obligation)와 같은 강제성이 내포된 개념과는 다른 것이다. 트론토는 이를 의무(duty)와 책무(obligation)과 구분하여 '기꺼이 함(willingness)'이라고 표현한다 [Tronto, J, Moral Boundaries : A Political Argument for an Ethic of Care(New York : Routledge, 1993)].

100 자식이 부모에게 효를 행해야 한다는 마음을 갖는 것은 선천적으로 타고나는 본성이라고 이해하는 유가 철학에서조차 그 본성은 저절로 그냥 이루어지지 않고 선한 본성의 부단한 계발을 통해서 이루어진다고 인식된다.

완성된 것이 아니라 완성시켜가는 노력의 과정이다.[101] 기본적으로 혈연애에서 비롯하는 친친과 그를 바탕으로 한 효는 자연발생적이고 인간본성이라고 여겨지지만, 그럼에도 불구하고 그것은 저절로 그냥 이루어지는 것은 아니다. 부단한 노력과 자기 수양 안에서 이루어지는 것이며, 그 안에서 자기 보살핌 또한 고려되어야 한다.

....

101 '프로젝트'는 계획을 세우고 현재의 상태를 변혁 극복하는 행동 형식으로 시간과 연결된 개념이다. 따라서 그것은 고정불변함, 실체로서의 의미가 아니라 '되어감(becoming)' 혹은 '과정 중'의 의미를 지니는 것이다.

3장

유교적
유토피아,
여성주의적
유토피아

유토피아, 너무나 좋은 곳? 아무 데도 없는 곳?

어느 시대, 어느 사회를 막론하고 인간에게는 이상적인 사회에서 행복하게 살고 싶다는 공통된 꿈이 있어왔다. 조금의 억압이나 강제 없이 모든 인간이 평등한 세상, 평화롭고 윤택하게 살 수 있는 세상, 슬픔, 고통, 두려움 등의 부정적인 단어는 떠올려지지 않는 세상, 유토피아를 꿈꾼다. 보다 나은 사회, 더 좋은 세계에서 행복한 생활을 영위하는 것을 추구하는 인간의 꿈은 이러한 유토피아적 상상 속에서 펼쳐져 왔다. 이에 동서양의 많은 철학자들은 그들이 살던 시대상황에 따라 문제점을 제기하고 그것을 넘고자 하며 또한 미래의 이상향을 실현시키기 위해 다양한 청사진을 제시하기도 한다.

유토피아라는 말은 그리스어에서 유래하며 두 가지 의미로 해석된다. 그 중 하나는 '~이 아니다(ou)'라는 부사에 장소(topos)라는 명사를 합성하여 '그 어디에도 없는 곳(no-place)'이라는 뜻으로 해석된다. 또 다른 하나는 그리스어 합성어인 eutopia의 행복한, 행운의, 좋은 곳이라는 의미를 지닌다. 유토피아에 대한 이 두 가지 어원으로부터 '행운의 장소, 좋은 장소는 상상 이외의 장소에서는 없는 곳'이며, '좋은 곳은 없는 곳이 아니라, 없는 곳에 좋은 곳이 있다'라는 아이러니가 산출된다. 우리가 이상적인 사회라고 말할 때 '이상적'이라는 수식어가 일반적으로 '비현실적이고 현실에서는 이루어질 수 없는 것'이거나 혹은 '이 세상과는 거리가 있는 것'의 의미를 지니는 것은 바로 이 때문이다.

하지만 많은 사람들이 오랫동안 유토피아를 꿈꾸고 그에 대한 논의를 해왔던 것은 그것이 단지 허구적이거나 그래서 부정적인 것만으로 인식되는 것은 아님을 증명하는 것이기도 하다. 비록 실현 가능성이 어렵다 할지라도 그것은 철저한 현실 비판 위에 계획한 미래의 설계도가 될 수도 있고, 또 이상적 사회를 마련하는 근거로 삼을 수도 있기 때문이다. 유토피아를 구상하는 것은 사람들이 자신들이 살기를 희망하는 바람직한 공동체를 얻고자 하는 궁극적인 목적의식에서 비롯한다. 따라서 그저 없는 곳에 대한 상상, 망상에서 그치는 것이 아니라 철저한 현실 비판 의식을 기반으로 마련된다. 현실에 대한 비판적 의식 없이는 더 새로운, 더 좋은 곳에 대한 사고가 발상될 수 없기 때문이다.

각 시대마다 사람들이 생각해내는 바람직한 공동체로서의 유토피아는 최선의 사회, 거기에서의 생활 자체가 현재보다 나은, 그리고 보다 이상적인 곳으로 나아갈 수 있게 하는 그러한 장소이다. 바람직한 공동체, 최선의 사회란 사람들 모두가 공히 최선으로 떠올리는 사회이며, 최선의 모습임을 확신할 수 있는 사회이다. 유토피아는 인간의 공동생활 속에 있는 하나의 올바른 질서의 가능성을 전개하는 것이며, 나아가 새로운 완성을 기대하는 것이다. 이렇게 볼 때 유토피아를 공상 등과 같은 유사 유토피아의 개념과 구분 짓는 기준은 현실과 현실 비판 의식, 현실을 개선하려는 의지와 가능성의 관계 및 사회 공동선이어야 한다.

유토피아를 꿈꾸는 이유

유토피아가 이 세상 어디에도 없는 곳이라는 뜻으로 해석되거나 그 면에 집중되어 이해될 때 그것은 단지 허황된 꿈에 불과한 정신적 유희의 공간이 된다. 따라서 유토피아를 지향하는 것은 매력적이기는 하지만 삶의 현실적 조건에 기초하고 있지 않은 곳을 추구한다는 면에서 실현 불가능한 정치, 사회적 체계를 지칭하는 말로 되어버린다. 여기에 심리적 논의까지 첨가하게 되면 그것은 현실에서 소외된 자의 공허한 외침 정도로 치부되어버리고 만다. 유토피아를 '너무나 좋은 곳'으로 정의할 때, 그것은 인간이 아주 오랫동안 바라던 이상 사회, 보다 완전한 공간 속에서 보다 행복한 삶을 영위하고자 하는 인간의 욕망을 담은 사회일 것이다.

유토피아를 상상하는 것에서 가장 특징적인 사항은 현실에 대한 강한 부정 정신과 소외 의식이다. 따라서 현실에서 자신이 처한 위치에 만족하고 그것을 문제 삼지 않는 사람들은 그 이외의 또 다른 세계에 관심 갖지 않으며 새로운 세계를 꿈꾸지도 않는다. 체제 안에서 정당성을 획득하고 그것에 만족하는 삶을 영위하는 사람들에게도 상황은 마찬가지이다. 그들에게 또 다른 세계의 도래는 무의미하거나 오히려 부담이며, 따라서 이에 대한 상상은 불필요한 것이 되기 때문이다. 그러나 이와는 반대로 현실에서 소외되고 현재 주어진 현실에 만족하지 못하는 사람들은 지금 눈에 펼쳐진 삶이 아닌 또 다른 삶을 꿈꾼다. 현실의 삶에서 모순과 억압을 느낄수록 현실과 다른 삶은 축복받고 영원한 것으로 그려진다. 그리하여 현실에서 느끼는 괴로움은 유토피아의 꿈을 통해 극복되며, 이들은 정밀하게 가꾸어진 또 다른 완벽한 세계의 새로운 사회 계약을 추구한다는 점에서 현실과 다시 만난다. 유토피아라는 가상적 세계는 기존의 현실을 떠나 새로운 현실을 구상해봄으로써 역으로 현실에 작용하기를 열망한다. 그리고 이런 추구에 나타나는 더 나은 사회의 비전과 자기 사회에 대한 비판을 현실 세계와 직접 관련되어 있는 것으로 상상한다.

유토피아의 형식은 정치적 견해로부터 분리되거나 구획되어온 인간 삶의 부분들을 재통합시킬 수 있다.[102] 이러한 의미에서 가부장제 사회 구조 속에서 억압받는 여성들이 여성주의적 유토피아를 구상해보는 것은 무의식적 혹은 잠재의식적 욕구를 포함할 수 있는 정치학을 제공한다. 그것은 가부장적 원리에 의해서 평온하고 질서 잡힌 듯이 보이는 생활을 고발하고 이를 통해 새로운 질서를 마련하는 동력을 만들어낼 수 있게 한다. 복잡하고 파편화되어온 여성 삶의 일부분을 상상력을 동원하여 재통합시키게 되는 것이다. 그리하여 궁극적으로는 사회의 재조직화에 대한 전체적인 관점을 지니게끔 한다. 유토피아를 상정하는 것은 소외된 자, 그리고 소외된 자의 글쓰기 방식을 따른다. 현실로부터의 소외나 현실에 대한 부정 의식에서 비롯되는 그것에 저항하는 글쓰기의 방식은 '젠더적 유토피아'란 주제를 통해 소외된 성과 소외된 성이 당

---

102   B Goodwin. K. Taylor, The politics of Utopia, Hutchingson Group, London, 1982, p. 223.

면해 있는 소외된 현실을 비판하는 힘이 될 수 있다.[103] 또한 역으로 유토피아적 성을 찾아가게 되는 과정을 그려낼 수도 있다.

유교적 유토피아, 크게 하나(大同)인 사회

이상적인 사회, 바람직한 사회에 대한 꿈으로서의 유토피아는 안정된 사회에서보다는 불안정한 사회, 격변의 소용돌이 속에서 더 적나라하게 표출된다. 중국 고대 사회에서의, 크게 하나(대동)되는 사회에 대한 소망 역시 혼란했던 시대 상황 속에서 등장한다. 다양한 중국 고대 문헌에서 혼란한 사회를 넘어 이상사회로 가고자 하는 민중들의 지향을 만날 수 있다. 학정에 시달리는 당시의 상황과 그것을 버리고 이상적인 사회로 가고자 하는 민중의 꿈을 다음과 같이 그리고 있다.

> 큰 쥐야 큰 쥐야 우리 기장 먹지 마라.
> 삼 년 동안 길렀건만 인정사정없구나.
> 너를 두고 떠나가리, 낙토를 찾아가리.
> 낙토, 낙토 거기에서 나는 살리.
>
> 큰 쥐야 큰 쥐야 우리 보리 먹지 마라.
> 삼 년 동안 길렀건만 은공도 모르는구나.

---

103 Grosz. Elisabeth. A. Architecture from the outside : essays on virtual and real space, 2001. Massachusetts Istitute of Technology. pp. 131~133.

너를 두고 떠나가리, 낙토를 찾아가리.

낙토, 낙토 거기에서 나는 살리.

큰 쥐야 큰 쥐야 우리 벼싹 먹지 마라.

삼 년 동안 길렀건만 말 한마디 없구나.

너를 두고 떠나가리, 낙토를 찾아가리.

낙토, 낙토 거기에서 나는 살리.[104]

주나라의 통치가 문란해졌을 때 과중한 세금 때문에 고통 받던 끝에 학정을 피하여 다른 곳으로 이주하려는 백성들의 심정을 담은 민요이다. 탐관오리를 큰 쥐에, 학정을 피한 좋은 세상을 낙토에 비유하면서 큰 쥐가 끼치는 해악을 벗어나 좋은 땅 낙토를 찾아가겠다는 의지를 담고 있다. 그렇다면 중국 고대인들이 떠올렸던 이상사회는 구체적으로 어떤 모습이었을까? 중국 고대의 신화를 모아 둔 문헌인 『산해경』에서 중국 고대의 이상사회는 다음과 같이 그려진다.

옥야에서는 봉새의 알을 먹고 단 이슬을 마신다. 그리고 원하는 바의 온갖 맛이 다 갖추어져 있다. 여기에는 감화, 감사, 흰 버들, 시육, 삼추, 선괴, 요벽, 백목, 백단, 청단이 있고 은과 철이 많이 난다. 난새가 절로 노래 부르고 봉새가 절로 춤추며 여기에 온갖 짐승이 무리지어 사

....

104 『시경』, 「위풍」〈碩鼠〉碩鼠碩鼠 無食我黍 三歲貫女 莫我肯顧. 逝將去女 適彼樂土 樂土樂土 爰得我所. 碩鼠碩鼠 無食我麥 三歲貫女 莫我肯德. 逝將去女 適彼樂國 樂國樂國 爰得我直. 碩鼠碩鼠 無食我苗 三歲貫女 莫我肯勞. 逝將去女 適彼樂郊 樂郊樂郊 誰之永號.

는데 이곳을 옥야라고 한다.[105]

모든 좋은 것이 다 갖추어져 있는 풍족하고 평화로운 생활이 보장되는 곳이다. 이 같은 중국 고대인의 이상사회관은 점차 '크게 하나(대동)'인 사회로 집약된다. 대동에서 '동(同)'의 어원은 두 가지로 설명된다. 하나는 동(同)을 뚜껑을 덮은 솥의 모습을 표상한다고 보는 것이다. 다른 하나는 장막 안에 사람들이 한 데 모여 먹고 이야기하는 모습을 표상한다고 보는 것이다.[106] 이러한 두 가지 의미로부터 대동의 동은 '한 덩어리'라는 뜻으로 해석될 수 있으며,[107] 모든 사회 구성원을 하나의 유기체로 인식하였음을 대동 사회의 가장 큰 특징으로 볼 수 있다.

유가적 사유가 보다 심층적으로 담겨 있는 『예기』 「예운편」에서는 '크게 하나인 사회'의 구체적 모습을 다음과 같이 묘사한다.

큰 도가 행해지면 천하는 공유되며, 어진 이를 뽑고 능력 있는 자를 골라서, 신의를 가르치고 화목함을 수양한다. 그렇기 때문에 사람들은 유독 자기 어버이만을 어버이로 여기지 않고 자기의 자식만을 자식으로 여기지 않는다. 나이 든 사람으로 하여금 그의 여생을 편안히 마칠 수 있게 하고 장년의 젊은이로 하여금 일자리가 있게 하며 어린아이들로 하여금 모두 잘 자랄 수 있는 여건을 보장받게 한다. 과부와 고아, 홀아비, 병든 자도 모두 부양을 받을 수 있다.

---

105 『산해경』, 「대황남경」(倪泰一, 錢發平 편저, 서경호, 김영지 공역, 안티쿠스, 2008).

106 羅振玉과 段玉裁의 설을 참조.

107 김수중, 『양명학의 대동사회의식에 관한 연구』 서울대학교대학원 박사학위 논문, 1991. 30쪽.

남자는 모두 직분이 있고 여자는 모두 자기 가정이 있다. 재화가 헛되이 땅에 버려지는 것은 싫어하지만 결코 자기 것으로 숨겨 두지는 않는다. 힘이 자기의 몸에서 나오지 않음을 싫어하지만 자기만을 위할 필요도 없다. 때문에 음모를 꾸미는 일이 생기지 않고 훔치거나 사회를 어지럽히는 일도 일어나지 않는다. 그러므로 집집마다 문을 잠그지 않았고 이를 대동이라 일컫는다.[108]

대동 사회는 공의(公義)가 구현되는 사회이다. 천하는 공간적인 의미로서뿐만 아니라 삶을 총칭하는 개념으로서의 의미를 지니며, 특정한 한 개인에게 속하는 사유물이 아니고 천하의 모든 사람들에게 공유되는 것으로 이해된다. 한 집안, 한 몸으로 여겨지는 대동 사회에서 권력은 어느 한 사람에게 집중되는 것이 아니라 개방되어 있다. 때문에 대동 사회에서 통치자는 통치권을 담당할 능력이 있는 사람, 예컨대 현자와 능력 있는 자 가운데에서 선출하며, 군주 세습제의 폐해로부터 벗어나 있는 자유로운 상태이다.[109]

또한 대동 사회에서는 서로 속이거나 해치는 일 같은 것은 나타나지 않으며, 모든 것이 공유되기 때문에 남을 속이거나 남의 물건을 훔치거나 상해할 필요가 없다. 각자가 맡은 직분이 있고 모든 사람이 그것에 충실하기 때문에 분란이 일어나지도 않는다. 공동체의 각 구성원들은

----

108 「예기」「예운」 大道之行也, 天下爲公, 選賢與能, 講信, 修睦. 故人不獨親其親, 不獨子其子, 使老有所終, 壯有所用, 幼有所長, 矜寡孤獨廢疾者皆有所養. 男有分, 女有歸. 貨惡其弃於地也不必藏於己, 力惡其不出於身也, 不必爲己. 是故謀閉而不興, 盜竊亂賊而不作, 故外戶而不閉, 是謂大同.

109 박원재, 「대동의 이상과 군주전제주의」 『중국사회사상사』 형설출판사(중국철학연구회 편저), 1994, 153~154쪽 참조.

공동체를 위하여 각자의 힘을 다하고 그렇기 때문에 모든 사람이 복지 혜택과 사회적 보살핌을 받는 것이 가능해진다. 구성원 모두가 성별이나 나이, 개인적 처지에 따라 합당한 대우를 받는다. 나이 들어 일할 수 없는 사람도 여생을 편히 마칠 수 있고, 어린아이들도 적절한 보살핌을 받을 수 있으며, 불우한 처지에 놓인 사람들 모두가 각자에게 필요한 혜택을 고루 받을 수도 있다.

또한 대동 사회에서는 성별에 따른 노동 분업이 이루어지고, 모든 생산 수단이 공유되고 생산물이 고르게 분배된다. 이러한 가운데 계급적 차별 의식은 상대적으로 약화된다. 사회 구성원들은 노동에 임하지만 그것이 싫어하는 것을 억지로 하는 차원의 것이 아니며 자기 이익만을 위해서 일하는 것도 아니다. 또한 노동을 통하여 만들어진 재화는 모든 사회 구성원이 공유하는 방식을 취한다. 대동 사회에서 실제적인 노동에 참여하지 않는 행위, 예컨대 정치 행위 종사와 같은 경우는 사회의 공리를 추구하는 것이라는 전제 하에서만 용인된다. 즉 공의 구현이라는 명제 아래서 군주의 통치 행위와 그 밖의 모든 정치 행위들이 용인되고, 또한 그것 모두가 개인의 사적 이익이 아닌 사회 공공의 이익을 추구할 때 그 정당성을 보장받을 수 있다는 것이다.

유교적 유토피아와 여성주의

〈'男有分, 女有歸'에 대한 여성주의 이해〉

『예기』「예운」에 등장하는 유교적 이상사회의 모습에서 젠더적 관점을 가지고 논의할 대목은 '남유분, 여유귀(男有分, 女有歸)'이다. 정현의 주석에 입각하면 귀(歸)는 '좋은 곳으로 시집가다'의 의미이다. 남성–직분에 대응한 여성–시집의 맥락이다. 남성에게 생산과 밀접하게 연관된 경제활동이 주어지는 것에 준하여 여성에게는 결혼하는 것이 그에 대응하는 일이 된다는 것이다. 여성주의 입장에서 긍정적으로 받아들여질 리 없는 해석이다. 이를 넘어서기 위해 이와는 조금 다른 방식의 해석을 해볼 수 있다. 그것은 남녀 모두에게 각자에게 적당한 직분이 주어진다는 성별 분업의 측면으로 해석하는 것이다.[110]

아주 오랫동안 인류에게는 어느 사회에서건 성별 분업이 있어왔다. 남녀 모두가 할 수 있는 일이 있는가 하면, 어떤 일은 여성에게 그리고 또 다른 어떤 일은 남성에게 더 적합하다고 여겨져왔다. 직업의 분화가 일어나는 양상은 장소마다 또 시간마다 다르게 나타난다. 이처럼 어느 사회에서나 성별 분업이 보편적으로 흔하게 나타나기 때문에 우리는 성별 역할 분업이 불평등의 문제와 긴밀하게 연관되지 않는다고 생각한다. 남녀 모두가 할 수 있는 일이 있는가 하면 주로 혹은 전적으로 여성에게 더 적합하거나 여성들이 본성적으로 그 일을 더 잘할 수 있다고 여겨지기도 하고, 또 다른 일에 대해서는 남성에게 더 적합하거나 남성이 더 잘할 수 있는 일이라고 간주된다. 그리하여 여성이 잘할 수 있는 일에 여성이 종사하고 남성이 더 잘할 수 있는 일에 남성이 종사하는 것은 자신이 잘할 수 있는 분야에 종사하는 것이고, 그렇기 때문에 나쁘지 않다고 여겨진다. 각자의 개성과 특성, 적성을 살리는 일이라는 차원으로

---

110 陳正炎, 林其錟, 이성규 역, 「중국대동사상연구」, 지식산업사, 1991, 126쪽.

간주되기 때문이다. 일면 합당한 말이다.

　그런데 여성에게 더 적합한 일, 남성에게 더 적합한 일이라고 여겨지는 것들이 어떻게 구상되었는지, 여성의 일, 남성의 일이 동등한 대우를 받아왔는지 등의 문제를 생각해보면 성별 역할 분업이 성차별의 문제와 아무런 연관성이 없다고 말하기는 어렵다. 여성주의자들이 성별 분업을 이해하는 것이 여성의 전반적인 사회적 지위를 이해하고 또 변화시키려는 노력에 있어서 필수적인 사항이라고 강조하는 것은 이러한 맥락에서이다. 대동 사회에서 행해지는 분업은 남자는 경작하고 여자는 가정을 지키는 성별 역할 분업이다. 자신이 잘할 수 있는 틀 속에서 분업의 형태로 노동을 하고 전체 사회를 위하여 자각적인 노동을 지향한다. 그리고 이러한 성별 역할 분업은 불평등하거나 여성을 소외시키지 않는 것일 수 있다. 성적 차이를 인정하고 그것에 따라 노동 분업이 일어났다는 것의 어느 측면에서도 직접적으로 불평등이라는 단어를 발견하기란 어렵기 때문이다.

　하지만 대동 사회가 성별 역할 분업을 인정하였다는 것은 아무리 대동 사회가 계급 없는 사회, 평등한 사회를 염두에 둔 것이라 하더라도, 여성주의 입장에서 선뜻 받아들일 수 없는 측면이 있다. 성별에 따른 노동 분업은 현대사회에서 여성과 자녀들을 경제적으로 남편, 아버지에게 의존하게 만들기 때문에 남성중심성의 토대로 보여지기 때문이다. 신체적 특성에 근거하여 남녀에게 다른 일과 역할을 배정하는 현상을 '자연스러운 것'으로 보는 입장은 자칫 여성의 재생산 능력에 주안점을 두어 모성을 여성의 삶에서 가장 으뜸되는 것으로 이해한다. 그리하여 줄곧 어머니가 되지 않는 여성을 일탈적인 여성으로 간주해버린다. 자녀 출산과 양육에 자신의 모든 것을 바치지 않고는 사회에서 존재의 의미를 찾기 어려웠던 가운데 여성의 모성적 특성은 종의 필요에 의한 것으로 간주되었다. 그리고 이로부터 여성의 모성역할에 근거한 후기의 성별노동 분업이 자연스러운 것으로 받아들여지고 정당화된다. 어머니 역할에서 만족감을 느끼고 행복해하는 여성이 있을 수 있다. 하지만 여성이 지니는 재생산 능력에만 초점을 맞추고 모성을 여성 삶에서 가장 으뜸되는 목적으로 보는 것은 어머니가 되지 않는 여성을 일탈적인 여성, 비정상적인 여성으로 이해하게 만든다.[111]

따라서 만약 우리가 대동 사회를 여성주의적 입장에서의 유토피아로 평가하고자 한다면, 대동 사회에서 여성이 남성에게 경제적으로 의존하지 않았다는 사실, 남성과 다른 일을 맡은 여성들이 어떻게 해서 사회적으로 평등할 수 있었는지에 대해 설명할 수 있어야 한다. 이러한 의문에 적절히 설명하지 않고서는 전계급사회에서 남녀가 평등했다는 논의에 대한 설득력을 확보하기 어렵다.

〈대동 사회의 중립성에 대한 여성주의 이해〉

유교적 유토피아인 대동 사회는 평등성, 사회보장, 열린 정치 등이 지향되는 사회이다. 또한 현재의 열악한 상황에 대한 나름대로의 현실 비판의식을 지니고 있다. 하지만 유가 철학의 대동 사회에서 성적인 것, 인종적인 것 등등 유토피아 주체들의 특수성과 차이가 나는 가치들을 인정하는 자리를 생산하기 위한 공간이나 미래는 마련되어 있지 않다. 물

---

111 가다 러너 지음, 강세영 옮김, 『가부장제의 창조』 당대, 2004, 36쪽 참조.

론 대동 사회에서 성별 관계의 문제가 이상적인 국가에 대한 역사적 표상에서 주요한 역할을 한 것으로 보인다는 점이 간과되어서는 안 될 것이다. 또한 대동 사회가 명백히 평등주의적인 제도, 성적이고 사회적인 의미들과 남성, 여성, 노인, 아동, 소외된 자들의 권리에 관해 상당히 많은 부분 공을 들인다는 점도 무시될 수 없다.

하지만 여기에는 근본적으로 사회의 통일성과 단일성, 중립성과 유사 보편성 등을 기초로 한다는 모종의 가정이 들어 있다. 남성과 여성을 평등하게 보호하는 듯하지만, 남성, 여성의 역할을 본질적으로 구분한다. 게다가 그것은 남성과 여성에게 사회적으로 타당한 지위를 부여하는 것으로 발전하지도 않는다. 그래서 대동 사회에서는 성별 관계와 남성과 여성의 적절한 역할에 대한 배정에 대해 논의하면서도 성차의 문제는 적절하게 제기하지 못한다. 이러한 문제제기 대신 명백히 중립적이고 동일화된 논리를 제시한다. 그리고 암묵적으로 가부장제적이고 형제애적인 사회 질서를 가시화한다. 유교적 유토피아가 여성주의적 유토피아와 갈등하는 부분은 바로 여기이다. 이러한 중립성, 동일화의 원칙들은 물론 평등성과 보살핌의 문제를 논의한다. 하지만 성의 문제를 중립적인 것으로 생각하는 것에서 고안된 틀 안에 여성을 적응시키는 데서 시작하여, 궁극적으로는 여성의 자리, 위치에 관한 문제를 발생시킨다.

유토피아를 구상하면서 단일하고 보편적인 상을 현재에 투사하는 것, 이러한 현재적 투사로부터 사회 구성원들을 중립화된 양태만으로 보는 것은 실패한 유토피아로 인도한다. 여성주의적 유토피아의 문제를 논의하고자 할 때, 성차의 문제를 거론하는 것은 필수적이다. 따라서 만약 차이를 논의하지 않은 채로 평등의 문제를 거론한다면 그것은 진정한 의미의 유토피아, 여성주의적 유토피아가 될 수 없다.

〈한 덩어리로서의 동(同)에 대한 여성주의 이해〉

대동 사회가 추구하는 중요한 이념은 동(同)이며, 이는 대동 사회가 지향하는 사회가 고립되고 추상적인 개인의 모둠이 아니라 끈끈하게 연결된 친밀한 인간들의 모둠임을 보여준다. 구별이나 차별 없이 한 가족, 한몸으로 전체 사회가 한 덩어리가 된 공동체를 의미한다는 것이다. 유가 철학에서 개인이 존재하는 방식은 유기체적 방식, 즉 나와 조상의 몸, 부모형제의 몸이 연결되고 자연까지를 포함한 모든 공동체의 일원과 밀접하게 연관된 것으로 이해된다. 이러한 가운데 인간은 관계 중심적, 상호의존적인 존재로 이해되고, 공동체 내부의 객관적 도덕 규범을 개인의 도덕심과 일치시킴으로써 그 둘 사이에 한 치의 괴리도 없는 상태를 이상적인 것으로 받아들인다.[112] 이처럼 유가 철학에서 개체는 그 자체로 독립적으로 의식되기보다는 공동체의 구성원으로 인식된다. 때문에 바람직한 인간의 전형 역시 독립성, 이성적이고 자율적인 존재, 권리를 가진 존재로서가 아니라 자신의 몸을 가, 국, 천하로 잘 은유하여 그들과의 일체를 완전하게 이루는 자로 이해된다.[113]

그런데 인간과 세계에 대해 이와 같이 인식하는 속에서는 개인의 자

----

112 인의 실현 과정과 萬物一體之仁은 나와 공동체와의 관계를 잘 보여주며, 『대학』의 修身齊家治國平天下는 내 몸을 세계로 은유하여 유교 사회가 바라는 모범적 인간을 이루는 단계를 나타내는 전형이다.

113 김세서리아, 「유가 철학의 몸은유 방식을 통해 본 여성 이해」 『여성의 몸에 관한 철학적 성찰』, 철학과 현실사, 2000, 157~158쪽 참조.

유, 권리 등의 개념은 중요한 의미로 부각되지 못한다. 그래서 여성주의가 표방하는 기본 목표 즉 인간이 누구나 존엄하다는 전제 하에 여성을 위한 평등권을 요구하는 것의 문제가 충실히 논의되지 못한다. 자유, 권리, 평등의 문제가 고려되지 않고서는 억압, 해방, 저항 등의 담론은 산출될 수 없음을 떠올려볼 때, 대동 사회에서처럼 한 덩어리로서의 사회를 강조하는 방식은 개인의 권리와 자유를 논의하는 것에서 매우 중요한 지점을 간과하게 만든다.

유교적 유토피아와 여성주의 유토피아의 만남

이제껏 있어왔던 많은 유토피아 담론들은 거의 대부분 공간적으로 폐쇄되고 고립된 공간—벽으로 둘러싼 도시, 고립된 섬, 정치적이고 토지 균등 분배를 포함하는 조직과 국가, 사회로 그려져왔다. 하지만 진정한 의미의 유토피아적인 것은 '잠재적인 것'의 차원이고 과거의 잠재성과 미래의 비결정성의 혼합이며 잠재적인 것으로 인식되는 비활성적인 과거와 아직 존재하지 않는 미래 사이를 연결하는 양식이다. 유토피아는 현실에 존재하는 모순적인 상황, 문제점을 인식하는 곳에서 비롯한다. 따라서 유토피아는 역동적이자 개방적인 특성을 지니는 것이며 역사적인 흐름에 따라 이루어진다. 유토피아란 보다 나은 어떤 세계상을 수동적으로 그리는 게 아니라 부정의 부정으로 나타나는 변증법적인 구도를 지닌다. 또한 유토피아를 향한 투쟁은 단지 어떤 아름다운 미래를 이미지화하고 그것을 고정된 가치로 인정하는 것이 아니라, 지금의 나쁜 현실에 대해 비판하고 그로부터 긍정적인 가치를 발견할 수 있는 것이어야 한다. 진정한 유토피아란 미래에 성취될 수 있는, 그 자체 변모될 수 있는 역동적인 의지를 지니고 있기 때문이다.[114]

유토피아는 그 자체 개방적인 특성을 함축하고 있다. 대동 사회는 갇혀 있는 '무엇'이 아니라, 물질적 삶의 구체적인 상황에 의해서 나타나고 그것은 늘 열려 있는 미래지향적인 의식이다. 여기서 유토피아는 바람직하고 진정한 목표로 고착되는 것이 아니라 그 목표를 이루는 과정에서 자신의 역할을 다하고 파기된다. 그것이 파기되는 까닭은 변화된 새로운 현실이 다시금 새로운 유토피아를 낳게 되기 때문이다. 이러한 의미에서 난세에서 소강 그리고 대동 사회라는 변증법적 구도, 변화의 추이를 상정하는 유교적 대동 사회는 그저 고정된 사회로서가 아니라 늘 열려 있고 역동적인 유토피아 개념으로 이해될 수 있다. 하나의 고정적이고 폐쇄적인 유토피아를 상정하지 않는 구도를 지닌다는 것이다.

유토피아의 개념은 고정된 사회상으로부터 개방성과 역동성을 가진 보다 나은 세계의 의미로 그 지평을 확장하게 된다. 이러한 문제의식을 대동 사회에서의 성별 역할 분업에 대입하여 논의해보자. 그것은 유교적 유토피아와 여성주의적 유토피아의 만남을 고려하는 데 작은 실마리를 제공할 것이기 때문이다. 문명화된 사회 제도가 형성되고 의료 기술과 과학이 발달하기 이전의 시기에 어린아이에 대한 어머니의 보살핌은 실로 위대한 것이었다. 어머니의 무관심이나 방치는 곧 어린아이의 죽음으로 연결되었다. 어머니의 수유를 비롯한 적절한 보살핌이 아니고서는 어린아이의 생명을 지속시키기란 매우 어려운 일이었기 때문이다.

....

114 Grosz, Elisabeth, 2001. p. 133.

이런 의미에서 원시 사회에서 어머니가 어린아이의 생명과 죽음을 관장하는 권력을 가졌다고 보는 것은 공연한 억지가 아니다. 또한 위대한 어머니 여신을 숭배하게 되는 과정도 그리 놀라울 만한 것이 아니다. 당시에 인간 집단이 존속할 수 있었던 것은 전적으로 어머니의 힘에 달려 있었고, 다른 대안이 마련될 때까지 그것은 대단한 위력을 지니는 것이기 때문이다. 이렇게 볼 때 최초의 남녀 노동 분업에 대한 사고는 확실히 생물학적 성차에서 비롯되는 것이라 생각된다. 하지만 이때 생물학적 성차라는 것은 전적으로 재생산 능력의 차이일 뿐 다른 능력의 차이가 고려되는 것은 아니다. 따라서 생물학적 차이에 의한 성별 역할 분업에 관한 논의는 인류의 초기 단계에서만 받아들여져야 할 논의이며 여성의 모성 역할에까지 이어져서는 안 된다.

유토피아적인 것은 우리가 흔히 이해하고 있는 것처럼 단지 미래를 향한, 미래에 대한 투사가 아니다. 유토피아적인 것은 오히려 과거 혹은 현재의 투사가 마치 미래인 것처럼 과거 혹은 현재의 투사를 뜻한다. 유토피아적인 것은 사실 과거로부터 현재가 직접 통제할 수 없는 미래를 통과하는 비결정적인 운동을 응고시키고 있다. 유토피아적인 담론들은 과거와 미래 사이의 이러한 비결정성과 미래를 향한 이러한 운동을 통제할 수 있는 자리로서 현재를 표상하는 것의 실패를 보상하고자 시도한다.[115] 그리고 이런 열린, 역동적인 의미로 유토피아를 이해할 때, 유토피아 개념을 여성주의 담론에 유용한 것으로 적용할 수 있으며 유교적 유토피아에 관한 논의도 유용한 여성주의적 담론이 될 수 있다.

....

115 Grosz, Elisabeth, 2001, p. 133.

물론 유교적 대동 사회는 여성주의 측면에서 볼 때 몇 가지 한계를 지니고 있다. 그것은 성별 역할 분업, 동일성, 중립성에 대한 지향성 등에서 그렇다. 따라서 대동 사회에 대한 이해는 여성주의적 입장에서 재고되고 재활용되어야 할 부분들이 많다. 이러한 논의를 통해 '여성주의적'이라는 수식어를 뺀 유토피아나 원리주의적 사고가 어떤 한계를 지니는지, 혹은 그것이 내포하는 이론적이고 정치적인 함정이 무엇인지 등을 드러내보일 수 있다. 하지만 이러한 작업이 유토피아 그 자체로부터 후퇴하거나 유토피아를 포기하는 작업으로 이어질 필요는 없다. 왜냐하면 유토피아에 대한 희망을 포기하는 것은 여성들이 앞으로 만들어 낼 새로운 사회에 대한 전망 혹은 여성들이 가질 수 있는 힘을 포기하게 함으로써 결국 얻는 것보다 잃는 것을 더 많게 할 것이기 때문이다.

제2부

차이와 연대

4장 | 차이-연대의 에토스로서의 '화이부동(和而不同)'

5장 | 군자의 충서(忠恕) : 공자의 똘레랑스와 여성주의

6장 | 유교적 '정직함(直)'에서 찾는 여성주의 윤리의 단초

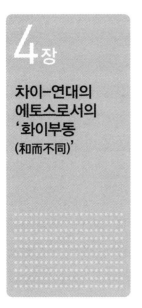

4장

차이-연대의
에토스로서의
'화이부동
(和而不同)'

군자의 화이부동(和而不同) vs. 소인의 동이불화(同而不和)

군자는 조화를 주장하지 같음을 주장하지 않으며 소인은 같음을 주장하지 조화를 주장하지 않는다.[116]

　군자와 소인의 세계관을 단적으로 표현해주는 『논어』의 이 구절은 어떤 사회적 맥락에서 해석하느냐에 따라 아주 다른 의미를 산출한다. 만약 계급 사회라면 화이부동은 차별성을 그대로 둔 채 사회 구성원간의 화합과 조화를 이루는 데만 치중하는 차별적인 논리로, 동이불화는 계급에 따른 이익의 분할을 비판하면서 평등을 지향하는 자들의 의견을 대변하는 논리로 해석될 수 있다. 이와는 달리 만약 계급이 철폐된 평등한 사회에서라면 화이부동은 차이를 강조하는 맥락에서, 동이불화는 같

---

116 『논어』 「자로 23」 君子, 和而不同, 小人, 同而不和.

음, 동일성을 추구하는 맥락에서 이해될 수 있다.

　어느 계층의 입장을 옹호하느냐에 따라서도 화와 동에 대한 평가는 달라질 수 있다. 보수 진영의 입장에서는 차별성이 내재하더라도 안정된 체제를 추구한다는 측면에서 화이부동이 긍정적인 개념으로 이해될 수 있다. 하지만 동이불화는 체제를 변혁시키려는 의도를 품었다는 지점에서 불순한 개념으로 이해된다. 그런데 이와는 반대로 불평등한 체제를 변혁하려는 의도를 가진 입장에서라면 화이부동은 불평등을 온존시키는 개념으로, 동이불화는 평등성을 지향하면서 변혁을 시도하는 저항의 개념으로 긍정적으로 이해될 수 있다. 같은 개념이라도 그것이 어떠한 입장에서 또 어떤 토양에서 이해되느냐에 따라 산출하는 의미와 이미지는 아주 많이 달라진다.

　중국 고대 사회에서 화이부동과 동이불화는 어떻게 이해되었을까? 우선 춘추 시대 상황으로 거슬러 올라가서 이 구절에 대한 해석을 보자. 춘추시대 당시 인(人) 계층 내부에는 군자와 소인의 이해관계가 첨예하게 대치되었고, 이러한 상황은 사회 혼란을 가중시키는 요인이 되었다.

　　천하에 도가 없으니 예, 악, 정, 벌이 제후의 손에서 나온다. 제후의 손
　　에서 나오면 대개 10세를 지나서 망하지 않는 일이 드물며 대부에게서
　　나오면 5세를 지나 망하지 않는 일이 드물며, 가신이 제후국의 명령을
　　장악하면 3세가 지나서 망하지 않는 일이 드물다.[117]

---

117 『논어』「계씨 2」, 孔子曰天下有道 則禮樂征伐自天子出 天下無道 則禮樂征伐自諸侯出 自諸侯出 蓋十世希不失矣 自大夫出 五世希不失矣 陪臣執國命 三世希不失矣 天下有道則政不在大夫 天下有道則庶人不議.

이러한 급격한 사회 변화 속에서 인 계층 내부에서의 전통적 보수적 입장을 취하는 군자의 집단과 그것을 부정하고 새롭게 등장하는 소인의 집단은 그들의 대립적 이해관계를 지녔다. 그들은 각기 상이한 근본 입장, 즉 화와 동의 세계관을 표명하였다. 군자 계급이 강조하는 화이부동은 무너져가는 전통적 체제를 유신하기 위해 자기 내부 상하간의 화합과 조화를 꾀하는 것이다. 이에 반해 소인 계급에서 강조하는 동이불화는 군자들과 평등해질 것을 요구하는 변혁의 슬로건이다. 군자 계층을 대변하는 지식인들은 혼란된 위기적 상황에서 상하의 조화 또는 화합의 필요성을 강조하고 있다. 지배세력 상하가 화합할 때 피지배층인 민은 마음이 화순하게 되어 다툼의 마음이 사라지게 된다는 것이다.[118] 지배층인 군자들은 대소, 단장, 고하, 출입 등의 대립적인 사태를 그것들의 화합, 조화라는 관점에서 보려고 했다는 것이다. 즉 군자 계층은 정치적, 사회적 현실에 있어서 소인들이 요구하는 평등의 세계관을 거부하고 화의 세계관을 표방한다. 인 계층 내부 상하의 질서 즉 군자에 의한 통치와 소인들에 의한 생산 활동이라는 종래의 사회적 분업 또는 신분적 차별에서 오는 대립적 이해관계를 오히려 조화, 화합의 관계로 지양시켜보려고 한 것이다. 이와는 달리 소인들은 동이불화의 입장을 취하였는데 이는 상하 차등을 무시하고 군자들과의 관계에서 평등해질 것을 요구하는 것이다. 차등을 두는 것이 정당화되는 사회에서 차등을 없애려는 생각, 평등을 실현하고자 하는 생각은 인이 결여된 생각, 애초부터 불온하고 불건전한 사고로 평가될 뿐이다.

---

118 송영배, 『중국사회사상사』, 한길사, 1986, 93쪽 참조.

춘추 시대 상황에서 화이부동과 동이불화의 의미는 이렇게 군자와 소인의 입장에 따라 다르게 해석되며, 춘추시대 군자의 입장을 대변하는 패러다임 안에서 해석되는 화는 현대적 의미를 지닐 수 없게 된다. 불평등의 상황을 온존시킨 채 그것이 말썽나지 않도록 잠재우는 것을 화라고 할 때, 그런 조화를 현대적 의미에서 긍정적인 방향으로 해석할 여지는 없기 때문이다. 차별을 차이의 문제로 왜곡하면서 차별적인 상황을 화합이라는 명목으로 가장하는 것은 분명 보수의 논리이다. 그런데 만약 이 구절이 계급 사회를 벗어난 사회에서 논의한다면, 그것은 "군자는 개별적 특성을 간직하면서도 전체와의 조화와 합일을 생각하지만, 소인은 자신이 지니고 있는 고유한 특성을 잊어버리고 남에게 동화된다"고 해석될 수 있을 것이다. 또한 그것은 동일성의 철학이 지니는 한계를 벗어나 차이를 전제하면서도 연대를 염두에 두는 개념으로 재해석될 수도 있다.

프로크루스테스(Prokrustes)의 침대와 동일성의 횡포

'잡아 늘이는 자' 혹은 '두드려서 펴는 자'라는 의미를 지닌 프로크루스테스(Prokrustes)는 그리스 로마 신화에 등장하는 노상강도이다. 그는 아테네로 들어가는 길목 강가에 집을 짓고 나그네를 유혹해서 억지로 집에 초대해서는 자기 침대에 묶어놓는다. 그는 나그네의 키가 침대보다 길면 남는 만큼의 다리와 발목을 잘라 죽이고, 나그네의 키가 침대보다 짧으면 침대의 길이에 맞도록 나그네의 목을 잡아 늘려 죽인다. 영웅 테세우스가 이 괴물을 발견하여 해방시킬 때까지 자기 침대

길이에 다른 사람의 키를 맞추려는 억지스럽고 강압적인 고통의 행진은 계속된다. 마침내 그리스의 영웅 테세우스에 의해 프로크루스테스는 침대에 눕혀져 그가 나그네들에게 행했던 그 방법 그대로 죽임을 당한다.

'프로크루스테스의 침대(Procrustean bed)'로 알려진 이 신화 이야기는 자기만의 일방적 기준으로 다른 모든 사람을 억지로 꿰맞추고 재단하려는 독선과 억지, 편견을 뜻하는 관용구이다. 즉 자기 마음대로 일정한 틀을 짜놓고 거기에 맞지 않으면 잘라내거나 강제로 늘여서라도 억지로 맞추려는 사람을 빗대어 사용하는 말이다. 그런 사람들은 자신이 생각하는 기준에 다른 사람을 동일화시키고자 하며 차이나는 것들을 차이 그 자체로 두지 않는다. 각 사물의 고유한 형태를 강압적으로 동화시키려는 의지에서 산출되는 동일화의 경향성은 그래서 차이를 무시하고 구체적 경험을 간과한다. 즉 차이에서 발생하는 구체적 경험들을 일체화하고 프로크루스테스처럼 다양성, 차이, 특수성을 그 자체로 둘 자유를 약탈함으로써 일치점을 만들어내고 강압적인 동일화를 산출하고자 하는 것이다. 이런 이야기를 만들어낸 그리스인들은 이미 오래 전에 독선과 억지, 편견의 정신 상태가 만들어내는 위험성이 어떤 것인지, 또 그 해악이 얼마나 큰 것인지를 알았던것 같다. 그래서 이 신화를 통해 다양성과 차이를 사라지게 하는 오로지 하나를 향한 질주와 다의성이나 복수성의 개념을 무시하고 일의적인 것만을 강조하는 것이 지니는 불합리한 점을 경고하고자 한 것이다. 이러한 프로크루테스의 정신은 세계화의 물결 속에 다양한 차이들이 한꺼번에 몰아닥치는 현재 우리의 상황에서 화이부동(和而不同)의 의미를 재고해보게 한다.

평등의 의미를 '동일성'의 의미로 이해하는 사람들이 있다. 이런 사람들은 모든 사람에게 일률적으로 동일한 대우를 하는 것이야말로 진정한 평등의 정신이라고 생각한다. 그래서 어느 한쪽을 다른 한쪽에 동일화한다. 동일성의 개념은 이중 논리라는 대립 구도 안에서 하나가 또 다른 하나를 차별하면서도 통일을 논리적 이상으로 내세우는 것을 말한다. 따라서 이러한 동일성의 개념은 겉으로는 평등성을 지향하는 듯이 보이지만 그것이 내포하는 이중 논리의 근거 때문에 결국은 진정한 의미의 평등성을 확보하지 못한다.

어느 한 가지로 통일되어야 한다는 통일성에 대한 강박관념은 강요에 의한 관철이거나 굴복의 전략일 수 있다. 통일을 위해서라면 차별되는 것을 제외시킬 수도 있고 무의미하다고 말할 수도 있으며 심지어는 존재하지 않는 것으로 만들어버릴 수도 있기 때문이다. 관철과 굴종의 전략에 의해 차별화된 것들은 부지불식간에 무의미한 것이거나 심지어는 존재하지 않는 것으로까지 이해되어 버린다. 사람들 사이에는 다양한 의견의 차이나 그로 인한 오해와 억압 그리고 소외가 발생한다. 그럼에도 불구하고 통일을 말하는 자들은 그 다양한 관계성을 초월하여 독립적인 존재로 군림하며 자기 스스로 규범을 부여하는 자가 되거나, 혹은 자기 자신이 절대 법칙의 기준인 듯이 인식한다. 그리고 그렇지 않은 모든 존재들에게 자신이 만든 기준을 따르게 강요하면서 그들을 타율적인 대상으로 만든다.[119]

모든 것이 동일하다는 것은 때때로 가장 최상의 원리처럼 생각되어

---

119 안네마리 피퍼, 이미원 옮김, 『페미니즘 윤리학은 있는가?』 서광사, 54쪽 참조.

지곤 한다. 동일함을 추구하는 것은 그 안에 어떠한 대립도 나타나지 않는 통일적인 힘을 상정하며, 또한 영원히 사라지지 않는 힘을 표상한다는 점에서 그러하다. 하지만 통일적이고 영원하며 절대적인 원리는 자기 자신과 다른 어떠한 존재도 받아들이려 하지 않으면서 차이, 다양성, 변화의 원리를 무시하게 된다. 통일을 강조하는 원리 속에서는 자신과 다른 존재를 받아들이는 것은 다른 존재가 스스로의 차이를 부정할 수 있는 하나의 조건을 허용하는 것과 마찬가지인 모순이 되기 때문이다. 따라서 영원하고 통일적인 힘에 의해 유일무이한 진리가 등장하게 되고 그것과 다른 종류의 것에 대해서는 강제로 흡수해버리거나 아니면 미리 마련된 기준에 의해 나머지 것들을 지평 밖으로 내쳐버리는 방법을 동원한다.[120] 때문에 동일화의 원리에 따라 부자와 가난한 자, 어린이와 어른, 나이 든 사람과 젊은 사람, 기득권자와 소외된 자, 장애인과 비장애인, 여성과 남성, 제1세계 백인 중산층 여성과 유색 무산자 계급의 여성을 동일하게 대우하는 것은 사실은 평등이 아니라 평등을 가장한 차별이다.

이러한 평등을 가장한 차별적 논리는 도처에서 발견된다. 예컨대 나이 든 사람과 젊은 사람을 동일화하는 의식은 종종 노인들이 젊은이들이 가지고 있는 여러 가지 능력이나 잠재력을 얼마나 똑같이 가지고 있는지를 증명하고자 애쓴다. 이러한 관점은 인생의 어느 특수한 단계에서 인간이 지닐 수 있는 여러 가지 특별한 의미를 무시하고 간과한다. 젊은이와 나이 든 사람을 동일화하려는 사고는 노인들의 능력을 평가절하

---

120 안네마리 피퍼, 위의 책, 63~64쪽 참조.

하게 한다. 노인들의 가치를 젊은 사람의 기준에서 측정하기 때문에 젊은이에 못 미치는 체력과 능력을 가진 노인은 유용성의 가치가 없는 그런 존재가 되고 마는 것이다. 노인들이 갖는 혜안이나 생의 마지막 단계에서 지니는 감정의 특수한 효과들은 무시되고, 노년은 개인적인 발전이 침체되는 운명으로 낙인 찍힌다. 노인을 이렇게 평가 절하하는 것은 그들이 노년을 느긋하게 받아들일 수 있는 가능성과 젊은이들이 그들에 대해 내리는 가치 평가를 통해 자신의 고유한 가치를 행복하게 경험할 수 있는 가능성을 상당히 감소시킨다는 것을 의미한다.[121]

어린이와 어른을 동일화하는 것, 장애인과 비장애인을 동일화하는 것 역시도 이와 비슷한 상황을 빚어낸다. 어린이를 어린이로 대우하지 않는 것은 어린이를 그저 작은 어른으로 취급해버림으로써 어른의 일에 어린이를 가담시킨다. 또 장애인의 특수한 사정을 고려하지 않고 비장애인과 동일화하는 것은 장애인의 상황을 더 열악한 데로 전락시켜버린다. 동일화로 나아가려는 경향이 성과 연관되는 맥락 역시도 마찬가지이다. 남녀의 같음을 강조하는 것은 합리적 이성이 전제된 남성의 유형을 남성과 여성 모두에게 요구하면서 여성의 특수한 경험을 무시하게 된다. 젠더의 관점에서 가장 비판받을 수 있는 것은 이론적으로 이해되고 있는 동일성 혹은 통일이라는 개념이다. 동일성의 원리에 따라 여성의 경험이나 여성들의 특수한 위치는 무시되고 보호받지 못하며, 따라서 동일성의 원리는 평등을 염두에 둔 원리이면서도 결과적으로는 불평등한 원리를 산출하고 만다.

....

121 C 메베스, H-D 오르트리프 지음, 강성위, 박경숙 옮김, 『평등이 인간을 행복하게 하는가?』 서광사, 1994, 105쪽

동일성의 철학과 여성주의 정체성

일부 여성주의자들은 여성적 정체성을 절대적으로 부정함으로써 자율성을 실현할 수 있다는 믿음을 갖는다. 그래서 그들은 여성성을 완전히 부정하는 것만이 여성의 개별성을 실현할 수 있다고 주장한다. 이러한 논의는 인간의 고유한 본성은 이성 능력이며 이 점에서 인간은 동등하다는 이론에 기반한다. 그들은 남녀의 신체적 차이보다는 이성 능력의 동등함에 근거하여 동등함을 주장하기 때문에 신체적 능력의 차이가 우수함과 열등함을 의미하는 것이 아님을 증명하기 위해 노력해 왔다. 공적 영역에서의 동등한 기회와 대우가 여성들의 사회, 경제적 지위를 향상시킴으로써 여성들이 인간답게 살 수 있는 권리를 향유할 수 있다고 주장한다.

하지만 이러한 여성주의자들의 주장은 여성성을 부정함으로써 오히려 여성들의 연대를 방해한다. 같음에 대한 과도한 신념이 다름을 무시하고 주변적인 것으로 치부하면서 또 다른 이분법을 양산하게 되고, 그로 인해 여성들을 연대해주던 여성으로서의 집단 정체성을 잃어버리게 하는 결과를 초래하게 된다. 이로 인해 여성들은 여성으로서의 힘을 가질 수 없게 된다. 여성 정체성을 남성 정체성으로 동일화하여 이해하는 방식은 여성성을 부정하는 것으로 치닫게 되고, 결국 정체성의 문제를 분리의 문제로 인식하게 함으로써 여성들의 연대를 무력하게 만들어버린다. 따라서 여성이 월경, 임신, 출산, 유방 등으로부터 벗어나지 못할 때 성 평등은 실현될 수 없다는 말은 한편으로는 타당하지만, 다른 한편으로는 타당하지 못하다. 그것은 여성들을 연대하게 하는 정체성을 확보하지 못하게 방해하며, 여성의 경험을 무시하게 하며 따라서 진정한

평등의 문제를 거론할 수 없게 만들기 때문이다.[122]

같음을 강조하는 철학은 남성과 여성의 같음을 말하는 것 이외에도 여성들 간의 같음에 지나치게 치중하게 함으로써 또 다른 한계점을 야기한다. 여성정체성의 통합성을 개념화한다면 정상적이며 마땅히 추구해야 할 어떤 여성상의 전형을 마련해야 한다. 그런데 이러한 경향은 또 다른 정상성과 비정상성의 구분을 낳게 된다. 결국 여성들 사이의 다양성을 위계적 이분법의 구도 하에 가두게 됨으로써, 다양성을 억압하고 은폐하는 전략이 되고 만다는 것이다. 차이 나는 것들을 차이 그대로 두지 않고 어느 하나로 귀속시키려는 경향은 남/녀의 문제뿐 아니라 여성 삶의 다양성을 재현하는 데 실패하고 같음에서 배제된 여성들과의 분열을 조장하여 연대를 방해하는 결과를 초래하게 된다. 동일성에 기반하여 여성들의 연대를 꾀하는 것은 제3세계, 유색 여성, 동성애 여성들의 경험을 간과하게 만들며 대문자 '여성'으로 모든 여성을 묶을 수 있다는 거짓 믿음을 낳게 된다.

이처럼 동일성에 기반한 철학은 남성에 비해 열등하지 않은 여성 개념을 만들기 위해 남성에 동일화되는 여성 개념을 이론화하거나 아니면 여성들 간의 차이를 고려하지 못하게 한다. 동일성의 철학에 입각한 여성주의 운동은 여성의 본유적 열등성에 대항하는 이론적, 실천적 필요성에서 비롯된 것이지만, 여성들의 고유한 경험과 여성들 안에서의 차이의 문제에 대해서는 논의하지 못하게 하는 한계를 지닌다. 즉 동일화의 경향은 여성을 남성에 동일화함으로써 지니는 한계 이외에도 어떤

122　이현재, 『여성주의적 정체성 개념』, 여이연, 2008, 181쪽 참조.

여성 그룹에 다른 여성 그룹을 동일화하게 만듦으로써 여성들 간의 차이를 무시하게 만든다는 것이다. 어디론가에 동일화되지 않으려는 노력은 여성이 남성에 동일화되지 않으려는 것과 마찬가지로 여성들 안에서도 이루어져야 한다. '여성'이라는 이름 하에 모든 여성이 묶일 수 없는 현실적 요건이 또한 존재하며, 이러한 다양하고 미세한 차이를 고려하지 않는 동일성은 평등의 진정성을 확보하기 어렵게 하기 때문이다.

차이의 철학과 여성주의 정체성

서구 근대 철학에서 이성/감성, 영혼/육체, 정신/물질, 인간/자연, 주체/객체, 남성/여성 등의 이분법은 이성-영혼-정신-인간-주체-남성을 감성-육체-물질-자연-객체-여성보다 우월한 것으로 이해하면서 중심부와 주변부를 나눈다. 이러한 구도 안에서 /의 뒤에 놓인 항들은 앞에 놓인 항들보다 열등한 가치를 지닌 것으로 인식되고, 앞의 항들을 중심부로 뒤의 항들을 주변부로 이분한다.[123] 차이를 동일자에 귀속시키는 '동일성의 철학'은 주변부에 속하는 것들이 중심부에 속하는 것들에 동일화될 것을 끊임없이 강요한다.

차이를 거론하는 철학은 이러한 동일성의 철학을 비판하는 데에서 출발한다. 중심부에서 밀려나 있는 주변부에 주목하고 그것들 간의 차이와 차이들을 개발함으로써 각각의 개체가 지니는 다양한 특성을 살아

----

123 이상화, 「성과 권력」 『감성의 철학』, 민음사, 1996, 249~251쪽 참조.

나게 함으로써 탈중심주의를 생성시키는 노력을 하는 것이다. 따라서 '단일함' '절대성'을 강조하는 동일성의 철학과는 달리 차이의 철학은 다차원성, 복수성을 염두에 둔다. 동일자, 절대자로 귀속되지 않는 차이를 생성함으로써 각각의 개체에 주목하고 평등한 관계에 기초한 개체들의 유대를 가능하게 하는 것이다. 때문에 차이의 철학은 전체성과 폐쇄성 혹은 완결적 통일성을 추구하는 동일성의 철학과는 완전히 구분된다. 차이가 없다면 다양성도 없을 것이며 다양성을 인정하지 않고서는 진정한 의미의 평등성도 논의될 수 없다.

때문에 전 세계적으로 다문화주의 상황에 돌입하고 있는 최근 서로 다른 것 간의 차이를 인정하는 문제는 매우 중요한 사안이 아닐 수 없다. 다문화주의는 서구 이민 사회에서 마이너리티에 속하는 사람들이 그들이 몸 담고 있는 주류 사회에 동화되는 것이 억압의 상황을 낳을 수 있음을 경계하는 데서 비롯하였다. 즉 소수자의 고유 문화를 존중하고 주류 문화와 차이 나는 것들을 존중하는 것을 염두에 둔 것이다.[124] 여성주의가 차이의 철학에 주목하는 이유 역시 이러한 상황과 긴밀하게 연관된다.[125] 차이를 말하지 않고서는 성차에 관련한 논의는 물론 여성들 안에서의 성, 계급, 인종, 종교, 성적 기호 등에 기반한 다양한 차이들에 관한 논의도 할 수 없기 때문이다.

....

124 김혜숙, 「여성주의 관점에서 본 다문화주의 : 열린 주체 형성의 문제」, 『철학연구』 76집, 211쪽 참조.

125 1980년대에 들어오면서 여성주의 철학은 가부장적인 차별 개념과 근본적으로 구분되는 성적 차이를 강조하는 성차에 관심을 보이기 시작함으로써 이성 개념에 성별 특성을 고려한 감성적 이성을 도입하여 신체의존적인 감정에 보편적인 가치를 부여한다. 뤼스 이리가라이, 로지 브라이도티 등은 성차에 기반한 여성주의 철학을 전개하는 대표적인 여성철학자이다.

차이라는 개념이 하나의 함축을 지니는 것으로 볼 수는 없지만 그것이 지니는 복수성과 다수성의 함축은 통일된 개념으로 받아들여졌던 여성 개념에 대한 반성을 촉발시켰고, 이를 기반으로 여성의 언어, 글쓰기 방식, 가사 노동의 특성 등이 분석되기 시작하였다.[126] 그것은 다른 패턴의 글쓰기, 말하기, 노동의 방식이 열등한 것으로 치부되는 것이 아니라 나름의 특성으로 이해되어야 한다는 논의로 이어지게 되었다.

이처럼 동일성의 철학이 산출하는 한계를 인식하고 그것을 넘으려는 여성주의자들은 차이의 철학에 기반하며, 이러한 여성주의 전략은 같음보다는 차이를 강조한다. 주변적 주체들의 정체성을 인정하고 그것을 존중하는 전략을 취하는 것이다. 차이에 입각한 전략에서는 중심적 주체와의 차이가 열등함이 아니라 단순한 다름으로 강조되며 때로 이 다름이 중심적 주체가 갖고 있지 않은 주변적 주체의 우월성으로 인식되도록 하는 무기로 작용하기도 한다. 이러한 차이의 맥락은 여성을 남성에 동일화하여 이해하는 방식은 물론 백인 중산층 이성애 여성들의 경험을 모든 여성들의 경험으로 일반화하는 것에 대한 비판에서 시작한다. 여성들 안에서도 인종, 계급, 나이, 민족, 국가, 성적 지향 등이 세세하게 고려되어야 한다는 것이다. 보편적 여성 범주를 설정하는 것은 결국 자기동일적 주체를 상정하는 것이기 때문이다.

연대 전략은 주변적 주체들이 모두 동질적인 정체성을 가지고 있는 것이 아니라 서로 간에 차이가 있다는 것을 인정한다는 점에서 포스트모던의 입장과 연결되는 측면이 있다. 그러나 이 전략의 주체 인식은 여

---

126 김혜숙, 위의 논문, 207쪽.

전히 단일하고 고정된 주체에 근거하고 있다는 점에서 포스트모던의 입장과는 다르다. 이 전략은 주변적 주체들이 그들만의 문제뿐만 아니라 사회의 여러 가지 중심적인 문제를 중심으로 연대해야 하며 그런 문제의 해결 속에서 주변화된 주체들의 문제를 해결할 수 있다고 생각한다. 또한 주변적 주체들 사이에서도 다양한 차이가 존재한다는 사실을 인정하고 있다. 다양한 여성 집단이 존재하고 있지만 여성들의 목소리를 사회에서 부각시키고 여성들이 공유하고 있는 문제들을 해결하며 여성들이 진정한 해방을 성취하기 위해서는 다양한 여성 집단들이 서로 연대해야 한다는 것이다. 서로 간의 차이는 물론 존중되어야 하지만 페미니즘의 목표를 달성하기 위해서는 작은 차이를 넘어서 더 큰 페미니즘의 목적을 실현할 수 있도록 노력해야 한다는 것이다.[127]

여성주의 안에 차이의 문제를 들여오는 것에는 몇 가지 스펙트럼이 있다. 이는 한국여성철학의 이론 정립을 모색하는 데에 매우 중요한 사안일 뿐만 아니라 지구지역화 시대에서의 경계와 탈경계의 문제를 논의하는 데에도 필수적인 논의 사안이다. 다름의 다차원적 의미와 기능에 대한 우리의 여성주의적 성찰은 단계적으로 접근되어야 한다. 우선 우리는 그들과 다르다는 맥락에서 차이의 문제를 거론하는 것이다. 비서구 여성, 즉 한국여성으로서의 정체성을 명확히 하고 서구중심주의의 여성주의에 대해 비판하는 맥락이다. 인종과 민족의 문제를 고려하지 않는 젠더 논의는 그것들 안에 존재하는 무수한 차이의 맥락을 간과하는 결과를 가져오기 때문이다. 이와 더불어 또한 한국 여성들 사이의 문

127 장미경, 『페미니즘의 이론과 정치』, 문학과학사, 1999, 92~93쪽

제에 대해서도 고려해야 한다. 서구와 비서구 여성의 차이에만 논의를 치중하게 될 경우, 한국 여성들 내에서의 계급, 나이 등의 미세한 차이들을 간과하는 오류를 범할 수 있기 때문이다. 한국적인 것이 무엇인지에 대한 고민을 통해 서구와 구별되는 한국 여성들 사이의 같음을 전제하는 것이 가져올 수 있는 한계에 대해서도 분명하게 짚어야 할 필요가 있다.

나와 타자, 차이와 연대

타자가 존재하지 않으면 나 역시도 존재할 수 없다는 말이 있다. 이 말은 무슨 의미인가? 그럼 무인도에 혼자 남겨진 로빈슨 크루소는 존재가 아니란 말인가? 물론 타자의 도움 없이도 나는 독자적으로 존재할 수 있다는 말은 어떤 의미에서는 가능하다. 하지만 타자가 없을 때 나는 나의 존재를 파악할 수 없다. 나를 규정해주는 내용을 갖지 못하기 때문이다. 내가 누구인지를 생각해보면 나는 어느 집 부모의 딸이며 한 아이의 어머니이며 누군가의 동생이거나 언니이며 내 친구의 친구이다. 이러한 것들이 나를 규정하는 내용이다. 만약 이러한 내용이 사라지면 나를 설명할 내용이 없어지게 되며 결국 나에 대해서 이러저러하게 말할 수도 없게 된다. 나를 설명하는 내용이 사라질 때 나를 파악하는 것은 불가능해진다. 이렇게 보면 나란 그저 독립적으로 고립되어 존재하는 것이 아니라 타인의 시선 안에서, 타인과의 관계 안에서 형성되는 것이다. 즉 나는 나를 둘러싸고 있는 모든 이들과의 관계에 의해서 이루어지는 것, 타인들과 엮어나가는 관계에 있는 것이다. 그렇기 때문에 타인은 나의 일부라고 말할 수 있으며 따라서 타인을 존중하는 것은 나를 존중하는 것이 되는 것이라 말할 수 있다.

"지옥, 그것은 바로 타인이다." 사르트르의 〈닫힌 방〉(1944)이라는 극작품의 대사에 나오는 유명한 대사이다. 이 말을 액면 그대로 받아들이면 타인, 타자는 지옥이라는 말처럼 들리지만, 사실은 당시의 사회 상황에서 팽배했던 인간관계의 특징을 설명한 말로 그런 상황이 지옥과 같음을 반영한 말이다. 모두가 꿈꾸는 유토피아적인 사회 상황에서는 타인이 지옥과 같이 여겨지는 일은 없을 것이다. 타인과 더불어 사는 세상속에서는 타인 그 자체가 지옥으로 받아들여질 리 없다. 타자는 오히려 근본적으로 내가 의식을 지닌 존재가 되기 위해 필요한 존재이다. 물론 나와 타자는 동일하지 않다. 다름, 차이를 전제로 한다. 그리고 이 다름, 차이를 차별로 전락시키지 않고 차이 그 자체로 인정하는 것은 그다지 어려울 것 같지도 않다. 적어도 관념상으로는 그렇다. 하지만 현실에서 모든 차이 나는 것들을 차별 혹은 틀림으로 보지 않고 그 자체로서 인정하기란 쉽지 않다. 더욱이 다양한 차이들을 차이로만 두지 않고 그들 간의 연대까지 생각한다면 차이의 문제를 온전히 실현하는 문제는 더욱 어려워진다.

연대성은 공동체에 대한 안정과 편안함의 개념을 요구하는 것 이상의 것, 즉 공동운명체로서 함께 결합되어 있다는 강렬한 의식을 포함한다. 이는 외부로부터 어떠한 위험이나 장애에 부닥쳤을 때 공동체 구성원들이 서로 지켜주고 도와줄 것을 요청하는 것이다. 이러한 의미에서 연대성은 차이와 마찬가지로 배려의 한 형태로 간주될 수 있다. 차이 나는 것들을 차이로 인정하면서도, 그것을 그저 다름으로만 두지 않고 그들 간의 통합과 연대를 꾀할 수 있는 장치로 만드는 것은 어떻게 가능한

가? 이러한 문제에 봉착해서 우리는 차이와 더불어 다시 정체성의 문제를 논의하게 된다. 차이의 존재 자체는 정체성을 전제로 하고 있으므로 정체성의 존재 자체를 부인하면서 단순히 모든 차이들의 공존을 주장하는 것은 차이가 가지는 진정성을 간과하는 것이다. 차이를 인정해야 한다는 논의는 각 문화의 정체성을 전제로 해야 한다. 진정한 의미에서의 관용은 정체성 유지를 목표로 해야 한다는 것이다. 이로부터 다양성에 대한 논의와 더불어 기본적인 어떤 유사성에 대해서도 논의하여야 할 필요성이 주어진다.

유가 철학에서 자아는 특별한 관계의 사람들에게 많은 부분 의존하고 있으며 그 관계에 의해 많은 부분 구성된다. 이러한 자아의 개념은 자아의 개체성, 자율성을 포함할 수 있는가, 그리고 더 넓은 영역에서의 타자 일반에 대한 도덕적 책임과 양립할 수 있는가라는 물음이 관계적 자아의 개념을 둘러싼 쟁점이라고 할 수 있다. 유가 철학에서는 삶의 중심을 자기 자신뿐만 아니라 타자 또는 타자와의 관계에 두며, 자아는 관계를 조절하고 통제함으로써 타자를 통해 자신의 가치를 확인받는다. 또한 이때 타인과의 교류에서 기쁨을 얻기 위해서는 자기 자신을 스스로 정의하는 강한 자아가 확립되어야 한다. 이러한 유가 철학의 관점으로부터 우리는 연결된 동시에 분리된 자아를 상상할 수 있으며, 이로부터 여성들이 다른 여성과의 관계 속에서 자기 정체성, 자율성의 감각을 획득한다는 것을 보여주고자 하는 여성주의 윤리와 연결되는 지점을 확보할 수도 있다.

차이-연대의 에토스로서의 '화이부동(和而不同)'

어떤 것에 단순히 동일화되지 않고 차이를 인정하면서도 그것들 간의
조화와 연대[128]를 꾀하는 윤리적 태도는 추상적 일반화, 보편화의 폭력
성을 피해가면서도 규범적 가치기준이 부재할 때 발생하게 되는 문제점
을 해결할 수 있다. 다원성, 차이를 보장받기 위해서 윤리적 실천의 공
통된 기반이 필요한 것은 당연하다. 하지만 이것이 보편성을 강조하는
차이 이전의 윤리 규범으로 환원되어서는 안 된다. 차이-연대의 윤리
학이 모색되어야 할 필요성은 여기에서 주어진다. 다원성, 복수성에 기
반하면서도 실천적인 영역에서 각 집단들의 실질적인 연대를 가능하게
하는 철학이 필요하다는 것이다. 권력의 핵심에서 벗어나 있는 집단, 억
눌린 사람들의 집단, 소외 계층에게는 무엇보다도 그들의 생각과 욕구
를 말할 수 있고 또 표현할 수 있는 목소리를 확보하는 것이 필요하며,
구체적 타자로서의 개인들을 그 자체로 인정할 수 있는 '윤리적인 에토
스'[129]가 필요하다.

　이러한 의미에서 군자의 화이부동은 차이 나는 것들의 조화를 말하

128　조디 딘은 '연대'의 개념을 '감정적 연대(affectional solidarity)', '전통적 연대(conventional solidarity)', '성찰적 연대(reflective solidarity)'로 구분한다. 그는 감정적 연대를 사랑과 우정 등의 친밀한 관계에서, 전통적 연대를 공동체를 통합하는 전통과 가치에서, 성찰적 연대를 관계에 대한 책임 있는 지향의 상호적 기대를 의미하는 속에서 각각 산출되는 것이라 파악하면서, 성찰적 연대 개념을 대안으로 내세운다. 그의 주장에 따르면 감정적 연대는 공동체에 기반한 연대감을 개인적 느낌과 감정으로 환원시키는 오류를 빚을 수 있다는 점에서, 전통적 연대는 구체적 타자를 희생시켜 개인에게 집단의 정체성과 연대감을 강요하는 측면이 있기 때문에 한계를 지닌다. Jodi Dean, (1996) Solidarity of Strangers-Feminism After Identity Politics, University of California Press. 이 글의 '차이-연대'는 조디 딘의 성찰적 연대를 염두에 두면서도 차이의 맥락을 놓치지 않으려는 의도를 담고 있는 개념으로 사용하였다.

129　이상화, 「세계화와 다원주의」, 『다원주의, 축복인가? 재앙인가?』 철학과 현실사, 2003, 42쪽.

지 동일화를 말하지 않는 것으로 해석해보는 것은 타자에 대한 인정을 꾀하는 일종의 에토스 발견의 맥락이라 할 수 있다. 화(和)에 대한 제나라 안영의 설명은 이를 잘 설명해준다.

> 제나라 경공(景公)이 안자(晏子)에게 물었다."화(和)와 동(同)은 다릅니까?"안자가 대답했다."다릅니다. 화(和)는 고깃국을 끓이는 것과 같습니다. 물, 불, 식초, 간장, 소금, 매실을 갖추고, 물고기와 고기를 끓이기 위해 장작으로 불을 지피고 요리사는 그것들을 잘 조화시킴으로써 맛을 고르게 합니다. 맛이 덜 나면 좀 더 가미하고 넘치면 좀 덜어내야 군자들이 그것을 마시면 마음이 편안하게 됩니다. 선왕이 오미를 조리하고 오성을 화음한 것은 마음을 평온하게 하여 정치의 도를 완성하려는 것입니다. 음악 또한 맛과 같으니 일종의 기이며 안무에 이체가 있고 삼류가 있고 악기는 천지 사방의 물건으로 만든 것이요, 오성, 육률, 칠음, 팔풍, 구가가 서로 어울려서 이루어지는 것입니다. 청탁, 태소, 단장, 질서, 애락, 강유, 지속, 고하, 출입, 주소와 같은 대립상이 상보하여 화합하는 것입니다. 군자가 그 음악을 들으면 마음이 화평해지니 도덕이 자연히 화순하게 되는 것입니다. ……만약에 물에 물로만 조미한다면 누가 그것을 먹겠습니까? 금(琴)과 슬(瑟)의 모든 음을 한 가지 소리로만 한다면 누가 그것을 듣겠습니까? 동(同)의 불가함이 바로 이와 같습니다."130

조화를 이룬다는 말은 자신의 고유한 특성을 모두 잃어버린 채 다른 것에 동화되는 것을 의미하는 것이 아니다. 또한 모든 것이 동일함으로 귀속됨을 말하는 것도 아니다. 진정한 의미에서의 조화란 차이를 개발하면서, 그래서 개별적인 특성을 보전시키면서, 전체와 융화하고 통합하려는 지점을 찾고자 노력하는 것이다.

그러나 여기에도 반드시 고려되어야 할 사항이 있다. 그것은 아무리 조화와 통합, 소통 등을 염두에 둔다고 하더라도 그것이 상대주의에 빠지거나 혹은 차별을 은폐하는 방식이어서는 안 된다는 것이다. 따라서 차이를 가장한 차별이 내재해 있는 것은 아닌지 항상 경계하는 노력이 요구되어야 한다. 차별의 문제를 차이의 문제로 포장하는 음모는 언제나 아주 쉽게 가능하기 때문이다. 동일성, 통일만을 지향하는 것은 종종 차이를 무시함으로써 자기 정체성을 확보하지 못하게 하며, 결국 진정한 평등과는 거리를 두게 되는 것이다. 따라서 만약 화이부동(和而不同)의 화(和)가 차별적인 것들 간의 조화를 의미하는 것이라면, 그것은 진정한 의미의 화, 혹은 우리가 지향하고자 하는 화가 아니다. 조화의 의미는 차이 나는 것들을 차이 나게 두면서도 그것들이 함께 할 수 있는 자리를 모색하는 것이지, 차별을 은폐하거나 차별을 차이로 가장하면서 그대로 온존시키는 것이 아니기 때문이다. 함께 어우러짐, 공명의 진정성은 차별성이 인정되는 가운데서는 이루어질 수 없다. 평등을 전제로 하지만 그것이 일체를 향한 통일적인 방식이나 어느 하나의 기준에 동일화되는 방식이 아닌, 즉 모든 차이 나는 개별의 것들을 함께 두면서

---

130 『춘추좌전』, 「소공」 20년 公曰: "和与同异乎?"對曰: "异. 和如羹焉, 水火醯醢鹽梅以烹魚肉, 燀之以薪. 宰夫和之, 齊之以味, 濟其不及, 以泄其過. 君子食之, 以平其心. 君臣亦然. 君所謂可而有否焉, 臣獻其否以成其可. 君所謂否而有可焉, 臣獻其可以去其否. 是以政平而不干, 民无爭心. 故《詩》曰: '亦有和羹, 既戒既平. 鬷嘏无言, 時靡有爭.'先王之濟五味, 和五聲也, 以平其心, 成其政也. 聲亦如味, 一气, 二体, 三類, 四物, 五聲, 六律, 七音, 八風, 九歌, 以相成也. 淸濁, 小大, 短長, 疾徐, 哀樂, 剛柔, 遲速, 高下, 出入, 周疏, 以相齊也. 君子听之, 以平其心. 心平, 德和. 〈若以水濟水, 誰能食之?若琴瑟之專一, 誰能听之?〉

그것들 간에 융화를 꾀하는 가운데 모색되는 것이다.

'멜팅 폿(Melting pot)'과 '샐러드 보울(Salad bowl)'이라는 말이 있다. '용광로'라고도 번역되는 멜팅 폿은 버터 등을 녹이는 그릇으로, 한 문화가 다른 문화와 만나는 과정에서 자기 고유의 모습을 전혀 보존하지 못하고 흡수되고 마는 경우를 의미하는 용어이다. 이에 비해 샐러드를 버무리는 그릇을 의미하는 샐러드 보울은 자기 고유의 특성을 보존하면서도 그것이 다른 특성들과 갈등하지 않고 함께 어우러지는 조화의 상황을 의미하는 말로 사용된다. 전자가 동일성의 철학에 근거한다면 후자는 차이의 철학을 염두에 두고 있다. 바람직하고 긍정적인 것으로서의 '조화'와 '하모니'란 바로 샐러드 보울과 같이 차이 나는 것들을 차이 나게 두면서도 그것들이 불평등하거나 차별적인 것으로 떨어지지 않고 서로 함께 어우러지는 것, 그리고 그 안에서 진정한 의미의 평등성을 생각해볼 수 있는 것이어야 한다.

군자의 화이부동은 차이를 전제하면서도 그 안에서 연대를 생각하는 차이–연대의 철학으로, 타자에 대한 인정이 마땅히 수긍해야 할 것이라는 원칙론적인 차원에서가 아니라 실천적인 차원에서 구체적인 맥락에서 이루어져야 한다. 그것은 원리적이고 이론적인 차원에서 추상화된 의미의 타자를 인정하는 것이 아니다. 오히려 구체적인 현실 경험 속에서 배제당하고 무시된 존재들을 찾아내서 삶의 맥락을 함께 구성하는 것이 되어야 한다.

전 지구적으로 지구화, 세계화의 바람이 거세게 불고 있다. 이를 통해 이제까지 한 개인이나 집단이 구축해온 동질적인 문화 정체성을 넘어서 다양한 정체성의 조건들과 부딪치게 되었다. 지구화, 세계화는 단순히 하나의 동질성이 다른 이질성과 만나는 것만을 의미하지 않는다.

이질성의 요소들은 한 개인, 집단의 동질성 안에서도 발생하며, 이질적이고 다양한 요소들은 정체성이 단일한 동질성의 형태로는 더 이상 머물 수 없게 하는 조건들을 산출한다.[131] 이러한 가운데 현재 다문화주의, 차이, 특수성, 다양성 등이 강조되고 서로 다른 것들이 함께 어우러질 것에 대한 논의가 한창 진행되고 있다. 하지만 다른 한편에서는 여전히 서구 중심주의에 대한 나르시시즘이 건재하며 세계화라는 이름 하에 약소국이 강대국에 편입되는 방식이 자명하게 거행되고 있기도 하다. 따라서 차이와 조화의 문제는 심각하게 논의해볼 철학적 사안이다.

차이를 말하지 않고 동일화를 말하는 것은 겉으로는 평등성을 지향하지만 사실은 다양한 차이를 무시함으로써 구체적인 경험과 그 안에서 산출되는 특수한 상황들을 지평 밖으로 내쳐버리는 차별성의 원리이다. 하지만 차이를 거론하는 문제 역시 좀 더 꼼꼼히 점검해보아야 한다. 하나의 사회를 단일 문화권으로 상정하면서 그 사회 속의 문화적 소수자들을 배제 또는 차별해온 것을 상기해볼 때, 다양한 문화의 존재를 인정한다는 다문화성 개념은 분명 진보적 의미를 지니는 것이다. 하지만 차이 나는 것들이 함께 어우러짐을 고민하기보다 그것이 그저 함께 있음만을 인정하는 것은 결국 또 다른 갈등을 빚어내고 말 것이다.

이러한 고민은 여성주의 안에서도 유효하다. 여성주의라는 한 깃발 아래 공감하고 연대해야 할 필요성이 강조되면서도 그것이 여성정체성을 무시하는 방식이거나 개별 여성들의 고유성을 파괴하는 방식이 아닐 것을 고민해야 한다는 것이다. 각자의 고유성이 사라진 채로는 조화, 소

---

131 이상화, 「지구화 시대의 지역 공동체와 여성주의적 가치」 『지구화 시대 여성주의 대안 가치』 푸른 사상, 2005, 26쪽 참조.

통, 융화, 통합 등의 의미를 산출할 수 없으며, 진정한 의미의 평등을 말할 수도 없을 것이기 때문이다. 다문화주의에 대한 여성주의자들의 비판은 이러한 문제의식과 맞닿아 있다.[132] 각 민족의 고유한 전통과 풍속이 적극적으로 인정되고 존중되면서도 전 지구적 융화가 가능한 지점을 모색하는 일, 서로 다른 것들 간의 상호성이 지켜지는 일이 필요하다. 또 여성주의라는 공동의 목표를 지향하면서도 그것이 어느 단일한 이론이나 원리 하에 일의적인 방식으로 이루어지는 것이 아니라 다양한 방식으로 이루어질 것이 요청되어야 한다. 여성성을 부정하고 그래서 단순히 남성성에 동일화되는 방식을 넘어서는 것, 각자의 고유한 정체성, 차이를 보존하면서도 그것이 모두 함께 어우러질 수 있는 것, 그것이 지금 여기의 우리에게 필요한 '화이부동(和而不同)'의 철학일 것이다. 그리고 이러한 화이부동으로부터 '차이-연대'의 철학을 향한 에토스를 발견해볼 수 있다.

132 이에 관해서는 Is Multiculturalism Bad for Women? ed. Cohen, Howard & Nussbaum(Princeton University Press, 1999)와 김혜숙, 「여성주의 관점에서 본 다문화주의 : 열린 주체 형성의 문제」, 『철학연구』 제76집, 철학연구회, 2007, 211~213쪽 등을 참조.

5장

군자의 충서(忠恕)
: 공자의
똘레랑스와
여성주의

타자 존중과 똘레랑스의 정신

"존중하시오. 그리하여 존중하게 하시오"
라는 말은 프랑스 사람들이 즐겨 쓰는 말
이다. 이 말은 "남을 존중하시오. 그리하
여 남으로 하여금 당신을 존중하게 하시오"라는 뜻으로, 다른 사람의
생각과 행동 방식의 자유 또는 정치적, 종교적 의견에 대한 자유를 존중
한다는 것이다. 자신의 생각과 행동, 이념, 신념, 종교 등을 소중하게 여
기는 만큼 다른 사람의 그것들에 대해서 소중하게 여길 줄 아는 것, 자
신이 존중받고자 하는 만큼 남을 존중할 줄 아는 것, 그것이 똘레랑스
정신이다.

'지탱하다', '참다', '감수하다'의 의미를 지닌 라틴어 'tolerare'를
어원으로 하는 똘레랑스는 16세기 중엽 구교(가톨릭)와 신교(위그노)의
갈등을 배경을 생겨났다고 한다. 당시 신구교에 있었던 격렬한 갈등은
엄청난 숫자의 희생자를 만들어냈는데, 이 같은 사태를 수습하기 위해
유럽의 지식인들은 서로의 차이를 받아들일 것을 논의하기 시작하였다.
이것이 똘레랑스 정신이 제창된 배경이다. 똘레랑스는 제창된 초기부터

남의 생각과 행동에 대한 개인적인 정신 성향을 지시하는 의미를 지니지는 않았다. 하지만 공적인 소관 사항으로서 종교의 진리에 관련된 문제에 대해서는 탄압하지 않는 정치와 그런 정치를 실행하는 군주의 개인적 태도를 가리키는 의미를 지닌 만큼 똘레랑스는 개개인의 생각과 삶의 양식의 차이를 인정하고 서로의 선택을 존중해주는 정신을 전제로 한다.[133]

흔히 똘레랑스는 우리말 아량이나 관용으로 번역된다. 하지만 이것이 단지 종교적 너그러움, 자비로움, 혹은 동정과 같은 의미는 아니다. 똘레랑스는 내 생각이 무조건 옳을 수 없다는 차이를 기반으로 하며, 그래서 다른 사람과의 합의를 전제로 하는 개념이다. 억압이나 강제에 의해 어쩔 수 없이 동의를 얻어내는 것이 아니라 대화와 설득에 의한 동의와 연관되는 것이다. 알레브 자카르가 『차이에 대한 찬양』에서 이야기하듯이 "집합적인 우리 공동의 풍요는 우리의 다양성으로 이루어지며, 그것들은 서로 다르다는 점에서 우리에게 소중한 것이 된다."[134]의 의미를 지닌다. 똘레랑스 정신에서 인간의 풍습과 사상의 다양성은 자연스러운 것으로 인정되며 세계의 무수한 색상을 지닌 형상들이 보여주는 아름다움 앞에서의 경탄에서 비롯된다.[135]

똘레랑스는 자기중심주의를 포기하는 것이며, 나를 중심으로 세우는 하나의 질서에 남을 들여놓는 것이 아니다. 그것은 나의 생각과 신념을

---

133 필리프 사시에, 홍세화 옮김, 『왜 똘레랑스인가?』 상형문자, 2000, 29쪽.

134 Albert Jaccquard, 차이에 대한 찬양, Seuil, 1985(필리프 사시에, 『왜 똘레랑스인가』, 84쪽에서 재인용).

135 필리프 사시에, 위의 책, 78쪽 참조.

남에게 투사하는 것을 멈추는 것이며, 나에게는 의무만 지우고 남에게 모든 권한을 양도하는 것도 아니다. 자신을 지키면서 나와 다른 것을 받아들이고 차이 나는 것을 용납하는 것이다. 필리프 사시에는 똘레랑스를 '견디다'의 의미라고 주장한다. 우리에게 지워진 부담을 견딘다는 의미이다. 이렇게 보면 똘레랑스란 말은 그리 매력적인 개념이 아닌 듯이 보인다. 왜냐하면 '견디다'라는 말에는 다소 억압적인 의미가 담겨 있기 때문이다. 똘레랑스한다는 것은 내가 동의하지 않는 생각에 대해서 용인하는 것이다. 좀 더 정확히 말하면 내가 동의하지 않는 상대방의 의견이나 생각을 바꿀 수도 있지만 그대로 용인하는 것을 말한다는 것이다. 여기에는 의도적인 자세가 다분히 포함되어 있다. '용인'이지만 의도적인 용인이라는 점에서 무관심이나 포기와 다른 것이다. 똘레랑스는 나와 화합되지 않는 사람의 의견을 받아들이라는 가르침이며, 나와 다른 사람에 대해서도 최소한의 접촉을 하도록 요구하는 것이다. 그들이 우리와 함께 있는 동안에는 그들을 존중하라는 것이다.[136]

때문에 똘레랑스가 강조되는 사회에선 강요나 강제 대신에 상대방을 설득하기 위한 토론이 강조된다. 따라서 이러한 상황 아래서는 강제로 남을 어떻게 해보겠다는 생각은 조금도 존재할 수 없다. 더구나 치고받고 싸우거나 욕설을 주고받는 모습 같은 것은 찾아볼 수도 없다. 설령 토론으로 해결되지 않고 그래서 토론을 통한 합의가 이루어지지 않는다고 해도 폭력적인 것은 엄금이다. 나와 다른 생각, 다른 이념을 가졌다고 해서 상대방을 미워하지 않으며 앙심을 품지도 않고 보복하지도 않

---

136 필리프 사시에, 위의 책, 16쪽.

는다. 토론을 통해 차이를 드러내고 다양성을 받아들인다. 프랑스 사회에서 한때 공산주의 이념에 경도되었던 이브 몽땅이 그 정치적 성향 때문에 가수로서 배우로서 활동하는 데 제약받는 일이 없었던 사례는 이런 맥락을 잘 보여준다. 찰리 채플린이 사회주의적 성향을 지녔다는 혐의를 받고 추방당했던 미국의 경우와는 매우 다른 모습을 발견할 수 있다. 나와 다른 이념, 다른 생각을 인정해주는 것으로서의 똘레랑스 정신은 다양성, 차이 등이 추구되는 다문화주의, 상호문화주의를 표방하는 사회를 살아가는 현재의 우리에게 시사하는 바 크다.

그러나 우리에겐 2% 부족한 똘레랑스

이처럼 똘레랑스한다는 것은 내 생각만이 절대적으로 옳을 수 없음을 인정하고 이성적이고 합리적인 방식으로 토론하여 나와 다른 생각을 가진 사람을 설득하는 과정 안에서 합의점을 찾아가는 것, 그리고 그 안에서 차이와 다양성을 존중해야 한다는 내용을 담고 있다. 즉 똘레랑스란 '이것이 옳다'라는 방식으로 독단이나 보편타당함을 내세우지 않고 진리에 다가설 수 있도록 함께 어울려보자는 의미를 강하게 어필하는 정신이다. 하지만 서구에서 전적으로 자신들의 필요에 의해 산출된 개념인 똘레랑스는 자칫 비서구 사회를 살아가는 사람들에게 또 다른 폭력을 행사하기 쉽다. 그것은 똘레랑스의 완전함을 자랑하며 똘레랑스를 비서구 사회에도 강요하는 분위기에서 드러난다.[137] 서로의 차이를 인정하고 받아들이는 것이 똘레랑스의 기본 정신이지만 그것이 서구 중심적인 맥락을 벗어나지 못하게 될 때 그것은 또 다른 폭력으로 작용할 수 있다.

또 서구에서 싹튼 똘레랑스의 개념은 사회적 불평등, 빈부의 극심한 차이, 사회적 약자에 대한 탄압이라는 현실에 직면해 있는 상황에 있는 사람들에게 부적절한 개념일 수 있음도 생각해봐야 한다. 아직 불평등의 요소가 많이 남아 있는 사회에서 다름의 인정을 강조하는 방식은 자칫 불평등한 관계를 더욱 공고화하는 요소로 전용될 위험이 크기 때문이다. 차이 그 자체에 대한 가치 부여는 다양성, 다름, 특수성을 인정해야 한다는 입장을 강하게 고수함으로써 또 다른 한계 상황을 산출한다. 이렇게 되면 모든 다른 것에 대한 가치 부여가 대화와 상호 소통을 보장해주기보다는 대화를 단절시키고 더한 억압의 상황을 낳을 수도 있게 된다. 유색인 여성주의자들이 서구중심성을 비판하는 문제의식을 드러내면서 차이의 철학을 주장하는 것은 이 같은 맥락 속에 있다. 그들은 서구가 주도하는 여성주의 논의가 차이의 철학에 기반하고 그래서 구체적인 '여성경험'을 강조하면서도 여전히 중산층 백인 여성의 경험에 치중하는 한계를 지적한다.[138]

똘레랑스는 공/사 영역을 이성적으로 판단할 수 있고 사생활을 간섭하지 않는다는 근대 서구 부르주아 논리를 전제로 한다. 따라서 개인과 프라이버시에 대한 존중이 무엇보다 우선시된다. 하지만 개인이나 사생활은 사회적으로 구성되는 개념이며 언제라도 재구성될 수 있다. 개인과 사생활에 대한 논의를 하는 것이 언제나, 반드시 타인의 삶을 침범하는 경우가 되지는 않는다. 개인과 개인의 사생활이 무시되고 공동

137 하승우 지음, 『희망의 사회 윤리 똘레랑스』 책세상, 2003, 14쪽 참조.

138 김혜숙, 「여성주의 관점에서 본 다문화주의 : 열린 주체 형성의 문제」, 『철학연구』 제76집, 철학연구회, 2007, 207쪽 참조.

체, 집단, 공적인 영역의 것만이 강조되는 것은 문제이지만 그렇다고 해서 개인, 사적인 것 모두가 공적인 비판으로부터 제외되어야 하는 것은 아니다. 이런 의미에서 타자를 인정하고 다름을 용인한다 하더라도 개인화된 구체적 타자의 관점에 대해서는 재고해볼 필요가 있다. 개인성에 초점을 맞추는 것은 구체적 타자의 개인적 특수성에 초점을 맞추는 것이며, 여기에서 산출되는 도덕적 요구는 개인성의 확인에 대한 요구이다.

예컨대 아프리카에서 벌어지고 있는 음핵절제나 일부다처제, 히잡 착용 같은 전통 문화 행위에 대한 비판을 무력화하게 만들 수도 있다는 것이다.[139] 즉 똘레랑스의 정신을 강조하면서 모든 것을 상대화하는 맥락이 때때로 폭력적 행위마저도 정체성의 구성적 차이의 표현이라고 인정하게 되는 위험에 빠지게 할 수 있다는 것이다. 이러한 문제는 다양성, 차이, 특수성에 기반하여 각각의 문화권과 자기정체성을 찾아가는 것이 반드시 억압으로부터의 해방을 의미하는 것인지를 돌아보게 한다. 자기정체성을 찾아가고자 할 때 가장 먼저 떠올려지는 것이 고유의 전통 문화이겠지만, 그 전통이 바로 그들이 벗어나고자 하는 가부장제에 전적으로 기대어 있는 것이기 때문이다.

하지만 이렇게 구체적 개인에 초점을 맞추는 것은 상호 작용의 규범과 감정을 사적이고 비제도적인 것들로 제한시킬 수 있다는 한계를 지닌다. 이러한 시점에서 우리는 집단적 구체적 타자의 관점을 구상해볼 수 있다.[140] 집단적 구체적 타자의 관점에서는 개인적 정체성과 집단적

---

139 Sonia Uounan, 「차이의 함정」, 『똘레랑스여, 너의 이름을 쓴다』, 163~165쪽(필리프 사시에, 홍세화 옮김, 『왜 똘레랑스인가?』 상형문자, 2000, 85쪽에서 재인용).

정체성 사이의 긴장과 균형을 조심스럽게 유지한다. 따라서 이러한 관점 안에서 타자는 고유한 개인으로서가 아니라 문화적으로 특수한 정체성과 연대와 삶의 방식을 가진 집단의 구성원으로 이해되며 개인이 처하는 관계망 전체에 주목한다. 연대와 공동체, 관계 등을 염두에 두는 가운데 타자와 차이를 인정하는 방식인 공자의 똘레랑스, 충서 개념을 재고할 필요성이 대두된다.

공자의 똘레랑스, 충서(忠恕)

> 공자가, 삼아! "나의 도는 한 가지 이치가 만 가지 일을 꿰뚫고 있다"라고 말하니, 증자가 "예"라고 답하였다. 공자가 나가시자 문인들이 "무슨 말씀인가?" 하고 수근거렸다. 증자가 "선생님의 도는 충(忠)과 서(恕)일 뿐이다" 하고 말하였다.
>
> 『논어(論語)』, 「이인(里仁)」

인을 실천하는 방법을 제시한 유명한 『논어』의 구절이다. 공자는 인을 실천하는 방법으로 충(忠)과 서(恕)를 말한다. 충서에 대해 정이천은

---

140 개인화된 구체적 타자와 집단적 구체적 타자의 관점에 대해서는 Seyla Benhabib, "The Generalized and Concrete Other", Situation the Self : Gender, Community and Postmodernism in Contemporary Ethics, Routledge, 1992. 이상화, 「이성과 실천 : 현대 철학에 있어서의 이성 비판을 중심으로」 『철학연구』 철학연구회, 1992 가을호, 105쪽, 이상화, 「지구화 시대의 지역 공동체와 여성주의적 가치」 『지구화 시대 여성주의 대안 가치』 한국여성연구원 편, 푸른사상, 2005, 42쪽 등을 참조.

"자신으로써 남에게 미침은 인(仁)이요. 자기 마음을 미루어서 남에게 미치는 것은 서(恕)이다"[141]라고 주석하고, 주희는 "자기 마음을 다하는 것을 충으로, 자기 마음을 미루는 것을 서"[142]라 주석한 바 있다. 충(忠)이라는 글자를 분리해보면 중(中) + 심(心)이다. 마음의 중심이 올곧게 하나만 있는 것이다. 이는 자기 자신에 대한 성실성을 말한다. 인을 실천하겠다는 중심이 단단하게 있을 때 그것은 자신에게 성실할 수 있는 근거가 된다. 이는 마음에 중심이 두 개 서 있는 상태 즉 中 + 中 + 心 = 근심(患)의 경우와 대조된다. 한편 서(恕)는 여(如) + 심(心)으로 남의 마음과 나의 마음을 같게 보는 것이다. 역지사지(易地思之), 즉 입장 바꿔 생각하기의 마음이다. 타인을 나와 동등한 가치로서 받아들이고 타인을 나와 똑같이 인격을 가진 존재로 이해하는 것이다.

자기 자신과 관련해서는 충(忠)을, 남과 관련해서는 서(恕)라는 두 가지 상호 관련된 영역을 제시하는 인을 실천하기 위한 방법으로서의 충서는 내적 자기 수양에 철저하게 몰두해야 함과 동시에 다른 사람의 입장을 헤아리고 배려하는 정신을 포함하는 것이다. 때문에 자신에 대한 성실함은 타인에 대한 배려와 대립되지 않는다. 인이 군자가 실천해야 할 가장 기본적인 덕목이라고 할 때, 충서는 여기에 도달할 가장 기본적인 방법이며 따라서 군자는 충서의 방법을 잘 활용해야 한다. 충서의 내용을 구체적으로 살펴보면 다음과 같다.

자기가 바라지 않는 것을 다른 사람에게 베풀지 않는다.[143]

---

141 『이정전서』「정씨경설 6」〈논어, 이인〉 以己及物, 仁也. 推己及物, 恕也.
142 『주자어류』권 26, 「논어」〈이인〉 盡己之謂忠, 推己之謂恕.

자기가 서고 싶은 곳에 남을 서게 해주고, 자기가 도달하고 싶은 곳에
남을 도달하게 해준다.[144]

군자[145]는 타인들의 입장을 잘 이해하고 또 타인의 처지를 잘 헤아리
며 타인에게 강제성이나 억압성을 띠지도 않는다. 인간을 대하는 데에
완고함을 발휘하지도 않으며 타인의 의견과 주장에 대해서도 신중하게
고려해준다. 군자는 자기 신념에 대해 확고한 믿음을 가지는 사람이다.
하지만 그것만으로 군자가 되는 것은 아니다. 군자란 모름지기 유연성
이 있는 사람이어야 한다. 즉 자기 자신의 믿음을 확고하게 가지고 있지
만 그것을 남에게 강제로 강요하지는 않는 사람이다. 자신이 추구하는
것이 자신은 물론 타인의 수양에 긍정적인 가치를 가진다고 확신하지
만, 그것을 남에게 강제하거나 강요하지는 않는다는 것이다. 군자는 다
만 자신이 수양한 내적 도덕성을 다른 사람에게 전달시키고자 노력한다.
　군자가 할 일은 강제력이나 억압에 의해서가 아니라 타인에게 도덕
적 감화력을 주는 것이며, 이러한 군자의 행위를 통해 뭇 사람들은 군자
의 언행을 따르게 된다. 군자는 명령하는 자가 아니라 친히 보여주고 제
안하며 매력으로 이끄는 자이다.[146] 자신이 서고자 하는 곳에 다른 사람

143　『논어』「옹야 28」己欲立而立人, 己欲達而達人.
144　『논어』「옹야 28」己欲立而立人, 己欲達而達人.
145　『논어』에서 군자는 자기에게서 모든 것을 찾는 사람(「위령공 20」), 곤궁한 사람(「위령공 1」), 작은
일에 알 수는 없으나 큰 것을 받을 만한 사람(「위령공 33」), 남의 아름다움을 이루어주는 사람(「안연 16」),
바람과 같은 덕을 가진 사람(「안연 19」), 평탄하여 여유가 있는 사람(「술이 36」), 덕과 법을 생각하는 사람
(「이인 11」), 섬기기는 쉬워도 기뻐하게 하기는 어려운 사람(「자로 25」), 도를 배우면 사람을 사랑하는 사
람(「양화 4」), 위로 통달하는 사람(「헌문 24」) 등으로 묘사된다.
146　뚜웨이밍, 정용환 옮김, 『뚜웨이밍의 유학 강의』, 청계, 1999, 277쪽 참조.

을 서게 하고, 자신이 도달하고자 하는 곳에 남도 도달할 수 있게 하는[147] 방식, 또 내가 하기 싫은 일을 남에게 시키지 않는[148] 그런 방식으로 타자를 배려하는 자이다. 군자의 임무는 남을 강제하여 나에게 맞추도록 하는 것이 아니라, 자신을 바로잡는 것, 그리고 그것을 바탕으로 다른 사람들 역시 스스로를 바로잡을 수 있도록 도와주는 것이기 때문이다. 군자는 타인에게 강요하지 않기 때문에 자신이 추구하는 것을 타인이 추구하지 않는다고 해서 원망하지도 않는다. 군자는 진심으로 자신의 일을 수행하고 그를 바탕으로 타인의 상황을 헤아려서 다른 사람의 정서에 공명하기 때문이다. 군자는 내적 자아의 모든 측면을 탐구할 용기를 수양하며, 자신이 원하지 않는 것을 다른 사람에게 베풀지 않는다는 감수성을 수양한다.[149]

이러한 충서의 정신으로부터 우리는 똘레랑스 정신에 못지않은 차이, 다양성, 타자에 대한 배려와 관용의 성향을 발견해볼 수 있다. 똘레랑스처럼 타자의 다름을 인정하고 그것을 용인하는 것을 전제로 하지만 그것을 해야 할 임무가 군자에게 있음을 강조함으로써 힘의 균형이 이루어지지 않은 사회에서 똘레랑스 실천이 갖는 한계를 넘어서는 지점을 모색할 수 있다. 인을 실천하는 방법으로서의 군자의 충서가 똘레랑스의 정신보다 더 여성주의와 만날 수 있다고 주장할 수 있는 맥락은 바로 여기이다. 그럼에도 불구하고 충서를 여성주의와 만나게 하기 위해서는 몇 가지 보완되어야 할 사안들이 있다. 똘레랑스의 정신을 충족하는 충

---

147 『논어』「옹야 28」己欲立而立人, 己欲達而達人.
148 『논어』「안연」己所不欲 勿施於人.
149 위의 책, 280쪽.

서의 의미와 똘레랑스가 지니는 한계를 넘어서는 충서의 의미의 지점을 찾는 노력이 한국적 여성주의 철학 이론을 모색하려는 우리에게 필요하다는 것이다.

다름을 인정하고 타자의 입장을 존중하면서도 그에 앞서 도덕적 수양과 자기반성이 요구되는 충서의 정신은 차이의 철학의 진정성, 여성주의 차이의 철학을 말하고자 하는 시점에서 주목해볼 필요가 있다. 그것은 가진 자의 도덕적 수양이 우선적으로 요구되면서 그것을 기반으로 타자에 대한 배려가 실천되어야 하는 맥락에서이다. 예컨대 기득권을 가진 계층으로서의 남성들이 자기반성을 우선적으로 하고, 그것을 기반으로 타자(여성)의 입장을 이해해야 한다는 당위성은 충서 개념을 재고하는 데 매우 필요한 과제가 된다. 그러나 충서 개념이 아무런 제한점 없이 여성주의 전략으로 될 수 있는 것은 아니다. 아무리 충서 그 자체가 억압적인 개념이 아님을 강조하더라도, 여기에 일방적인 방향성이 있음을 부정할 수는 없기 때문이다. 일방적인 방향성을 지니는 것에서 대화, 상호소통이라는 이미지를 산출하기는 사실 어렵다. 충서에는 군자/비군자라는 계급적 문제와 평등성의 문제가 아직 해결되지 않은 채로 남아 있어서 이것이 어떻게 여성주의에 유용한 개념으로 될 수 있을 것인가에 대해서는 많은 논의가 필요하다.

누가, 무엇을, 어느 범주까지 서(恕)할 것인가?
: 충서(忠恕)와 여성주의와의 만남을 위하여

나와 남의 마음을 같게 보는 것, 그것은 차이를 인정하는 데 있어서 그리고 충서를 실천하는 데 있어서 무엇보다 먼저 전제되어야 할 문제이다. 그런데 내가 좋아하는 것을 남도 하게 하고 내가 싫어하는 것을 남에게 하지 않는다는 내용은 지극히 주관적일 수 있는데, 이로부터 어떻게 객관성, 합리성, 사회 정의 등을 보장할 수 있는가? 입장 바꿔 생각하기의 좋은 취지를 놓치지 않으면서도 그것이 자기중심성으로 치닫지 않게 하기 위해서는 어떤 논의가 더 필요한 것일까?

사람들은 그 어떤 것보다도 자신과 자신의 소유물에 대해서 소중한 마음을 가진다. 그래서 자기와 타자, 내 것과 남의 것을 소상히 구분하면서 남을 무시한다. 자기 자신만 소중하고 가치 있다고 여기는 것을 우리는 '자아중심성'이라고 말한다. 자아중심성이란 자신의 관점으로 세상의 모든 사건이나 사물, 심지어 다른 사람의 마음까지도 재단하는 것이다. 유명한 발달심리학자인 피아제에 의하면 자아중심성은 4세에서 7세까지의 아동에게서 나타나는 사고 특성 중 하나라고 한다. 자아중심성에 빠져 있는 어린아이에게는 하늘에서 내리는 눈이 자신에게 선물 줄 산타클로스 할아버지가 썰매를 탈 수 있도록 하늘이 내려주는 것이라 여길 수 있다. 또 할아버지의 생신 선물로 무엇이 좋을까? 라고 물으면 "닌텐도요"라고 대답할지도 모른다. 자기가 좋아하는 것을 남도 좋아할 것이라고 생각하는 것이다.

그런데 이런 자아중심성은 어릴 때 한시적으로만 나타나는 것이 아니라 정도의 차이는 있지만 평생에 걸쳐 나타난다고 한다. 자아중심성에 빠진 사람은 남의 입장은 고려하지 않는다. 자기 자신이 세상의 중심이라고 생각하면서 자기의 생각이 항상 옳고 자신이 원하는 대로 세상이 움직이기를 바라기 때문이다. 자아중심성이란 자신의 환경 세계를 그 자체라고 생각하는 착각이다. 즉 자신의 환경 세계가 착각에 의해 세계로서 주어지는 것이다. 자아중심성은 대상의 실재성의 파악과 연관되면 유아론이고 의지와 실천적인 행위와 연관되면 이기주의이며 사랑의 태도와 연관되면 자애주의이다. 유아론과 이기주의 그리고 자애주의의 공통적인 뿌리는 소심한 자아중심성이다. 동감의 결과로 주어지는 인간의 인간으로서의 등가치성에 대한 파악만이 이런 실재성 착각의 소멸을 본질 법칙적으로 이루어내며 이룰 수 있다.[150] 사람들이 자아중심성에 빠지는 이유는 자신이 생각하는 바가 언제나 진실이고 옳다고 믿기 때문이며, 이러한 경우는 주변에서 흔히 발견된다. 이념에 의한 분쟁이나 고정관념에 따른 억압, 타자와 타자의 생각을 무시하기 등은 모두 일종의 자아중심성이다. 때문에 자기가 옳다고 믿는 것에 대해서 다른 사람도 동의하기를 바라며, 나와 같은 생각, 나에게 맞추기 등을 암묵적으로 강요한다.

이러한 자아중심성은 '서(恕)'의 정신을 강조하고자 할 때 문제를 야기하는 요인이 된다. 자아중심성에 의거한 충서의 정신은 자타간의 본질적 동일성을 전제하게 된다. 서의 정신을 강조하면서 만약 자타간의 본질적 동일성을 전제하지 않는다면 그와 같은 당위의 명제는 무의미한 것이 되고 오히려 부도덕한 것이 되어버릴 수도 있다. 왜냐하면 군자에 이르는 길, 인을 실천하는 방법으로서의 서의 정신은 자신과의 동일성을 어느 정도 내포하는 것이기 때문이다. 서는 내가 도달하고자 하는 곳, 내가 서고자 하는 곳, 내가 하기 싫은 마음을 남에게 투사하는 방식이기 때문이다. 동일성을 강조하게 될 경우 차이의 문제는 그만큼 사라지거

---

150 막스 쉘러, 조정옥 옮김, 『동감의 본질과 형태들』, 아카넷, 2006, 60~61쪽 참조.

나 축소되고 따라서 진정한 의미의 서의 정신을 발휘할 수 없게 된다.

또한 서가 무한정 인정되길 바란다고 할 때 오히려 서의 정신은 사라지고 말 것이다. 왜냐하면 서의 범주를 무한하게 연장할 경우, 불합리한 것, 불법, 부정의에 대해서도 용납하게 되고 그것은 결국 서의 정신에 어긋나게 되기 때문이다. 어떤 근본주의자가 있다면 그는 자신의 근본주의를 버릴 때에만 서를 행할 수 있다. 자신의 신념을 위해서 폭력 사용을 불사하겠다는 그런 가치 체계에 대해서는 서할 수 없다는 것이다. 사실 서라는 개념은 그 자체로서 언제나 선이라 할 수 없다. 권력을 가진 자와 가지지 못한 자를 전략상 용인하는 것은 서라고 할 수 없기 때문이다.[151]

여성주의 문제의식과 연관하여 볼 때, 아직 성평등 사회가 도래하지 않고 여전히 불평등성이 남아 있는 가운데 여성에게 서를 요구하게 될 경우, 여성은 또 다시 돌봄 노동을 전담하게 되거나 남성을 이해해야 할 것을 강요받을 수 있다. 가령 자본가에 대한 노동자의 서, 가부장제 문화와 그 규범에 대한 여성들의 서, 강간범에 대한 피해자 여성의 서가 강조될 경우 그것은 약자들의 권익을 해치는 것이 되며, 이는 결국 서의 정신에 어긋나는 것이 된다. 또 여성주의 인식에 대한 이해가 전혀 없는 가부장적 사고를 하는 어떤 사람이 여성 인권 단체의 행사장에 와서 난동을 부리고, 호주제 반대를 외치는 여성들에게 폭력을 행사하였다면 그 사람은 반(反)서의 태도를 보이는 것이다. 이러한 행동을 하는 사람에게도 서를 베풀어야 한다고 말하는 것은 진정한 의미의 서라 할 수 없다.

---

151 장은주, 「문화다원주의와 보편주의」 『다원주의, 축복인가 재앙인가』 철학과 현실사, 2003, 103쪽 참조.

따라서 어디까지를 서할 것인가는 서의 문제를 논의하는 데 있어서 매우 중요한 내용이 된다. 이렇게 보면 서와 관련한 문제는 단지 다른 것을 용납함에 있는 것이 아니라 무엇을 어느 선까지 용납할 것인가를 명확히 아는 데에 있다. 사실 서해야 할 범위를 무제한으로 확상할 경우, 그리고 그것을 사회의 약자들이 지켜야 할 덕목으로 강조할 경우, 그것은 자칫 사회 약자들의 권익을 해치고 강자들에게 도움을 줄 수도 있다. 이렇게 볼 때, 무엇을 서할 것이냐의 문제와 더불어 누가, 어느 범위까지를 서할 것이냐의 문제는 서를 여성주의에 유용한 전략으로 만들기 위해 필수적으로 논의되어야 할 사안이다. 아울러 서할 수 없는 것에 대해서 저항하는 정신에 대해서도 함께 논의되어야 한다.

6장

유교적 '정직함(直)'에서 찾는 여성주의 윤리의 단초

공자의 '정직함'

정직(honesty)의 사전적 의미는 "거짓이나 꾸밈이 없이 바르고 곧음"이다. 이러한 맥락에 의거하면, 『논어』에 나오는 아버지의 잘못을 고발하는 아들의 이야기는 더없이 정직하고 공정하며 도덕적인 행동이다.

> 섭공이 말하였다. 우리 중에 정직한 사람이 있으니 아버지가 남의 양을 훔친 것을 아들이 증언했습니다. 공자가 말하였다. 우리 중의 정직한 사람은 그와 다릅니다. 아버지가 아들을 위하여 숨겨주고 아들이 아버지를 위하여 숨겨주는 그 가운데 정직함이 있습니다.[152]

일반적으로 정직함이란 혈연애라는 개인의 편협한 감정을 넘어서 공

---

152 『논어』「자로 18」葉公語孔子曰吾黨有直躬者 其父攘羊 而子證之 孔子曰吾黨之直者 異於是 父爲子隱 子爲父隱 直在其中矣.

평무사함을 드러낼 수 있는 것, 사실에 바탕을 둔 것이어야 한다. 그리고 그런 사람이야말로 정직하고 도덕적으로 올곧은 사람이라고 여겨진다. 이에 비해 공자가 말하는 정직의 의미는 편파적이고 비도덕적인 것의 전형처럼 보인다. 자기 가족의 잘못을 은닉하는 것은 일반적으로 보편성, 공정성과는 거리가 먼 행위이기 때문이다. 어떤 특정 관계의 사람에게 특별한 대우를 하는 것을 두고 도덕적이라고 말하기란 사실 어렵다. 그럼에도 불구하고 공자는 어떤 근거로 가족의 잘못을 있는 그대로 말하는 것보다 그것을 숨기는 것이 더 정직한 것이라고 말하는 것인가? 공자의 이 같은 논리는 과연 도덕적으로 정당화될 수 있는 것인가? 또는 도덕적인 의미를 가지는 것인가?

이쯤에서 공자가 중시하는 도덕성의 근거를 살펴보자. 공자는 다른 어떤 것보다도 혈연관계와 거기로부터 파생되는 사랑을 중요시한다. 부모와 자식은 인륜의 근본이며, 따라서 여기에서 산출되는 감정에 솔직한 것이 진정한 정직함의 내용이 된다. 이러한 공자의 논리를 뒷받침하는 원리는 친친이다. 그것은 나와 가장 가까운 인간관계와 먼 인간관계를 명확히 구분하는 것, 나와 가장 가까운 관계인 부모-자식 간의 사랑을 다른 어떤 인간관계의 사랑보다 진한 것이라 상정하는 것이다. 때문에 유교 문화 안에서 내 부모를 돌보지 않는 것, 내 부모와 남의 부모를 똑같이 대우하는 것은 비도덕적인 것으로 간주되고, 부모나 형제의 원수와는 같은 하늘 아래 살 수 없다고 이해된다. 혈족의 원수에 대해 복수를 인정하는 공자의 논리는 이를 잘 보여준다.

자하가 공자에게 물었다. "부모의 원수에 대해 어떻게 처신해야 합니까?" 공자가 답하였다. "거적자리 위에서 방패를 베고 자며 벼슬을 하지 말고 원수와는 하늘을 함께 해서는 안 된다. 만약 시장이나 조정에서 마주치면 무기를 가지러 집으로 돌아올 것도 없이 그 자리에서 싸워야 한다." "형제의 원수에 대해서는 어떻게 처신해야 합니까?" 공자가 답하였다. "벼슬을 하기는 하되 같은 나라를 섬기지 말고 임금의 명을 받들어 사신으로 나간다면 원수와 마주치더라도 싸우지 말아야 한다." "그러면 종부와 이종형제의 원수에 대해서는 어떻게 처신해야 합니까?" "원수 갚는 일에 앞장설 필요는 없지만 주인이 원수를 갚고자 할 때에는 무기를 들고 지원해주어야 한다."[153]

이렇게 친친의 원리, 가족 윤리에 입각하는 공자의 직(直)은 일반적인 의미의 정직함과 다르며, 친친의 원리에 입각해 있다. 공자에 의하면 '정직하지만 예에 합당하지 않음'[154], '꼿꼿하지만 배움을 좋아하지 않는 사람'[155] '곧이곧대로 함'[156], '남의 단점을 들추어내어 비방하는 것을 곧음으로 생각하는 것'[157] 등은 모두 비판의 대상이다. 공자에게서 정직함이란 그저 꼿꼿함, 사실을 사실대로 말함의 의미가 아니라 예에 의거하는 것이어야 하며 또한 배움의 과정과 밀접하게 연관된 것이어야 한다.

....

153 「예기」「단궁 상」 子夏問於孔子曰, "居父母之仇如之何?" 夫子曰, "寢苦枕干, 不仕, 弗與共天下也, 遇諸市朝, 不反兵而鬪." 曰, "請問居昆弟之仇如之何?" 曰, "仕弗與共國, 銜君命而使雖遇之不鬪." 曰, "請問居從父昆弟之仇, 如之何?" 曰, "不爲魁. 主人能, 則執兵而陪其後."

154 「논어」「태백 2」 直而無禮則絞.

155 「논어」「양화 8」 好直不好學 其蔽也絞 好勇不好學 其蔽也亂 好剛不好學 其蔽也狂.

156 「논어」「양화 16」 古之愚也直, 今之愚也詐而已矣.

157 「논어」「양화 24」 惡訐以爲直者.

유교적 정직함의 근거와 정의의 윤리 넘기

혈연을 강조하고 특정 관계의 사람들에게 특별한 대우가 필요하다고 보는 전통 유교는 정직함에 대한 일반적인 이해와 의미를 달리한다. 상기한 바와 같이 공자에게서 정직함이란 "아들에게 잘못이 있을 때는 아버지가 아들을 위하여 잘못을 감추어 남이 알지 못하게 하고 싶은 마음, 아버지에게 잘못이 있을 때는 아들이 아버지의 잘못을 감추어 남이 알지 못하게 하고 싶은 마음"[158]이다. 전통 유교 사회에서 '부모에게 효도하라'의 내용은 단지 사적 영역에 머무는 도덕 원리가 아니라 보편적인 도덕 원리로 이해된다. 효가 실현하는 가치는 보편타당한 사회적 원리로까지 확대되어 이해된다. 따라서 효를 잘 실천하는 사람은 사회에 나와서 다른 인간관계도 잘 할 수 있다고 평가되곤 한다. 이러한 유교적 사고 안에서 내 아버지와 남의 아버지를 동등하게 대우한다는 생각은 공평무사하고 그래서 도덕적인 것으로 이해되는 것이 아니라, 오히려 인간이 기본적으로 갖추어야 할 도덕성조차도 갖지 못한 파렴치한 인간으로 이해된다. 전통 유교에서는 윤리적 기초를 가족애에 기반하여 이해하기 때문에 가족과 가족애를 무시한 어떤 행위도 용납하지 않는 것이다.

이와는 달리 보편성, 공평성을 강조하는 서구 근대 철학에 기반한 도덕 원리에서 개인은 독립적이고 자유로운 주체들로 그리고 사회는 그러한 개인들이 모여서 이루어지는 것으로 인식된다. 모든 주체는 계약론

---

158 『논어』「자로 16」葉公 語孔子曰 吾黨有直躬者 其父攘羊 而子證之 孔子曰 吾黨之直者 異於是 父爲子隱 子爲父隱 直在其中矣.

의 원칙에 근거하여 상호 관계를 맺는 평등하고 독립적이며 자족적인 존재이며 따라서 도덕적 주체이다. 모든 사람들은 공정하게 대우받을 것이 전제되며 정당한 것을 얻고 동등한 사람으로 존중받으며 서로를 인정할 것이 강조된다. 그런데 이와 같은 계약론의 모델에서 주체는 서로 분리, 독립되어 있으면서 이기적인 존재라는 전제를 지닌다.[159] 공평성, 정의의 윤리를 강조하는 도덕원리는 이러한 인간관 속에서 성립되며, 여기에서 도덕 법칙은 모든 사람에 대해서 "○○○을 해야 한다" 혹은 "×××을 하지 말아야 한다"라고 명령하는 '보편적인 것'이다. 그것은 개개의 주관에 의해 마음대로 생각되어진 것 혹은 보편타당성을 상실한 것과는 확연히 구분되는 것이다.

서구 철학의 전통에 입각한 도덕 주체는 자율적이고 평등하며 독립적인 무관심한 행위자를 전제하며, 여기에서 도출되는 도덕 이론은 모든 감성적인 면을 제거함으로써 도덕과 경험, 도덕과 감정 간의 연결을 무시한다. 따라서 근대철학에 입각한 도덕이론은 도덕적 직관이나 감정을 비객관적, 비합리적인 것으로 이해하며, 도덕 이론의 건전성을 평가하는 절대적인 기준으로 보편성이나 정당성 등을 요구한다. 이러한 가운데 우리는 경험, 감정, 타자의 구체적 상황과 맥락들을 무시해야 할 것으로 간주해왔다. 공평무사함, 정의, 이성만을 합리적인 도덕 이론의 모델로 받아들이고 감정에 기반하는 이론이나 원리는 도덕적 유의미성을 가질 수 없다고 인식해온 것이다.

하지만 인간의 정서를 무시하거나 초월하는 도덕 담론이 인간의 실

---

159 권희정, 『보살핌의 윤리와 기독교 도덕교육』, 이대 기독교학과 석사학위 청구논문, 1995, 26쪽.

제적 삶에 효과적으로 적용될 수 있을지는 의문이다. 구체적 맥락의 타자를 상정하기보다 일반화된 타자를 상정하는 것은 그들에 대한 무관심을 함축하고 있고 개별 주체들의 개성과 온전성을 간과할 가능성을 이미 내포하고 있기 때문이다.[160] 타자의 상황을 고려해야 하는 것은 도덕 원칙의 필수 조건인데, 도덕 원칙을 거론하면서 타자의 상황에 대한 구체적 경험의 맥락은 무시되어야 한다고 주장하는 것은 굉장한 모순이다. 따라서 구체적 타자의 입장을 가정하지 않거나 직관이나 감정과 유리된 도덕 원리를 말하는 것만으로는 보편성에 대한 시도도 온전히 될 수 없다.

또 비중립성, 차별애, 편애성[161]을 항상 비도덕적인 것으로, 공평무사함, 보편성을 언제나 도덕적인 것으로 이해할 수도 없다. 이는 장애인, 노약자, 여성 등에 대한 특별한 대우가 공평무사함의 원칙을 벗어나는가의 물음을 통해 논의될 수 있다. 공평무사함, 보편성에만 입각하게 될 경우, 이는 일반적인 규칙을 고집하여 모든 사람을 얄팍한 도덕적 획일성에 가두고 특수성과 관계의 중요성을 무시하는 자아 개념을 가지게 된다.[162] 엄밀한 의미에서 장애인, 노약자, 여성, 유색인종, 동성애자 등에게 특별한 대우를 하는 것은 아무리 그들이 사회적 약자라 하더라도 분명 차별적이고 편파적인 행위이다. 따라서 만약 보편성과 공평무사함

----

160 캐롤 길리건, 허란주 역, 『다른 목소리로』(In a different Voice:Psychological Theory and Women's Development), 동녘, 1997, 237~8, 283 참조.

161 편파성의 가치를 주제화한 기존 윤리적 논의들은 여성주의 관점에서 고찰되기도 하였는데, Marilyn Friedman의 "The Social Self and the Partiality Debates", 허라금, 『원칙의 윤리에서 여성주의 윤리로』 철학과 현실사, 2004 등은 대표적 연구이다.

162 케니스 스트라이크, 「정의, 배려, 보편성 : 도덕적 다원주의를 옹호하며」『정의와 배려』, 인간사랑, 2007, 56쪽 참조.

안에서만 도덕적 유의미성을 발견할 수 있다고 한다면 편파성에 기반한 배려의 윤리는 도덕적으로 정당화되기 어렵다. 하지만 이러한 특별하고도 편파적인 행위 안에서도 평등성의 원리는 찾아질 수 있으며, 오히려 차이를 담보한 진정한 의미의 평등성을 확보할 가능성을 타진해볼 수 있다.[163]

편파성의 도덕적 유의미성

일반적으로 '윤리적' '도덕적'이라는 말 속에는 보편성, 공정성의 의미가 강하게 내포되어 있다. 그렇다면 가족애에 기반하면서 편파성, 차별성을 강하게 지니는 유교적 정직함은 어떻게 도덕적으로 정당화될 수 있을까? 편파성과 윤리성 두 가지 개념을 아무런 모순 없이 공존시키는 것은 과연 가능한가? 이러한 물음은 유교적 정직함에 대한 윤리적 평가의 문제에 있어서 매우 중요한 사안이 될 것이다. 유교적 도덕 원리는

....

163 정의의 윤리의 대안으로 보살핌의 윤리를 제시하는 입장에 대해서는 Nel Noddings의 Caring (Berkeley:Univ. of California Press, 1984) 을 참조. 노딩스는 기존의 윤리학을 법과 원칙을 중시하고 도덕적 추론과 논리적 필연성에 의해 지배된 윤리학으로 규정하면서 이는 인간의 구체적인 행동과 그 행동이 야기하는 정서에 대해 충분히 설명할 수 없다고 말한다. 이러한 윤리적 논의들은 대개 원칙, 정당화, 공정성, 정의 등에 관심을 기울이며, 이 같은 용어들은 남성들의 경험에서 나온 남성들의 언어라고 주장한다.

이러한 맥락에서 그녀는 모든 인간은 태어나면서부터 또는 그전부터 다른 사람들과 함께 관계를 맺고 있으며, 관계를 존재론적으로 기본적인 것으로 받아들인다는 것은 인간의 대면과 정서적 반응을 인간 실존의 기본적인 사실로 인정함을 의미하는 것이라고 말하고, 인간의 정서적인 반응을 윤리적 행동의 근원이라고 본다. 이는 감정에 치우침을 의미하는 것이 아니라 도덕성에 대한 합당한 논의는 윤리적 실존의 정서적 근원에 적절하게 관심을 주어야 하며, 도덕성의 중심에 있는 인간의 정서를 무시하거나 초월하려고 하는 윤리학은 인간의 실제적 삶에 광범위하게 적용될 수 없다는 것이다.

나와 특별한 관계에 있는 사람(부모와 혈연)에 대해 특별한 감정을 갖는 데서 출발한다. 그렇기 때문에 우리와 우리가 아닌 사람들 간의 분리, 배제의 문제를 배태하며, 같은 맥락에서 강한 동화를 요구한다.

또한 부계혈통 강화와 밀접하게 연관됨으로써 가부장제적 성형에 의한 여성억압과 혈연의 강조로 인한 가족 문제 등도 산출한다. 편파성은 가족이기주의, 집단이기주의 등의 연의식을 산출하는 온상으로 인식되기도 한다. 따라서 친친의 원리에 입각하는 것은 친밀한 관계의 전통에 내재하는 억압이나 차별과 같은 점들에 대해 무비판적, 무성찰적이게 한다. 혈연관계에 근거한 친친의 전통은 지극히 제한적이어서, 비혈연 관계지만 친근한 개인적 관계들을 무시하며, 특별한 관계의 사람들에게 편파적 애정을 갖느라 그 편파성이 산출하는 폭력성이나 횡포의 힘을 간과하기도 한다.

이러한 유교적 윤리는 보편성에 기반하고 있는 정의의 윤리적 관점과는 매우 상반된다. 정의의 윤리에서 모든 주체는 동등한 권리를 지닌 개별 존재이며, 따라서 어떤 주체만이 특별한 권한을 갖는다는 사실은 용납될 수 없다. 그러므로 정의와 공평성을 도덕 원리로 채택하는 경우 편파성은 도덕적으로 정당화될 수 없으며, 이러한 도덕적 정당화의 의도 자체가 모순이고 불순한 동기를 가지는 것이 된다. 정의의 윤리 안에서는 친한 이를 친하게 대접한다는 친친의 원리가 작동되는 것, 특별한 관계에 있는 사람에게 특권을 부여하는 것은 결코 도덕적 유의미성이 확보될 수 없다. 하지만 정의의 윤리가 표방하는 공정성과 보편성이 언제나 도덕적으로 정당하기만 한 것인가에 대해서는 더 생각할 일이다. 모든 사람에게 동일한 방식으로 도덕 원리를 적용하고자 할 때 개인이 지니는 특수성이나 상황의 맥락에 따른 미묘한 차이들은 간과되어버릴 수도 있다. 비슷한 상황에 동일한 원리를 적용하고자 할 때 역시 마찬가지이다. 그래서 공평성과 보편성의 이상에 따를 때 여성, 유색인종, 노약자, 장애인, 빈곤층 등 사회적 주변인의 생각이나 경험은 곧잘 무시되곤 한다.

여성 고용할당제 법안, 장애를 가진 사람들을 위한 특별한 법조항을 마련하는 것은 어떤 의미에서 편파적인 방법임에 틀림없다. 하지만 이들이 공동체 전체의 이익을 우선으로 하는 무사공평성(impartiality)의 원칙이나 윤리성을 완전히 어긋나는 것이라 말할 수는 없으며 따라서 도덕적으로 정당화될 수도 있다. 이러한 측면에서 보면 특별한 관계에서 사적으로 일어나는 감정 모두를 평등성, 불편부당성, 상호성 등을 보장하는 보편적 원리와 정면으로 대치시킬 수 없다고 말하는 것이 가능해진다. 그리고 이러한 속에서 가족애, 혈연애, 친친을 생득적이며 감정에 기반하고 있다는 이유 때문에 비합리적이라 평가할 근거는 희박해진다.

비록 친밀성에 근거한 가족애가 차별적 사랑에 기반하는 것이고 그래서 편파성을 내포하는 그리고 선험적인 것임을 인정할 수밖에 없다 할지라도, 가족 관계 안에서 일어나는 행동이나 담론 자체를 무의미한 것이라 치부하기는 어렵다. 도덕적인 문제를 다루고자 할 때 문제가 되는 것은 특정한 입장을 고려하는 것이기보다는 어떤 한 입장을 보편적 도덕적 관점으로 일반화해온 몰개인적 공평성, 차이를 무시한 공평성의 입장일 것이기 때문이다. 비슷한 상황에 처한 사람은 누구라도 그렇게 할 의무가 있다는 보편화 가능성의 개념은 내가 누구이고 누구와 관련되어 있으며 어떤 상황에 있는지 등의 문제를 도덕적 결정과 무관하다고 제안함으로써 공평무사함을 강조하지만 사실은 이것이야말로 편파적인 민주적 공평성일 것이다. 이러한 의미에서 보면 공평성의 이상이란 사람들을 동일한 개인으로 간주하고 그들을 공평하게 대우하는 것이 아니라 구체적 개인들의 차이를 형평성 있게 고려하는 것이어야 한다. 보편성 역시 개별적인 것과의 관련 속에서 생생한 방식으로 변형되어야 한다는 것을 인식해야 한다는 것이다.

특정한 관점에서 도덕적인 것으로 지각되는 구체적 관계의 유지나 보살핌의 가치를 인정하는 것이 정의의 가치나 공평성의 가치를 인정하는 것보다 더 편파적이라고 볼 근거는 없다. 사실 나와 어떤 방식으로든 관계 맺고 있는 사람의 사망 소식은 내가 전혀 알지 못하는 생면부지의 어떤 사람이 지구 반대편 어디에선가 사망했다는 소식과는 다른 감정을 수반한다. 더구나 나와 특별히 친한 관계에 있는 사람의 사망일 경우 그 슬픔은 더욱 더 증폭된다. 나와 친한 사람의 죽음이 나와 상관없는 사람의 죽음을 맞았을 때보다 더 슬픈 감정을 유발하는 것을 비도덕적이라 말할 근거는 없을 것이다. 왜냐하면 그 슬픔의 감정은 비록 현재적 시점에서는 단지 사적인 것처럼 보이지만, 적절한 계기가 주어지기만 하면 곧 이타적인 감정으로 발전할 수 있는 힘으로 전환될 수도 있기 때문이다.

유교적 정직함과 여성주의 윤리의 만남을 위한 전략

유교적 사랑의 방식이 구체성, 특수성에 기반하고 있으면서 어떤 특수한 상황들을 하나하나 고려한다는 측면들은 여성주의 윤리가 강조하는 감정, 차이, 경험의 맥락을 고려하는 것과 연결되는 지점이 있다. 그럼에도 불구하고 유가 철학의 도덕 원리는 특정한 관계 안에서 당사자들의 필요를 고려하기 때문에 편파적이 될 위험성이 많다는 한계점을 부정할 수는 없다. 사실 부모-자식 관계가 보편 도덕 원리의 기초라는 유교적 말 속에는 엄청난 자기모순이 내포되어 있다. 유가 철학에서 주장하는 바와 같이 효라는 규범이 모든 도덕 주체에게 적용되는 것은 아니기 때문이다.

부모에게 효도하는 것을 보편적인 도덕 가치를 실현할 수 있는 원리로 상정하는 전통 유교의 도덕 원리는 모든 사람이 부모-자녀 관계 혹은 혈연관계에 있어야 함을 전제로 한다. 그런데 이러한 매우 일반적으로 보이는 이 전제가 현실 속에서는 폭력으로 작용할 수도 있다. 현실에서 모든 사람은 부모-자녀관계에 놓여 있지 않다. 어떤 사람은 아버지가 없고 어떤 사람은 어머니가 없으며 또 다른 어떤 사람은 어머니, 아버지가 모두 없다. 이렇게 보면 부모에게 효도하는 것이 모든 인간관계를 잘할 수 있는 척도가 되는 것이라고 규정짓는 것은 하나의 폭력이 될 수 있다. 그것은 혈연가족 내에 있지 않은 사람, 특히 부모-자식 관계에 놓여 있지 않은 사람들을 배제하는 원리가 될 수 있기 때문이다. 그렇다면 유교적 도덕 원리에서 가져올 수 있는 맥락적 도덕 원리를 여성주의 입장과 만나게 하기 위한 전략은 무엇일까?

전략 1. 가족이 아닌 '가족'서사로 친친을 이해하기

전통 유교 사회를 지탱하는 친친이 가족 원리에서 비롯하면서 혈연을 강조하고 그로부터 동화와 배제의 원리를 낳는 문제성을 지닌다고 할 때 그것을 넘어서기 위해서 우리는 가족의 범주를 달리 생각하는 방식을 떠올려볼 수 있다. 현대 사회에서 가족은 더 이상 이러한 전통적인 가족의 의미를 지닌 것으로 정의될 수 없는 측면들을 드러내보이고 있다. 따라서 이제 가족은 혼인과 생자에 기반한 혈연 공동체로서보다는 "서로 사랑하고 배려하는 사람들의 집단[164]"이라는 의미로 이해되어진다. 또 가족의 의미가 다양하게 변화한 만큼이나 다양한 형태의 가족을 구성하면서 살아간다. 이런 현대인에게 혈연으로 묶여진 사람들에게서만 친밀한 감정이 산출될 수 있다는 생각은 시대착오적인 발상이다.[165]

그러나 가족 신화를 비판하고 그 이데올로기적인 면을 넘어서고자 하면서도 우리는 여전히 가족이라고 묶여진 인간관계들 안에서 푸근함과 평안함, 친밀감을 경험한다. 일상적이고 친근한 사건과 이야기 속에서 '가족' 서사를 마련하고, 그로부터 다른 집단과 구분되어지는 어떤 특별한 감정을 산출하기도 한다. 때문에 가족의 이데올로기성을 강하게 비판하면서도 가족이라는 단어를 포기하지는 않는다.[166]

이러한 맥락을 고려하여 우리는 가족과 '가족'을 다른 의미로 사용하는 방법을 떠올려볼 수 있다. 우리가 새롭게 구상하는 '가족'은 "가족에 관한 전통적 합의는 끝났다"라는 논의나 일부 여성주의자들에 의해 제기된 "가족은 실재하는가?"의 물음에 근거한 '열린 가족'의 의미이다.

....

164 Coontz, The way we really are : Coming to terns with America's Changing Families. New York : Basic Books. 1997. '불량가족', '가족의 탄생' 등 최근 대중매체에서 다뤄지는 다양한 가족의 모습은 이러한 현실을 반영하는 것이다. 그들은 혈연관계가 아니지만 가족을 이루며, 그가 누구이든 가족이라는 이름으로 묶이는 데에는 친밀성의 감정이 필수적으로 요구된다.

165 가족 내에 존재하는 다양한 폭력과 억압적 상황, 애증의 관계 등은 이를 보여주는 근거이다.

166 김혜련, 「서사담론으로서의 가족애」『한국여성철학』 제7권, 2007. 6. 오늘날 '가족'의 문자적 의미가 퇴색해가고 은유적 의미가 널리 사용된다는 사실은 우리가 가족 개념을 새롭게 이해하고 가족의 가치를 다시 해체 재구성하고 있음을 반영한다. 바꾸어 말해서, '가족'의 지시 대상이 어떻게 변모하든지, 여전히 우리는 가족 언어(family language)를 사용하고 있고 그 용법과 의미는 단순한 규약성을 넘어 개인들의 정체감과 도덕적 성실성의 원천으로서의 위치를 차지하고 있음을 알 수 있다.

가족이 해체 위기를 맞은 것이 아니라 전통적 가족 개념과 관점이 해체되었다는 가족의 변화에 대한 탈근대적 입장을 수용한 것이다. '가족'이라는 새로운 이미지의 가족을 통해 혈연관계뿐 아니라 경험적 실체로서의 공동체, 그리고 입양가족, 장애우 가족, 동성애 가족 등을 포함하는 개념을 떠올려볼 수 있다.

전통적 의미에서의 가족이 혼인, 생자라는 관계를 통해 구성되었다면, '가족'은 친밀성이라는 조건을 통해 구성된다. 이때 친밀성은 혈연을 포함하지만 혈연관계에만 국한하는 것은 아니다. 현대 사회에서 '가족'은 구체적인 맥락과 가족을 구성하는 주체들이 누구인지가 결정되기 이전에는 명확한 지시대상을 드러내지 않는다. 혈연은 여전히 '가족'을 이루는 조건이지만, '가족'을 이루는 자동 매개 장치, 혹은 충분조건은 아니며 '가족'의 구성원은 상황에 따라 그리고 필요에 따라 얼마든지 달라질 수 있다. 혼인과 생자는 현대 사회에서도 여전히 가족 구성의 필소적인 요건이 되지만, 여러 다양한 형태의 구성원들이 모여서 '가족'을 이루는 것 역시도 배제되어서는 안 된다.

또한 현대 사회에서 '가족' 서사로서의 친친은 혈연관계이기만 하면 저절로 이루어지는 것이 아니라, '가족'을 이루는 구성원들 간에 평등성과 자율성이 내재한 가운데서 만들어진다. 친친을 혈연가족의 범주를 넘어서는 개념으로 만들 수 있을 때 그것은 현대사회에서 유용한 전략으로 될 수 있다. 그리고 이렇게 친친을 이해함으로써 폐쇄적이지 않은 친친의 원리를 모색할 수 있게 된다. 친밀한 관계에 있는 사람을 특별한 감정으로 존중하고 수용하는 것에 덧붙여 보다 먼 관계에까지 소통의 개방성을 경험시키는 노력을 수반해야 한다는 것이다.

전략 2. '친한 이'의 범주를 확장해 보기

가족을 '가족'으로 확대시켜 보는 것과 연관하여, 우리는 '친한 이'의 범주를 가부장적 맥락 안에서와 같은 방식이 아닌 것으로 상정하는 전략을 떠올려볼 수 있다. 친밀한 감정을 산출하는 친한 이의 범주를 어떻게 상정하느냐에 따라 권력의 구조는 달라질 것이고, 그 안에서 새로운 인간관계와 도덕 원리를 창출할 수 있을 것이기 때문이다. 이는 모계전통을 기반으로 하는 은대 문화에서의 친친 원리에 주목하는 방식 안에서 찾을 수 있다.[167] 이러한 방식 안에서 가부장제와 긴밀하게 연관되어 있는 주대 문화의 친친 원리와는 다른 맥락을 떠올려볼 수 있다. 그리고 이를 통해 수평적 인간관계를 설정하는 전략을 모색할 수도 있다.

주대의 종법은 종자의 동모형제 즉 종자와 같은 어머니에게서 낳은 적자들 사이의 관계를 유지하는 제도였다. 이는 집안에서 가장의 권위는 물론 국가 차원에서 절대적인 군권의 지위를 보장하는 역할도 담당하였다. 종법은 존조(尊祖)와 경종(敬宗)을 근간으로 하며, 따라서 부계적, 부권적인 성격을 강하게 지니게 된다. 존조, 경종은 부계의 질서를 수용하여 존중하는 것이며 부의 권위를 인정해주는 것이므로 종법은 강력한 가부장적 요소를 가지게 된다.[168] 군권을 제약하고 종자의 지위를

---

167 은대가 모계제 사회의 유습을 근간으로 하였다는 것에 대해서는 논란의 여지가 있으나, 은대와 주대의 문화가 서로 달랐음은 어느 정도 합의가 된 사실이다. 은대와 주대 사회의 문화가 달랐음을 피력한 연구로는 王國維, 「殷周制度論」, 『觀堂集林』卷 10이 있다. 왕국유는 "상(商) 부족의 계승법은 형제계승 위주였고 부자(父子)계위는 이를 보충하는 것으로서 동생이 없을 때에만 행해졌다. 성탕에서 상제에 이르는 30명의 제왕 중에서 동생이 형의 위를 계승한 자는 14명이었다. 아들이 부친의 뒤를 계승한 경우도 형의 아들이 아니라 대부분 동생의 아들이 계위하였다"라고 하여 주대의 종법제도와 연관하여 적장자계승이 나타나는 것과 다른 문화가 은대 사회에 존재했음을 강하게 주장한다.

넘볼 수 있는 자는 종자와 같은 어머니를 가진 동생[同母弟]들이다. 따라서 종자와 적자들은 같은 어머니의 소생이라도 귀천의 등급을 구분하여 그들 사이의 지배와 피지배관계를 확정지을 필요가 있었다. 장자는 왕위 또는 군위를 가진 종자를 계승하고 별자는 공자 또는 공손으로서 왕위 또는 군위에 있는 장자와는 이중적 관계를 갖도록 하였던 것이다.

이것이 친친으로 불리우는 형제관계와 존존으로 불리는 부자, 군신의 관계이다. 형제간 친친의 관계가 부자간, 군신간의 엄격한 존존의 관계를 초월하지 못하게 하였는데, 이는 형제의 우애가 군신간의 지배 피지배 관계를 초월하지 못하도록 한 것이다. 이러한 친친존존의 원칙을 확대하면 형제 사이만이 아니라 적자로서 종자의 위치에 있는 자와 그의 백숙부, 백숙조 등과의 관계에도 적용가능하다.[169] 이처럼 주대의 종법에는 친친의 원리를 기반으로 하면서 거기에 존존의 원리를 강조하는 맥락을 내포하고 있다. 주대의 친친 개념과 주대 문화를 근간으로 하는 전통 유교에서의 친친 개념이 수직적 위계질서를 강조하는 방식으로 구축된 것은 이 같은 맥락에서이다.

한편 주대의 종법제도에 기반한 친친의 원리와 비교해볼 때, 모계제 습속이 남아 있던 은대에서의 친친의 원리는 이와 달랐다. 비록 친한 이를 친하게 대접한다는 의미는 같았지만 친한 이의 범주를 다르게 상정하고 있다는 것이다. 은대에서 친친의 원리는 존존의 원리와 더불어 할아버지─아버지 아들로 이어지는 주대에서와 같은 수직적 관계의 강조

168 이순구, 『조선 초기 종법의 수용과 여성 지위의 변화』, 한국정신문화연구원, 한국학대학원박사학위 논문, 1994, 17쪽.

169 徐楊杰 지음 윤재석 옮김, 『중국가족제도사』, 아카넷, 2000, 203쪽.

가 아니라 형-제 상속이라는 수평적 관계로 나타난다. 은대에서 형종 제급제(兄終弟及制)를 실시하였다고 전해지는 자료에 의거해보면,[170] 은 대 사회에서 혈연관계 중 가장 친한 이는 형제 관계였던 것으로 추정해볼 수 있다. 이러한 속에서는 주대저럼 가부상제에 기반한 문화와는 달리 모친의 권력이 보다 강하게 작용할 수 있었다.[171] 친한 이의 범주가 부자관계가 아니라 형제관계로 나타난다는 것은 부계혈통계승의 전통이 아직 강화되지 않았음을 나타내는 것이며, 은대가 주대와는 다른 정치적, 문화적 기반을 가지고 있었음을 나타내는 것이다.

　은대가 형제관계에 의거한 친친을, 주대가 부자관계에 의거한 존존을 가족과 사회를 이루는 기본 이념으로 삼았다는 근거는 "은(殷)나라의 도는 친자를 친하게 대접하여 동생을 왕으로 세우고 주(周)나라의 도는 존자를 존중하여 아들을 왕으로 세웠다"[172]나 "질가(質家, 상족)는 친한 관계의 사람을 친하게 하여 먼저 동생(弟)을 왕위에 세웠고, 문가(文

....

170　范文瀾, 『中國通史簡編』 人民出版社, 1964, 119~120쪽. 郭沫若, 「古代研究的自我批判」 『郭沫若全集』 歷史編 2, 人民出版社, 1982 6~8쪽. 李學根 「論殷代親族制度」 『文史哲』 1957~11 35~36쪽. 裵錫圭, 「關于商代的宗族組織與貴族和平民兩個階級的初步研究」 『文史』 17집, 1983, 1~5쪽. 常玉芝, 「論商代王位繼承制」 『중국사연구』 1992, 59~68쪽. 徐揚杰, 상게서, 아카넷, 2000, 132쪽 주 37. 王玉哲의 『中國上古史綱』 이숙인, 『동아시아 고대의 여성사상』 여이연, 2005, 34~42쪽.

171　이에 반해 서양걸(徐揚杰)은 이를 비판하는 입장을 취한다. 그가 형종제급제를 모계제 사회와 연관짓는 것에 반대하는 근거는 만약 은대에 비하여 낙후하였던 하대와 성탕 이전의 상족(商族) 시기에 부자상제가 나타났던 것에 대해서 설명할 방법이 없다는 것이다. 따라서 은대의 형제계위제는 정치적인 필요에 의해 나타난 것으로 해석할 수밖에 없다는 것이다. 즉 상왕조가 막 세워졌을 때 통치의 불안정으로 인하여 연장자를 국왕으로 선택할 수밖에 없었고 연장자 중에서는 왕의 동생이 가장 친한 존재였기 때문에 형제간의 계위가 자연스런 형태로 나타났다는 것이다. 은대 말기에 적서에 대한 구별의식이 생겨나고 태자의 개념이 출현했으며 방계출신 계위자에 대한 멸시가 나타났음을 근거로 상대 후기부터 적장자계승제도의 정착했음은 물론 그 이전 시기에서도 종법제와 부계혈통계승이 이미 시작되었을 것이라고 주장하는 것이다. 徐揚杰 지음, 윤재석 옮김, 상게서, 2000, 아카넷 128쪽.

172　『사기』 권 58, 「양효왕세가」에 실린 원앙(袁盎) 등의 발언 殷道親者立弟, 周道尊尊者立子.

家, 주족)는 존귀한 사람을 존중하여 먼저 손자(孫)를 왕위로 세웠다[173]"
등에서 입증된다. 또한 친친과 형제상속이 모친의 권력 강화와 연결될
수 있음을 시사하는 예는 전한(前漢)의 5대 황제였던 경제(景帝)의 모친
인 두태후가 동생인 양효왕에게 왕위를 물려주기를 권하는 역사적 사
실에서도 보인다. 두태후가 거론하는 친친의 원리에서 친한 이의 범주
는 형제관계이며 이 때 모친의 권력은 부계혈통강화와 연관되는 종법
제도 하에서의 친친의 의미와는 달리 모친의 권력을 어느 정도 보장한
다.[174]

　유교의 친친은 내 가족, 내 친구, 우리 동네, 우리 학교, 우리나라를
배려하고 그것의 구체적이고 특수한 상황을 고려하는 것이 궁극적으로
는 네 가족, 네 친구, 너의 동네, 너희 학교, 너희 나라를 배려하고자 하
는 마음을 키울 수 있는 근거라고 보는 것이다. 하지만 전통적 방식의
친친은 '내 ○○' 혹은 '우리 ○○'의 범주가 남성중심적이고 가부장적인
것에 기반하고 있다는 한계를 지닌다. 따라서 유교적 친친의 방법을 남
성중심적, 가부장적, 수직적인 것이 아니라 유대감을 높일 수 있는 친밀
성의 방식으로 활용할 방안을 모색할 필요가 있다. 친밀성의 관계가 시
대와 가치관의 변화에 따라 상이하게 상정될 수 있음을 전제해보는 것,
은대와 주대에는 '친한 이'의 범주를 서로 다르게 상정하고 있었음에 주
목해보는 것 등의 논의는 이를 위한 하나의 제안이 된다.

---

173 「춘추 공양전」 은공 원년조에 대한 何休의 解訓 : 質家親親先立制, 文家尊尊先立孫.

174 「사기」 「양효왕세가」.

여운……

여성주의에서 특별한 관계에 있는 사람에 대한 특별한 보살핌은 그저 편파적인 것에 그치지 않는다. 그것은 더 넓은 범위의 보살핌을 가능하게 하는 것으로 이해되기 때문이다. 여성주의자들이 특별한 관계, 편파성에 관심을 가지는 것은 특별한 관계의 사람에게서 발달된 감정이입의 능력이 더 넓은 차원으로까지 확대되고, 더 넓은 영역에서도 도덕적으로 적합한 행동을 할 수 있게 한다고 보기 때문이다.[175] 구체적 타자를 상정하고자 하는 여성주의 관점에서 합리적인 주체는 보편성에 입각한 고립된 주체가 아니라 구체적 역사와 정체성, 감성적이고 정서적인 맥락에 놓여 있는 개인이다. 이러한 관점에서는 서로에게 공통적인 것보다는 서로 다른 것이 무엇인가가 중요한 지점이 되며, 나와 타자의 관계는 상호보완적인 상호성의 규범을 따른다.

　　여성주의 윤리가 가정하는 자아는 관계적으로 구성된, 특수성을 가진 구체적 맥락 속에 있는 자아이고 또한 관계적 자아는 특수성과 맥락

---

[175] 여성주의자들은 감정이입의 능력을 발달시킬 수 있는 가장 대표적인 경험으로 어머니로서의 경험을 제시한다. 이러한 주장을 하는 대표적인 연구자는 사라 러딕이며 그는 "어머니로서 아이를 돌보는 실천이 특별한 능력을 가질 수 있도록 하며 모성적 사고는 전쟁, 폭력에 대해 더 잘 대응할 수 있게 할 것"이라고 주장한다. 이와 비슷한 맥락에서 헬드는 가까이 있는 사람들과의 관계에서 발달된 감정이입의 능력이 가까이 있는 사람들과 멀리 있는 사람들의 유사성을 인식하게 하고 그러한 인식을 통해서 멀리 있는 사람들에게 관심을 가지게 한다고 주장한다.(Verginia Held, "Feminism and Moral Theory" in Women and Moral Theory ed. Eva Feder Kittay and Diana T Meyers. Totowa, N.J. : Rowman and Luttlefield.) 또 노딩스는 '사슬(Chains)'이라는 개념으로 보살핌의 확장 가능성을 주장한다. (Nel Noddings, Caring : A Feminine Approach to Ethics and Moral Education, Berkeley : University of California Press, 1984) 그러나 모든 여성주의자들이 이러한 것을 주장하는 것은 아니다. 이러한 주장에 대한 비판으로 Claudia Card, Caring and Evil, Hypatia . 5, no. 1(spring, 1990) 101~108 쪽 참조.

속에서 타자들을 이해하려고 한다. 여성주의 윤리는 차이와 특수성에서 배려와 존중의 근거를 발견한다. 여성주의적 윤리가 새롭게 구상하고자 하는 여성주의 윤리, 여성주의 보살핌은 관계경험에 입각한 유교의 도덕 원리가 하나의 유용한 개념으로 전환될 수 있다는 것을 재고하게 한다.[176] 관계를 존재론적으로 기본적인 것이라 보고 인간의 대면과 정서적 반응을 인간 실존의 기본적인 사실로 인정하는 점에 주목하는 유가의 친친으로부터 타자의 상황을 구체적 맥락에서 이해하는 윤리를 논의할 수 있다고 보는 것이다. 구체적인 인간관계에서 산출되는 딜레마적 상황을 도덕적인 것으로 용인하지 않거나 개인의 특수한 상황과 경험을 고려하지 않고 단지 보편적인 원칙과 의무만을 중시하는 경향은 관계성을 무시하는 개인주의적 인간관에 지나치게 의존하는 것이다. 그래서 이러한 사고 경향은 결국 도덕적 행위의 관계적 측면을 무시하는 경향으로 발전하고 만다.[177]

이러한 맥락으로부터 우리는 유교적 정직함과 그것을 산출하는 친친 원리의 의미를 재고해볼 필요성을 요청받는다. 하지만 이때에도 주의해야 할 지점이 있다. 그것은 사적이고 개별적인 차원의 것들을 강조하는 것은 종종 공적 사회의 측면에서 한계를 드러냄을 명심해야 한다는 것이다. 사적이고 개별적인 것 안에서 창출된 개념은 사회적, 정치적인 측

---

176 관계경험을 통해 자아가 형성된다고 보는 견해는 길리건에게서 주장된 바 있으며, 수잔 헤크만은 이러한 캐롤 길리건의 견해로부터 기존의 도덕 이론에서 전제하고 있는 자율적이고 독립적인 자아를 넘어설 수 있는 가능성을 모색할 수 있다고 이해한다. 이에 대한 논의에는 Susan Heckman, Moral Voices, Moral Selves : Carol Gillian and Feminist Moral Theory, Polity Press, 1995를 참조.

177 지구상에서 일어나는 대부분의 싸움, 살상, 만행 등 파괴의 행위들이 자주 원칙과 정의의 이름으로 행해지는 것은 이러한 논의를 뒷받침해준다.

면에서 고려해야 할 것과 보다 큰 개념으로의 변화가 반드시 요청되어야 한다. 우리가 관심 가져야 할 특별한 타자들은 단지 가족, 이웃, 또는 친구들이라는 전통적 맥락 안에서의 가까운 관계의 사람들만이 아니다. 타자의 범주는 지구 반대편에서 기아에 허덕이는 사람들, 억압당하는 여성과 어린이, 전쟁에서 죽어가는 어떤 병사 등으로 확대되어야 한다.

개인적 특성을 가진 특별한 타자에 대한 관심은 타자의 구체적 특성, 상황, 역사, 조건 등 그 사람이 속한 맥락을 고려할 것을 요구한다. 타자를 그가 속한 특정한 맥락 안에서 이해하는 것은 여성주의 윤리에서 명백하게 두드러지는 특성이다. 때문에 특별한 타자와의 관계를 일반적인 타자와의 관계와 이에 대한 고려를 충분히 하지 않은 채 단지 전통 유교의 도덕 원리가 갖는 긍정적 지점만을 강조하게 될 경우, 사회의 구조적 문제에서 나타나는 온갖 억압성과 보수성을 은폐시킬 수 있다. 뿐만 아니라 이러한 방식은 불합리한 것들에 대해서 분노하거나 적극적으로 대처할 방안 같은 것을 생각하지 못하게 만들어버린다.

편파성 안에서 도덕적 유의미성을 찾는 것은 합당하고도 가능한 일이지지만, 이때에도 합리적인 방식 안에서 그리고 합법적인 테두리 안에서 편파성의 기준을 마련하는 것이 엄중하게 논의되어야 한다. 또한 합리적이고 합법적인 편파성의 기준을 마련할 때에는 이제까지의 익숙한 방식으로 사고하는 것이 아니라, 획기적인 사고의 전환을 가져올 낯선 방식의 접근이 반드시 필요하기도 하다. 익숙한 것들 안에서는 합법적 편파성의 기준이 찾아질 수 없을 것이고, 따라서 그 안에서는 공평성을 확보할 수도 없을 것이기 때문이다. 이러한 맥락에서 특별한 타자와 일반적 타자의 관점, 편파성과 공평무사함, 구체성과 보편성을 결합하는 것에 관한 논의가 요청된다.[178] 그리고 이러한 논의의 거점으로 유교적 친친의 원리에 입각한 편파성과 유교적 정직함의 맥락을 상정해볼 수 있다.

---

178 일반화된 타자의 관점을 결합할 필요가 있다는 논의에 대해서는 세일라 벤하비브의 주장을 참고. 그가 일반화된 타자와 구체적 타자의 관점을 결합할 필요가 있다고 보는 맥락은 첫째, 구체적 타자로서의 우리의 정체성은 정신적, 자연적 능력뿐만 아니라 성, 인종, 계급, 문화적 차이에 따라 타자로부터 구별되게 하는 것이며, 따라서 만약 구체적 타자의 관점에만 한정되어 도덕 이론을 마련한다면 인종차별주의적, 성차별주의적, 문화상대주의적인 것이 되고 만다는 것이다. 둘째, 만약 구체적인 타자의 관점만 들여오고 일반화된 타자의 관점의 차원을 들여오지 않으면 복잡한 현대 사회에 합당한 정의의 정치 이론은 생각할 수 없다는 것이다. Seyla Benhabib, The Generalized and the Concrete Other : The Kolberg-Gilligan Controversy and Moral Theory" in Women and Moral Theory ed. Eva Feder Kittay and Dianan T Meyers. Totowa. N.J. : Rowman and Littlefield. 1987, 168쪽.

제3부

경계와 탈경계

7장 | '뫼비우스 띠'로서의 음양과 경계 흐리기의 철학

8장 | 삶/죽음에 대한 유교적 성찰과 여성주의

9장 | 한국의 다문화 가족을 위한 친친(親親)의 패러디

10장 | 자유·권리에 대한 유교적 반추와 여성주의

7장

'뫼비우스 띠' 로서의 음양과 경계 흐리기의 철학

경계 흐리기

프랑스 사람들이 '개와 늑대 사이의 시간'으로 부르는 시간이 있다. 늘 함께 하기에 친밀한 감정을 갖게 하는 애완의 존재가 시각의 흐림으로 인해 불현듯 사나운 야생으로 느껴지는 낯설음의 시간이다. 이 낯설음은 무엇인가가 지워지고 사라지는 데서 비롯한다. 무엇인가가 사라지는 대신 다른 것을 드러나게 함으로써 새로움을 산출한다. 개인 듯, 늑대인 듯 모호하게 경계를 흐리는 그 시간은 사라짐과 드러남이 함께 공존한다. 애완과 야생 사이의 시간, 거기에는 경계를 형성하면서도 묘하게 경계를 흐리는 어떤 것이 있다.

사물들의 경계를 분명히 하는 것은 사물을 구분하는 매우 편리한 방법 중의 하나이다. 이것과 저것, 남성과 여성, 안과 밖, 나와 너, 우리와 그들 등의 경계를 명확히 하는 것은 각 영역의 정체성을 분명하게 정리해주기 때문이다. 하지만 경계를 분명히 하는 것에는 고립과 단절을 강화하는 기제가 숨어 있다. 경계를 분명히 하는 것에 익숙한 사람들에게는 불분명하고 막연하고 모호하게 흐리기의 방법은 뭔지 모를 불편함을 안겨준다. 무엇으로든 명확하게 규정되고, 어디에든 확실하게 귀속되어야 한다는 강박 관념은 정체성 설명에 실패하는 것이기 때문이다. 하지만 인간을 포함해서 사물들에게서 경계가 분명하다는 것은 사실 허구이다. 예컨대 춥다와 덥다는 아주 상반되는 사물의 특성으로 간주된다. 하지만 추운 겨울에도 날씨가 따뜻하다고 말하거나 한여름에도 오늘은 날씨가 시원하다고 말하는 것이 불가능한 것은 아니다. 겨울이면 추운 계절이고 그렇다면 춥다는 표현만이 그 계절을 설명하는 적절한 단어가 되어야 할 것이다. 또 여름은 더운 계절이고 그렇다면 덥다는 표현만이 여름에 걸맞는 표현이어야 할 것이다. 그러나 실제는 이와 다르다. 추운 겨울에도 푸근함을 경험하고 따뜻한 봄에도 살을 에이는 추위를 느낄 수도 있기 때문이다.

또한 많은 사람들이 성과 성별을 남/여의 두 가지로만 구분해야 옳다고 생각하지만, 인간을 그렇게 둘로만 구분하는 것은 때때로 적절치 못한 구분법이 되곤 한다. 남 혹은 여에 명확하게 배속시킬 수 없는 몸을 가진 존재들이 엄연히 있고, 남자 혹은 여자라고 해서 그 범주에 속하는 사람들이 모두 같은 속성을 지니는 것도 아니다. 그럼에도 불구하고 우리는 인간을 남/여로 구분하고 그 안에서 편안함을 느낀다. 남성이든 여성이든 어느 한 가지에 속해야 비로소 안심이 되고, 성과 성별이 세 가지 또는 그 이상의 것으로 말해질 때 그것은 불편한 감정을 자아내게 한다. 이러한 상황은 특별히 해부학적 신체 구조와 수행하는 성별 사이에 간극을 만나게 될 때 극대화되어 나타난다. 세계에 다양한 것들이 존재한다는 것, 차이가 있다는 것을 인정하기가 요구되는 것은 바로 이러한 맥락에서이다.

그런데 차이가 존재한다는 것에만 초점을 두고 그것들 간의 관계를 고려하지 않는 것은 차이 나는 것들이 어떻게 서로 어울려 평화적인 상생, 융화의 삶을 만들어갈 수 있는가에 대해서는 논의하지 못하게 한다.[179] 다양한 것들을 그저 병존, 함께 하는 것에 그치는 것이 아니라 그 것들 사이에 관계가 면밀히 의도되고 기획되어야 한다. '여성도 있고 남성도 있다'에서 그치는 것이 아니라 이들이 어떻게 동등하고 평등하게 관계를 이룰 수 있는가에 주목할 필요가 있다는 것이다. 관계적 자아에게 타자는 자아 바깥에 있는 것이 아니다. 그 자신 안에도 있다. 관계적 자아에게 외부와 내부라는 구분은 무의미하다. 왜냐하면 외부와 내부를 구분한다는 것은 자타가 경계 지어진 자아를 상정할 때이다. 그러나 관계적 자아에게 자타의 경계는 그렇게 분명하지 않다. 뫼비우스의 띠처럼 외부가 내부를 구성하고 내부가 외부를 구성하기 때문이다. 이러한 맥락에서 경계를 명확히 설정하지도, 그렇다고 경계를 완전히 뭉개서 타자성 없는 타자를 가상적으로 포용하지도 않는 원리로서의 음양에 주목해볼 필요성이 대두된다.

이분법, 동일성에 대한 반성과 '사이'의 철학[180]

앞서 이야기했듯 서구 근대 철학은 이성/감성, 마음/몸, 인간/자연, 주체/객체, 남성/여성 등의 이분법적 구도로 나누고 이들의 관계를 이

---

179 허라금, 「유교의 예와 여성」, 『유교의 예와 현대적 해석』, 청계, 141쪽.
180 김세서리아, 「차이의 철학으로서의 음양론과 '차이-사이(관계짓기)'의 변증법」, 『시대와 철학』, 2006 여름호.

성-마음-인간-주체-남성이 감성-몸-자연-객체-여성보다 우월한 것으로 이해한다. 이러한 위계적 이분법적 구도에는 '/'의 뒤에 놓이는 항들은 '/'의 앞에 놓이는 항들보다 열등한 가치를 지닌 것으로 인식되며, 앞의 항들을 중심부로, 뒤의 항들을 주변부로 분리한다.[181] 그리고 중심부에 놓이는 것은 특권적인 것이 되며, 주변부의 것들을 억압하고 종속화하며 부인한다. 즉 이 관계에서 종속적인 것은 우월한 것의 부정이거나 아니면 부재 혹은 결핍이며 정상성에 대한 비정상성에 불과하다.

이분법은 이성, 마음, 인간, 주체, 남성 등의 항과 감성, 몸, 자연, 객체, 여성 등의 항 사이에 건널 수 없는 심연을 설정하면서, 이 둘의 관계를 공존할 수 없는 것으로 만들어버린다. 그런데 이처럼 사물을 둘로 분리하고 그 둘의 관계를 상호배타적인 것, 서로 철저히 다른 실체인 것, 그리고 각각의 영역을 확고하게 구축하는 상황으로 만드는 것은 많은 문제점을 야기한다. 이분법이 가지는 보다 근본적인 문제점은 이분화를 통하여 앞의 항과 뒤의 항 사이에 공존할 수 없는 심연을 설정하는 것, 또한 동시에 아무렇지도 않게 그런 심연을 부정한다는 것이다. 둘 사이에 명확한 경계를 설정하는 것이 경계를 부정하는 것이라는 말은 매우 모순처럼 보인다. 하지만 그것은 동일화의 과정 안에서 자연스러운 것으로 받아들여진다. 어떤 상호 작용도 부정되는 둘의 관계는 뒤의 항을 앞의 항에 귀속시키고 희생시키는 동일화의 방식으로 심연을 부정한다는 것이다.

---

181 이상화, 「성과 권력」 『감성의 철학』, 민음사, 1996, 249~251쪽 참조.

이분법은 차이, 다양성, 특수성을 무시하고 동일성, 통일성, 유사성만을 강조하는 경향을 지니며, 차이를 동일자에 귀속시키는 동일성의 철학은 동일성, 유사성, 통일성을 강조함으로써 중심부를 설정하고 그 안에서 무수히 많은 것들을 주변화시킨다는 점에서 많은 문제점을 노정한다. 동일성의 철학에서 타자는 독자적인 것 혹은 자율적인 것으로 이해되지 않는다. 일자만이 자율적이거나 독립적인 것으로 기능할 수 있으며, 나머지 것들은 주변화되고 타자화된다. 다양성, 타자성을 허용하지 않는 일자는 타자를 자기에게로 동일화시키기 위해 자기와 타자 사이에 단단한 경계를 구축하고, 그 과정에서 필연적으로 내부/외부, 현존/부재를 형성시킨다. 동일성, 정체성, 등가성, 형식화된 교환을 고집하는 것은 또 다른 어떤 것, 다른 집단에게 차이를 지워버리게 하는 폭력을 행사한다.[182]

여성철학자, 이리가레는 이원론이란 두 개의 용어가 아닌 단지 두 용어의 유사성을 포함하고 있는 것이라 주장한다.[183] 이리가레의 견해에 따르면, 남근중심주의는 두 성 모두를 정의하기 위한 중립적 또는 보편적 용어로 사용되며, 이러한 구조 내에서는 하나의 용어 즉 남성만이 존재하고, 손상을 입은 다른 독립 용어인 여성은 존재하지 않는다. 단 하나의 용어만이 존재하고 나머지 하나는 그것의 타자 또는 반대되는 것으로 정의된다. 이러한 동일성의 철학 속에서 여성은 사라지며 여성을 위한 공간은 남아 있지 않는다. 여성은 단지 남성을 보완하고 보충하며 남성에 특권을 주는 방식으로만 존재한다.

....

182 엘리자베스 그로츠 지음, 임옥희 옮김, 『뫼비우스 띠로서의 몸』, 도서출판 여이연, 2001, 394쪽.
183 뤼스 이리가레, 이은민 옮김, 『하나이지 않은 성』, 동문선, 2000.

이분법을 거부하고 극복하고자 할 때, 그것을 일원적인 방식으로 대체하는 것을 생각해볼 수 있다. 둘의 관계를 변증법적으로 통일시키는 방식이다. 하지만 일원론이 암묵적으로 제시하는 통일성, 단일성 등으로는 마음과 몸, 남성과 여성 사이의 문제를 진정으로 해결하기 어렵다. 마음과 몸, 남성과 여성 사이에 조화와 공명, 융합 등의 통일적 장치를 고안하는 것은 해체, 불일치 등의 장치를 고안하는 것보다 차이의 국면을 적절하게 드러낼 수 없기 때문이다. 따라서 둘 또는 그 이상의 것을 상정하면서도 그것들이 어느 하나로 동일화되거나 통일적인 것으로 되지 않는 것, 어느 하나가 우월성을 띠면서 다른 것을 속박하지 않는 방식, 즉 차이 나는 것들을 차이 그대로 인정하는 그런 방안이어야 한다. 이항대립을 전제로 하는 이분법과 동일성을 동시에 넘고자 하는 문제의식은 바로 여기에서 비롯하며, 사이의 철학에 대한 관심 역시 이로부터 시작한다.

'사이'란 다른 장소와 관련이 있지만 그 자체의 장소를 갖지 않은 장소이다. 사물들 간의 관계, 위치를 반영한다는 것이다. 사이는 근본적인 정체성, 형식, 주어진 것, 본질 등이 결여된 것이다. 하지만 그것은 동시에 존재, 모든 정체성, 물질, 실체를 허용하고 용이하게 하는 어떤 것이기도 하다. 그것은 낯선 생성, 발달과정 그 자체여서, 모든 존재의 조건이자 중재자이다. 그런데 여기에는 재미있는 아이러니가 존재한다. 정체성뿐 아니라 정체성의 범위를 정하고 손상시키는 것을 이해하는 데 절대적으로 필요한 위치는 정체성을 가능하게도 하고 불가능하게도 만들기 때문이다. 사이란 그 자체의 경계가 없는 공간이고, 외부로부터 그 자체, 그 형식을 받아들이는 공간이다. 사물들 사이의 공간은 개별 사물들의 옆과 둘레 공간이 전복되거나 파멸되어버린 혹은 닳아서 너덜너덜

해진 부분이며 정체성의 가장자리다.[184]

사이는 많은 페미니스트와 포스트모던 담론에서 매우 활발하게 사용되는 메타포이다. 사이는 서구 지식 전통을 지배해온 이진법과 이원론을 비판하는 적합한 '장소'로 이해되었고, 또한 남근중심주의는 물론 민족중심주의나 유럽중심주의에서 나타나는 대립적인 구조를 문제 삼는 데에도 적합한 것으로 간주되었다. 경계를 흐린다는 것은 사이와 모호함을 발견하는 것, 차이의 의미를 증가시키기 위한 것이다. 이러한 의미에서 음과 양이라는 두 영역을 보존하면서도 음/양의 구도를 상정하지는 않는 상관적 사유로서의 음양에 주목해보는 것은 이분법을 넘어서는 데 유용한 전략을 모색할 수 있다. 음과 양이 갖는 차이를 보존하면서도 그들이 어떻게 연관지어져 있는가를 드러내보임으로써 둘 또는 그 이상으로 나뉘어지는 것 안에도 서로 함께 하는 영역을 확보할 수 있음을 확인하는 것이다. 음양 개념을 통해 경계 흐리기의 철학을 모색하는 것으로부터 고착화되거나 실체화된 존재란 없음, 즉 사물은 영구적인 것이 아니라 어느 시점, 어느 상황에서 다른 성향의 것으로 변할 수 있는 것임을 논의할 수 있다.

'뫼비우스 띠'로서의 음양

독일의 수학자 A.F. 뫼비우스가 처음으로 제시하였다는 뫼비우스의 띠

---

184 Grosz Elisabeth, In-beween : The Natural in Architecture and Culture, Architecture from the Outside, Massachusetts Institute of Technology, 2001. 92~93쪽 참조.

는 좁고 긴 직사각형 종이를 180 (한 번) 꼬아서 끝을 붙여서 만든 하나의 면을 가진 곡면이다. 8자를 옆으로 눕힌 꽈배기 모양의 뫼비우스 띠는 안과 바깥이 꼬여 있으면서 안/밖, 내부/외부의 경계를 무너뜨린다. 안에서 바깥 혹은 바깥에서 안을 따라가다보면 어느새 바깥 혹은 안으로 나오게 된다. 이처럼 뫼비우스 띠는 겉과 안의 경계가 모호하고 서로 통해져 있지만 그렇다고 해서 겉과 안이 완전히 하나로 뭉뚱그려지는 것은 아니다. 그것은 다르지만 같은, 혹은 같지만 다른 것을 표상한다. 뫼비우스 띠를 이분법에 대한 비판적 개념으로 활용할 수 있는 지점은 바로 여기이다.

엘리자베스 그로츠는 뫼비우스 띠를 마음/몸, 남성/여성 등의 이분법을 해체할 수 있는 은유로 사용한다. 그녀가 뫼비우스 띠를 통해 은유하는 것은 몸이다. 몸을 구멍과 구멍으로 인해 내부와 외부가 단절되어 있으면서도 접속되어 있는 것으로 이해하며, 이를 굴절, 꼬임, 반전을 통해 어느 하나가 다른 어느 하나로 전환되는 방식을 보여준다.[185] 그로츠가 뫼비우스의 띠를 몸에 은유하는 시도는 내부/외부, 정신(안)/육체(겉)의 각각의 정체성에 대한 설명이나 그것들 간의 환원가능성을 보여주려는 것이 아니다. 그것은 하나가 다른 하나에 꼬이는 것과 내부가 외부로, 혹은 외부가 내부로 흘러드는 상황을 보여줌으로써 그들 사이의 관계를 문제화하고 재고하는 방식을 제공하고자 함이다.[186]

'물극즉반(物極則反)', 사물이 극한 데 이르면 전환된다는 의미를 지닌 음양 관계를 설명하는 개념이다. 음양 관계 역시 '뫼비우스 띠'에 은

---

185 엘리자베스 그로츠, 임옥희 옮김, 『뫼비우스 띠로서의 몸』, 여이연, 2001, 14쪽 참조.
186 상게서, 43쪽 참조.

유하여 설명 가능하다. 음양은 서로 다른 두 개의 성질이기는 하지만 음/양으로 뚜렷하게 이분되는 실체적 성격을 지니는 것이 아니며, 안과 밖에 서로 꼬여 있는 뫼비우스의 띠처럼 음에서 양으로 양에서 음으로 넘나드는 관계이기 때문이다. 따라서 만약 음양을 실체 개념으로 설명하거나 대립하는 두 쌍으로 이해한다면 그것은 음양을 정확히 알지 못하는 것이다. 음은 그늘, 해가 없는 것, 그리고 그것에서 파생되는 다양한 특성으로, 양은 양지, 해가 있는 것 그리고 그것으로부터 파생되는 여러 가지 속성으로 설명되지만, 그들은 늘 함께 있으면서 음에서 양으로, 양에서 음으로 향하고, 언제나 변화할 것을 내재하기 때문이다. 음양을 뫼비우스 띠로 이해하면서, 이를 통해 음양을 이분법을 넘어서는 하나의 이론 모델로 사용할 수 있는 지점은 바로 여기에서 시작한다.

　몸을 실체화하지 않으면서 신체 페미니즘을 말하고자 할 때, 음양은 이를 설명하는 적절한 이론 모델이 될 수 있다. 음양은 두 가지의 것, 마음/몸, 남성/여성 등의 이항 사이의 관계를 설명 가능하게 하는 개념이다. 음양은 두 가지 것들이 각각의 정체성을 가지는, 그렇지만 그것이 철저히 분리된 것도 아님을 가정한다. 즉 이질적인 것이 서로 연결되어 있으면서 한 가닥이 다른 가닥과 꼬일 수 있는 능력을 가지고 있음을 보여준다는 것이다. 하나이면서 둘이고 둘이면서 하나인 음양의 특징을 통해 둘로 분리된 것들 간의 단단하고 확고한 경계를 허물고 그것을 위반하는 이론 모델을 모색할 수 있다. 음양이 모호하다는 것은 음양은 명확성을 담보하지 않는 개념이므로 폐기되어야 한다는 의미로 논의되어서는 안 된다. 오히려 음양이 일련의 복합적 의미를 지닌다는 적극적인 의미로 받아들여져야 한다. 우리의 삶과 역사 속에서 음양의 개념은 단일한 것이 아니라 복합적인 것으로서 의미를 지니는 것이며, 이로부터

음양의 논리는 독립적인 주체의 복수성으로 논의될 수 있다.[187]

음양 이미지의 한계나 경계는 음양의 기본적인 특성상 고정되지 않는다. 음양 이미지는 극도로 유연하며 역동적이다. 음양 이미지의 경계, 언저리, 윤곽은 삼투적이며, 경계나 윤곽은 진행 중인 상호변화 과정에서 내부와 외부를 통합하거나 추방하는 데 있어 놀랄 만한 힘을 가진다. 음양의 이미지를 활용하는 전략은 이원론과 연관하여 주체를 이해하는 방식에 제약을 가할 수 있다. 또한 음양을 차이의 철학의 지형이자 효과로서 이해하는 것을 방해하는 환원론, 본질주의, 실체론 등에 비판을 가할 수도 있다.

하지만 음양이 지니는 이러한 특성에도 불구하고 음/양이라는 두 개의 서로 다른 원리를 통해 설명하려는 의도는 종종 이분법과 혼동되거나 위계적인 것으로 잘못 이해된다. 그렇다면 이분법을 넘기 위한 전략으로서 음양을 이해하기 위해서는 어떤 원칙들이 마련되어야 할까? 그것은 우선 음양을 위계적, 이분법적으로 해석하는 것을 피하는 방식이어야 한다. 음양을 이분법적으로 사고하거나 위계적으로 사용하는 것이 아니라 총괄의 의미로 사용하여야 한다. 하지만 여기서 총괄의 의미는 동일성이나 정체성의 의미와는 다르다. 본질을 넘어서면서 그러나 이분법적이지는 않다는 의미에서 총괄적이라는 의미를 들여와 사용한다. 음양을 이분법적인 한 쌍으로 간주하는 대신 이분법적인 쌍의 중추적인 지점에서 비결정적으로 위태롭게 배회하는 문지방, 경계선의 개념으로

---

187 이는 남성을 양에, 여성을 음에 배속하는 것이 아니라 한 남성 안에 음과 양의 속성이, 한 여성 안에 음과 양의 속성이 모두 들어 있음을 강조하는 방식이다. 이러한 논의 안에서 음녀양남으로 고착화되는 음양 개념의 해석의 한계를 넘어설 수 있다.

이해하여야 한다. 이분법적인 쌍을 능가하거나 벗어나서 음양을 거론할 수 있는 장치가 고안되어야 한다는 것이다.

음양이라는 물화된 범주에 의하면 생물학적으로 이미 결정된 남성, 여성이라는 양성만이 존재한다. 그래서 양남음녀를 고정화하고 이러한 사고는 양성구유와 같은 제3의 성, 우리가 남 혹은 여로 분리하는 기준에 맞지 않는 기타의 성을 정체화할 수 없게 된다. 제3의 성, 기타의 성은 괴물, 비정상으로 배제된다. 따라서 음양은 유동적이며 그 사이의 범주에 놓인 것들까지 설명하는 개념으로 이해되어야 한다. 그래서 이분법적인 쌍들이 고려되는 틀을 뒤집을 수 있는 전복의 의미로 해석되어야 한다. 밝음/어두움, 나아감/물러섬, 더움/추움, 드러남/은폐함 등의 대립쌍들을 무시하지도 않으면서, 그러나 대립적인 범주들을 해소하는 방식으로 음양을 해석해야 한다는 것이다.

또한 음양을 본질주의적인 것으로 실체화하지 않아야 한다. 음양은 사회적, 정치적, 문화적, 지리학적 각인의 원리임과 동시에 생산과 구성의 원리로 이해되어야 한다. 음양은 역사적 맥락 속에서 사물의 기원이자 원인으로 상정되어왔으며, 그것들이 반복 인용되는 가운데 재의미화, 담론화되어온 것임을 상기할 필요가 있다. 음양이 사물을 규율하는 원인이자 자연적인 것으로 자리하게 되고, 자신이 만들어진 것임을 은폐할 수 있게 되는 것은 이러한 맥락에서 가능해진다. 오랜 수행의 결과물로서의 음양은 종종 자연적인 본질로 자리잡게 되는 이유가 되며, 이로부터 음양을 규율하는 기원으로 왜곡되어 기능하게 된다. 음양을 고유한 문화적 산물로 이해해야 한다는 것은 생물학적인 구체성, 실체성의 확보 차원이 아니라 음양에 역사성을 부여해서 이해해야 한다는 것이다. 이렇게 음양에 역사성을 부여함으로써 이제까지 음양을 자연적이고 본질적인 것으로 이해하게 만든 이미지를 걷어낼 수 있다.

음양이 문화에 선행하는 원천적 원인이 아니라, 문화의 효과로 이해되어야 한다는 것은 음양이 실체로서가 아니라 다양한 성향들을 포괄하는 상위 범주로 이해되어야 한다는 것이다. 음양은 만물을 이루는 최초의 원형이면서도 엄격히 말하면 실체는 아니기 때문이다. 음양은 실체로 이해되는 대신 모든 물질성의 양식을 구성하는 순수한 차이의 효과로 간주되어야 한다. 음양이라는 두 가지 완전히 분리된 실체의 유형이라는 의미로 설명되는 대신 차이, 엄밀하게 말하면 통합이 불가능한 차이, 다양한 타자성과 분리 불가능한 차이들을 말할 수 있는 개념으로 설명되어야 한다는 것이다. 이러한 과정은 선명하고 분명하게 동일시되고 밀폐되는 것이 아니라 차이와 차이들의 흔적과 잔재를 찾는 것이어야 한다. 음양에 대한 이러한 이해를 통해 이분법을 넘어서 무수히 많은 차이와 그것들의 변형태를 생각하는 것이 가능해질 것이다.

경계 흐리기 철학의 이론 모델 : 『주역』과 음양

경계 흐리기의 철학이란 차이를 보존시켜주며 동시에 상호 관계성을 유지시켜주는 차이와 관계의 철학이다. 경계 흐리기의 철학을 통해 우리는 다양한 차이들을 만드는 작업과 동시에 그것들을 별개의 것으로 내버려두지 않고 연결짓는 전략을 구상할 수 있다. 이러한 전략의 모델로 『주역』에서 활용되는 음양 개념에 주목해볼 필요가 있다. 음양은 다양한 복수성을 전제로 하면서 모호한 것들을 무한히 떠올릴 수 있는 전략을 제공해주기 때문이다.

『주역』은 음양이 다양하게 짝짓는 방식을 통해 우주 만물의 창출을 설명하는 책이다. 『주역』에는 64괘의 괘가 등장하는데, 이들은 음효와 양효가 다양한 방식으로 만나면서 산출된다. 『주역』에서 음양은 단지 두 개의 다른 성질을 나타내는 것뿐 아니라 무한한 다양성, 복수성, 그리고 차이를 산출한다. 이러한 것은 음양의 기본적인 성질, 변역(變易)과 대대(對待)에서 비롯한다. 변역은 음이 양으로 양이 음으로 변하고 노양이 소음으로 노음이 소양으로 변하는 것을 의미한다. 이는 한 번 움직이고 한 번 멈추면서 상호 근저가 되는 것과 같은 것이며, 해가 뜨고 달이 지는 것, 추위가 가고 더위가 오는 것처럼 어느 하나로 고착되지 않고 흐르는 성질을 내포한다. 대대는 서로 다른 것들이 늘 함께 있음을 의미하는 '짝'의 개념이다. 이러한 음양의 변역과 상호대대의 성향은 다양한 차이, 다름, 분리, 경계를 말하면서도 동시에 만남, 경계 흐리기의 문제를 간과하지 않는 국면을 보여준다.

양 속의 음, 음 속의 양

『주역』의 64괘에서 건괘와 곤괘를 제외한 62개의 나머지 괘에서는 양효와 음효가 각각 다른 방식으로 섞인다. 음의 성질만으로 이루어질 것 같은 괘에서 양효를 머금고 있는 사실을 발견할 수 있으며, 그 반대의 경우도 마찬가지로 발견된다. 『주역』에는 밤과 낮, 추움과 더움, 밀고 당김, 앞으로 감과 뒤로 물러남, 강건함과 부드러움 등이 공존한다. 『주역』의 다음과 같은 내용들에서 이러한 음양의 성질을 확인할 수 있다

양 가운데 음이 있고 음 가운데 양이 있음은 두 변이 교역하고 각각 상

대가 되나 그 실상은 이것이 가고 저것이 온 것이 아니고 다만 그 모양이 이와 같은 것이다.[188]

추위에는 더위가 그 가운데 있고 낮에는 밤이 그 가운에 있어 곧 그 안에 머문다.[189]

해가 가면 달이 오고 달이 가면 해가 온다. 해와 달이 서로 밀고 당겨서 밝음이 생긴다. 추위가 가면 더위가 오고 더위가 가면 추위가 온다. 추위와 더위가 서로 밀고 당겨서 일 년이 이루어진다.[190]

부드러움이 변해서 강함으로 나아감은 물러남이 다해서 나아가는 것이고 강함이 화해서 부드러움으로 나아감은 나아감이 다해서 물러나는 것이다. 이미 변해서 강함이 되면 낮이고 양이며 이미 화해서 부드러움이 되면 밤이고 음이다. 이것은 강과 유가 서로 밀쳐서 변화를 낳고 변화의 지극함이 다시 강과 유가 된다.[191]

"강과 유가 서로 밀쳐서 변화를 낳으니"[192] "강과 유가 서로 밀치니

---

188 『주역』「역본의도」陽中有陰, 陰中有陽, 兩邊交易 各各相對 其實非此往彼來. 只是其象.

189 『주자어류』, 권 98 如寒 則暑便在其中, 晝, 則夜經便其中, 便有一寓焉.

190 『주역』「계사」하 5장 日往則月來, 月往則日來, 日月相推而明生焉, 寒往則暑來, 暑往則寒來, 寒暑相推而歲成焉.

191 『주역본의』「계사」상 柔變而趨於剛者, 退極而進也. 剛化而趨於柔者, 進極而退也. 旣變而剛則晝而陽矣, 旣化而柔則夜而陰矣. 此明剛柔相推以生變化, 而變化之極, 復爲剛柔.

192 『주역』「계사」상 2장 剛柔相推而生變化.

변화가 그 가운데 있고"[193] 등의 공자의 언급은 음양이 서로 물러나고 생겨나는 이치를 잘 드러내준다. 그런데 이 같은 이치는 해가 달로, 강이 유로, 낮이 밤으로, 추움이 더움으로, 양이 음으로 변하는 것이 아니라, 그것들이 서로 미루어 밝음과 어두움, 강함과 부드러움, 낮과 밤, 추움과 더움 등이 생긴다. 이들의 관계는 밝음이 사라지는 만큼 더위가 자라며 강함이 사라지는 만큼 부드러움이 생겨난다. 이처럼 음양은 서로 다른 성질을 지니는 것이지만 한 뿌리에 근거해 있으면서 공존한다. 음양 관계는 비록 현상적으로 다른 것으로 나타나지만 배타성을 띤 관계가 아니라 서로가 서로에게 존재의 토대가 되는 상관적 관계에 놓여 있다. 그래서 양에서 시작하지만 양을 따라가다보면 어느 새 음과 만나 있고 음에서 시작하지만 음을 따라가다보면 양과 만난다. 공자가 순음으로 이루어진 곤괘에도 양이 내재해 있음을 잊지 않도록 경계하는 것은 이 같은 맥락에서 이해할 수 있다.

> 이 괘는 비록 순음이나 양이 없다고 의심할까 두려워하였다. 그러므로 용이라 칭하였으니 양과 싸움을 나타낸 것이다.[194]

이처럼 음은 양의 외부가 아니고 양은 음의 외부가 아니다. 그들의 관계는 음양의 정체성의 내부이자 외부이며, 타자로서의 정체성이 아니라 다른 성질의 것으로서의 의미에서 정체성의 외부이다.

---

193 『주역』, 「계사」 하 1장 剛柔相推, 變在其中矣.

194 『주역』 「곤괘」 상구 상전 卦雖純陰, 恐疑无陽, 故稱龍, 見其與陽戰也.

분리와 만남

모호함, 경계 흐리기 등은 차이를 보전하고 장려하면서도 동시에 연결을 강조하는 개념이다. 따라서 음양에서 단지 차이만을 말하지 않고, 그 둘 사이에 존재하는 애매성, 경계를 흐리는 지점을 발견하는 것은 다양한 차이와 더불어 그 차이들의 연대를 염두에 두는 작업이 된다. 이러한 작업은 음과 양이라는 두 가지 성질을 가지고 인간을 규정하는 것이 야기하는 한계점을 벗어날 수 있게 하며, 상호보완성의 원리를 담지하게 도와준다. 이러한 전략을 우리는 『주역』의 분리와 만남의 공존 그리고 그들의 변증법적 구조 안에서 찾아볼 수 있다. 『주역』이 기본적으로 지니는 변역과 상호대대의 성향은 다양한 차이, 다름, 분리지움을 논하면서도 만남에 관한 문제를 결코 간과하지 않는다.

『주역』의 쾌괘와 구괘는 분리와 만남이 공존하는 상황을 잘 보여준다.

> 구괘는 서괘전에 "쾌(夬)는 나뉨(분리)이니 나뉘면(분리되면) 반드시 만나는 바가 있으므로 姤로써 받았으니, 구는 만남(遇)이다"라 하였다. 決은 결판(나뉨)이니 사물은 결판나면 만남이 있으니 본래 합하였으면 무슨 만남이 있겠는가.[195]

또한 『주역』에는 순양과 순음으로 이루어지는 건괘와 곤괘의 만남은

---

195 『이정전서』「역전」〈구(姤)괘〉 姤, 序卦 夬 決也, 決必有遇. 故受之以姤, 姤 遇也. 決, 判也, 物之決判則有遇合, 本合則何遇.

물론 그들 사이에 존재하는 다양한 음양의 차이와 만남에 대해서도 논의한다. 순양인 건괘와 순음인 곤괘가 만나 이루는 태(泰)괘에서 만물 통창의 뜻을 강조하는 것을 볼 수 있다.

"태는 작은 것이 가고 큰 것이 오니 길하여 형통하다"인데, 이는 천지가 사귀어 만물이 크게 통하고 상하가 사귀어 그 뜻이 같아지는 것이다.[196]

또 불과 둘째 딸을 상징하는 리(離)괘와 셋째 딸과 못을 상징하는 태(兌)괘로 이루어지는 규괘는 다름이 야기하는 불목의 뜻을 밝히고 있지만 거기에서 그치지 않고, 종국의 쓰임을 만남, 화합에 둔다. 규는 "불은 움직여 올라가고 못은 움직여 내려가며, 두 여자가 함께 사나 그 뜻이 하나로 가지 않는"[197] 반목의 상을 표상한다. 하지만 규괘에서 궁극적으로 표상하는 것은 불목이 아니다. 이들은 다름에서 시작하지만 불목에서 끝나지 않고 다름을 전제로 하여 쓰임을 크게 하는 이치를 담고 있다.

천지가 다르나 그 일이 같으며 남녀가 다르나 그 뜻이 통하며 만물이 다르나 그 일이 같으니 규(睽)의 때와 쓰임이 크도다.[198]

---

196 『주역』「태(泰)괘」〈단전〉 泰小往大來吉亨, 則是天地交而萬物通也, 上下交而其志同也.
197 『주역』「규(睽)괘」〈단전〉 彖曰, 睽, 火動而上, 澤動而下, 二女同居, 其志不同行.
198 상동. 天地睽而其事同也, 男女睽而其志通也, 萬物睽而其事類也, 睽之是用, 大矣哉.

위는 불이고 아래는 못인 것이 규이니 군자가 보고서 같으면서도 다르게 한다.[199]

등의 의미를 지니면서 분리와 만남을 동시에 전제한다.

규괘를 뒤집은 괘는 혁괘이다. 비록 위 아래가 바뀌기는 하였어도 물과 불을 상징하는 리(離)괘와 태(兌)괘가 만나서 괘를 이루는 것에는 다름이 없다. 혁은 짐승의 가죽이며 가죽에서 털을 제거하여 무두질을 하면 전혀 다른 새로운 것이 된다는 것에서 새로움의 의미를 산출한다. 혁괘가 표상하는 바는 "물과 불이 서로 멸식하며 두 여자가 한 곳에 살되 그 뜻이 서로 맞지 못함"[200]이다. 그러나 혁괘 역시 '멸식함' '분리' '서로 맞지 않음' 등에 궁극적인 의미를 두지 않는다. 그보다는 "문명하고 기뻐하여 크게 형통하고 바르니 개혁하여 마땅하기에 뉘우침이 없는 것"[201]에 더 큰 의미를 둠으로써 만남을 전제한다.

경계 짓기와 경계 흐리기

경계는 안과 밖을 나눔으로써 경계 내부에 대해서는 동질성을, 외부에 대해서는 이질성을 강박적으로 떠올리게 한다. 경계에 대해 비판하는 것은 경계지움 그 자체에 있기보다는 경계 짓기가 변화무쌍한 상황을 고려하지 않은 채 친밀함/낯섬, 우리/저들, 주체/타자 등을 구분하는

---

199 『주역』 「규괘」 〈상전〉 象曰, 上火下澤, 睽. 君子以, 同而異.

200 『주역』 「혁괘」 〈단전〉 革, 水火相息, 二女同居, 其志不相得.

201 상동 曰革. 已日乃孚, 革而信之. 文明以說, 大亨以正, 革而當, 其悔乃亡.

단 한 가지 조건에만 관심 둔다는 것이다. 서로 함께 살아가기의 과제를 해결하기 위해 남/여, 중심/주변, 주체/타자, 제1세계/제3세계, 백인/유색 등의 경계를 무너뜨려야 함은 현대 사회를 살아가는 우리 모두가 공감하는 바이다. 그리고 서로 다른 차이 나는 것들이 차별을 넘어 평등하게 공존하기 위해서는 대화, 만남 등이 필요하다. 하지만 이를 위해서 모든 개별적인 것들이 반드시 국경선, 경계에 따라 규정된 단위를 단단하게 구축해야 할 필요는 없다. 한 사회 내에 여러 문화가 존재하고 이것들이 권력 관계 안에 놓여 있는 것을 부정할 수 없다면, 단단하게 경계를 구축하고 그것을 통해 나와 타자를 구별하는 것은 자칫 단일성을 전제로 하는 것, 그래서 어떤 것을 중심으로 그와 다른 것들을 주변으로 내몰게 하고 마는 철학이 되기 때문이다.

그러나 그렇다고 해서 경계를 완전히 무화시킬 수도 없다. 경계를 완전히 무화시키거나 해체시킨다는 것 역시 차이를 간과하는 것, 혹은 주류에 비주류를 포섭하는 방식으로 될 위험성을 내포하기 때문이다. 원자적 개인들의 결합체인 인류 공동체가 타자성 없는 타자만을 가상적으로 포용하는 기만적이고 폐쇄적 공동체로 전락한 것은 우리의 안과 밖의 경계를 나누는 울타리가 무너지고 정당화의 절차 없이 우리를 인류로 전환하는 데 그 원인이 있다.[202] 경계를 구축하면서도, 그러나 그 경계가 단단한 실체는 아니어서 맥락에 따라 새롭게 설정되고 마련될 수 있는 것이어야 한다. 서로 다른 영역이 존재하면서도 그러나 그 둘이 상호성을 잊지 않는 관계로서 존재하는 음양의 대대와 변역은 상호

202 박구용, 「우리 안의 타자」, 철학과 현실사, 2003, 137쪽.

문화성, 상호텍스트성을 기획하는 우리에게 하나의 이론 모델을 제공
할 수 있다.

8장

**삶/죽음에 대한
유교적 성찰과
여성주의**

죽음-여성과 죽음의 부정적 이미지

보들레르의 「죽음의 춤」에서 영감을 얻어
지어졌다는 롭스(Fe'licien Rops)의 『춤추
는 죽음』에는 해골을 연상시키는 깡마른
얼굴과 하체를 가진 무희가 등장한다. 여기에서 커다란 유방을 가진 무
희는 '죽음=여성'의 동일시 사고의 맥락에 놓여 있다. 해골이 날개와 유
방을 달고 거리를 활보하는 모습을 담은 서양 중세 때의 그림들은 죽음
을 여성으로 보는 관념과 함께 그 여성이 깡마르고 더러운 늙은 여성으
로 표상했던 시대상을 반영한다. 죽음을 꺼려하는 사고방식은 인류가
존재한 이래로 있어왔던 것이지만, 죽음을 삶과 철저하게 구분 짓고 삶
의 반대항에 놓는 이분법적 사고는 특정한 시기의 특정한 사고와 연관
되어 있다.

우리가 죽음을 논의할 때, 그 죽음은 흔히 육체의 죽음을 가리킨다.
영혼과 육체가 본래 서로 다른 세계에서 유래하는 것으로 보는 서구의
인식 체계에서 영혼은 영원불멸하는 것으로, 육체는 한계를 지니는 그
래서 죽음을 맞이하는 것으로 간주되었다. 육체와 결합한 영혼이 다시

순수한 이데아의 세계로 들어가기 위해서는 육체의 죽음을 맞이하여야 한다고 이해하였던 것이다. 영혼과 육체를 구분 짓는 방식은 육체를 영혼의 지배를 받는 것으로 폄하할 뿐 아니라 육체에 대한 불신과 육체적 삶에 대한 혐오를 드러낸다. 그래서 이 세상에서의 삶은 영혼이 물질적인 육체에 갇힌 것으로 이해하게 된다. 죽음/삶, 이성/감성, 남성/여성 등의 이분법적 사고 안에서 여성은 죽음과 밀접하게 연결되어 이해된다. 대지모, 임신, 출산, 모성 등의 이름은 여성과 매우 긴밀한 것으로 생각되고 그래서 여성-생명의 유비만이 적절한 관계라 생각되지만, 또 다른 한편으로는 이와 아주 상반되게 여성을 죽음과 연결 지어 이해한다. 이브, 판도라, 항아분월 고사, 도산씨 신화 등은 여성과 죽음, 여성과 재앙을 연결 짓는 사고와 긴밀하게 연관되어 있다.

서구적 사고에서 여성이 죽음과 유비되는 것은 언어에서도 나타난다. 물질을 의미하는 영어 단어 matter 혹은 materiality는 모성을 나타내는 maternity와 긴밀하게 연결되어 있으며, 이는 다시 죽음을 나타내는 mortality를 지시한다고 한다. 구멍을 뜻하는 단어 hole과 지옥을 뜻하는 hell의 어원학적 친연성 또한 여성과 지옥, 죽음의 관련성을 나타내는 증거라고 한다.[203] 한편 19세기에 들어와 서구의 각종 회화와 문학에서 등장하는 팜므 파탈의 이미지에서는 절정에 달한 죽음-여성의 유비를 볼 수 있다.[204] 또 현대 영화에서 흡혈귀 드라큘라의 성정체성이 여성으로 표상되는 것 역시도 여성을 죽음과 연결하는 코드이다. 이는 이전의 영화와 소설이 흡혈귀를 남성으로, 피해자를 여성으로 그렸던

203 Bronfen, Elizabeth, Over Her Dead Body : Death, Femininity and the Aesthetic. NY : Routledge, 1992(권석우, 「죽음과 젠더에 관한 시론」, 『인문언어』 10, 2008, 221~222에서 재인용).

것과는 다른 방식으로 여성을 죽음과 연결시킨다. 흡혈귀, 괴물, 여성을 동일화하는 과정은 무기와 전쟁, 죽음을 여성으로 보려는 과정과 흡사한 방식으로 이루어진다. 이처럼 여성과 죽음을 유비시켜 인식하는 것은 일정한 문화적 특성 속에서 나타나며, 이때 여성과 죽음 모두는 '알 수 없는 것', '수수께끼' 등과 동일시된다.

삶과 죽음에 대한 이분법적 인식이 아직 확고하지 않았던 시대에 죽음과 삶을 관장하는 것은 하나로 통합되어 나타난다. 때문에 헬라스 문명의 신화에서 봄과 풍요의 여신인 페르세포네는 겨울과 죽음의 여신이기도 하고, 중국 신화에서 죽음을 관장하는 서왕모는 그와 동시에 사랑과 모성의 여신이기도 하다. 또 힌두 신화에서 파멸과 전쟁의 여신인 칼리는 모든 이를 사랑하는 어머니로 지칭되기도 한다. 하지만 르네상스 시기를 거쳐 근대 사회로 넘어오면서 점차 여성과 죽음의 유비는 부정적인 이미지로 등장한다. 물론 때때로 죽음을 남성으로 혹은 중성적 이미지로 표현했다는 증거가 나타나지 않는 것은 아니다. 인류에게 죽음을 가져오게 된 것이 아담에게서 비롯되는가 이브에게서 비롯되는가는 중세 유럽에서 논란의 대상이었고, 르네상스 시기와 바로크 시기에는 죽음과 악마는 중성적인 이미지로 그려지기도 했기 때문이다. 하지만 죽음-여성의 유비가 부정적인 이미지로 그려지는 것과는 달리 죽음-남성의 이미지는 긍정적인 것으로 표상되었다. 인류의 구원과 관련한 예수의 죽음이 평화, 완성, 사랑 등의 긍정적인 이미지를 지니면서 남성

---

204 당대 최고의 화가였던 모로와 로제티, 클림트. 폰 슈톡, 뭉크도 천상의 쾌락과 지옥의 고통을 맛보게 한 '팜므 파탈'을 등장시킨 기념비적인 명화를 남겼다. 아담을 타락시킨 이브와 남성의 목을 자른 유디트와 살로메, 삼손의 머리카락을 자른 데릴라 등은 오랫동안 화가들에게 인기를 받았던 요부의 전형이다.

과 연관되는 것은 이것의 단적인 예이다.[205]

현대 사회에서의 죽음 인식 : 삶/죽음

죽음에 대한 생각과 인식은 시대적으로 죽음을 받아들이는 태도에 따라 다르게 나타난다. 죽음은 삶의 끝으로 생각될 수도 있지만 다른 한편 삶과의 연장선상에 놓이는 것으로 이해될 수도 있다. 죽음은 도덕적 상벌의 개념으로 생각되어질 수도 있고 그저 생로병사의 자연스런 과정으로 이해될 수도 있다. 죽음에 대해 의연한 사람이 있는가 하면 두려움과 공포에 떠는 사람도 있다. 죽음을 거부하면서도 죽은 몸이 내뿜는 관능성에 매력을 느끼는 시대가 있었던 반면, 죽음을 갑작스레 찾아오는 끔찍하고 부정적인 사건으로만 받아들이면서 가능한 닥치지 않게 안간힘을 쓰는 현대인들도 있다. 이렇게 보면 죽음을 어떻게 이해하느냐의 문제는 시대에 따라, 문화에 따라 그리고 각 개인의 특성에 따라 달라지는 듯하다.

흔히 죽음은 단절, 끝, 두려움, 어두움, 극도의 슬픔의 이미지로 떠오르지만 죽음에 대한 인식이 언제나 어느 시기나 똑같았던 것은 아니다. 필립 아리에스는 죽음에 대한 인식에도 역사가 있어 시대마다 죽음을 맞이하는 사람들의 태도와 방법이 달랐다고 말한다. 그에 의하면 전통 사회에서 죽음은 현대 사회에서와는 달리 친숙하고 일상의 것이었으며

---

205 권석우, 「죽음과 젠더에 관한 한 시론 : 19세기 말~20세기 초의 회화와 문학 작품을 중심으로」 『인문언어』 10호, 2008, 214쪽.

축제와 더불어 인식된다고 한다. 그러나 현대 사회에서 죽음은 단지 숙명이기에 받아들여져야 한다거나 어떤 긍정적 의미를 지니는 것 혹은 자연적인 것으로 이해되지 않는다. 현대 사회에서 대부분의 죽음은 의학적 지식, 의료 기술과 밀접하게 연관되어 있으며, 이들은 전적으로 사적인 것으로만 이해된다. 현대 사회에서 죽음은 전문가의 관리와 통제가 필요한 대상이다. 즉 이미 일어난 죽음의 선고는 물론 아직 도래하지 않은 죽음의 선고도 모두 전문가의 손에 달려 있다.[206]

또한 현대 의학의 발달은 죽음을 인간이 넘어야 할 한계로 인식하게 하면서 극복하지 못한 한계를 언젠가 반드시 넘어야 할 것으로 이해한다. 그래서 삶의 현장에서 죽음을 나타내는 표식들은 예의에 어긋나는 것으로 간주된다. 죽음을 삶의 한 과정으로 보기보다는 인간의 한계로 여기면서 더 오래 살기 혹은 영생을 가능한 빠른 시일 내에 이루어지면 좋을 과제로 인식하는 것이다. 한편 현대 사회에서 개인의 죽음은 공동체와는 별 상관없이 고립되어 취급된다. 따라서 장례식이 죽음을 의미 있게 다루거나 축제로서 이해되기보다는 죽음을 최대한 미화하거나 끔찍한 사건으로부터 가능한 빨리 벗어날 의례적인 의미로 이해된다. 산 자에게 거부감을 주지 않으려고 시체를 냉동 방부제 처리하거나 꽃단장(화장)하는 서구 사회의 장례식 모습은 이것의 단적인 예일 것이다.[207] 또 지역 주민들과 납골당 유치 관련 단체 사이의 갈등 모습 역시도 죽음에 대한 현대인의 부정적인 인식을 여실히 드러내 보인다.

때때로 죽음을 앞두고 긍정적인 경험을 하는 이의 이야기를 들을 수

---

206   필립 아리에스, 이종민 옮김, 『죽음의 역사』, 동문선, 2002, 200~208쪽 참조.
207   필리프 아리에스, 이종민 옮김, 위의 책, 79~80쪽 참조.

있다. 이러한 사람들은 생의 마지막 날까지도 긍정적이고 적극적으로 삶을 고양시키고 양질의 삶을 위해 노력한다. 자기 자신의 죽어감을 직면하고 그것을 진지하게 받아들이면서 죽음 앞에서 새로운 용기를 찾는다. 하지만 많은 사람의 경우 긍정적인 경험보다는 부정적인 경험을 한 후에 죽게 된다. 사라지지 않는 고통과 신음 속의 삶, 남겨질 사람들에 대한 걱정과 번민, 삶에 대한 집착과 후회로 인해 끊임없이 불안해하고 불행을 느끼면서 생을 마감한다. 때문에 죽음은 일반적으로 단절, 두려움, 슬픔과 연결되고, 부정적인 이미지로 표상된다. 죽음과 관련된 단어가 직설적으로 표현되지 않는 것은 이러한 맥락일 것이다. 그래서 사람들은 가능한 완곡한 표현으로 죽음이 주는 두렵고 슬픈 이미지를 지우고자 한다. 죽음을 '돌아감'으로 표현하는 우리말 역시 이러한 의미를 담고 있다.

죽음을 금기시하고 부정적으로 바라보는 시각은 늙음을 걱정하는 시각과 연결된다. 늙음은 죽음으로 가는 과정 중에 있으며 죽음과 그만큼 가까운 거리에 있다고 생각되기 때문이다. 때때로 늙지 않고 맞이하는 죽음이 있지만, 대부분의 늙음은 죽음으로 가는 여정에 놓여 있기에 사람들은 늙음을 죽음과 동일시하곤 한다. 따라서 늙음 역시도 죽음과 마찬가지로 부정적으로 인식된다. 현대 과학 기술의 발전이 늙음을 방지하는, 그래서 죽음으로부터 가능한 멀리 떨어지도록 하는 방향으로 이루어지고 있는 것은 이러한 맥락에서 이해될 수 있다. 게놈 프로젝트, 노화 방지와 관련한 각종 성형수술과 상품 개발, 젊음과 삶에 더 큰 가치를 부여하는 현대 사회의 모습은 이러한 특징을 잘 반영하는 실례이다. 현대 사회에서 죽음은 미래를 보장하는 것과는 아주 다른, 그와는 정반대의 것으로 인식되기 때문에 죽음에 대한 전망은 쉽게 용납되지 않는다. 늙어감과 죽음에 대한 두려움으로 인해 자신이 늙어감을 인정하지 않고 계속해서 젊은이로 남아 있고 싶은 열망을 불러일으킨다.

전통 유교에서의 죽음 인식 : 삶-죽음

전통 사회에서 삶과 죽음에 대한 이해 방식은 현대 사회에서 죽음이 이해되는 그것과는 다르게 나타난다. 전통 사회에서 삶과 죽음은 전적으로 대립적이거나 그래서 반대항에 위치하는 것이 아니다. 그보다는 이 세계에 존재하는 모든 것을 생성, 소멸, 변화의 과정 안에서 이해하면서, 죽음 역시도 그 안에 들어 있는 것이라고 이해한다. 죽음은 자연의 이치이며, 삶의 끝에 오는 것이기는 하지만 그렇다고 해서 마지막, 단절 등의 의미로 이해하지는 않는다는 것이다. 순환론적 세계관 안에서 삶과 죽음, 그리고 재탄생이 끊임없는 연속 과정으로 이해된다. 삶과 마찬가지로 죽음도 하나의 통과의례로 이해되는 것이다. 때문에 전통 사회에서 사람들은 죽음 앞에서 단지 두려움이나 절망, 공포스러움만을 경험하지 않는다. 중국에서 죽음을 "햇솜을 대어 본다(將屬纊)"[208], "똑바로 당긴다(拉直了)"[209], "하늘을 우러러 본다(仰天了)"[210] 등의 말로 바꾸어 표현하는 것은 죽음이란 단어를 직접적으로 표현하지 않으려는 의도를 보여준다. 하지만 중국에서 죽음에 대한 피휘는 비록 환대의 대상은

----

208 장례 절차에서 햇솜을 입과 코에 대어보아서 숨이 멎었는지를 살펴보는 의식에서 비롯한다.

209 염을 할 때 시신을 똑바로 당겨야 하는 데서 비롯한 말이다.

210 시신을 바르게 펴서 하늘을 바라보게 한다는 의미에서 만들어진 개념이다.

아니지만 재앙의 의미와 동일하게 취급되지는 않는다. 죽음은 그저 인간의 숙명일 뿐이고 그래서 그들은 순순히 죽음을 받아들일 수 있었고, 그런 만큼 죽음에 친숙할 수도 있었다.[211]

전통 유교에서의 죽음 인식 역시 이러한 맥락에서 이해될 수 있다. 하지만 죽음에 대한 이러한 유교적 이해가 그저 아무런 감정의 유입도 없는 단지 추상화된 방식이었음을 의미하는 하는 것은 아니다. 전통 유교에서 죽음은 슬픔이라는 정서와 긴밀하게 연관되어 있다.

> 초상을 치를 때에는 형식적으로 잘 치르기보다는 차라리 슬퍼하여야 한다.[212]

라는 공자의 말이나 사랑하는 수제자 안연이 죽었을 때 정신을 잃을 정도로 슬퍼하였던 공자의 모습[213]에서 이를 엿볼 수 있다. 전통 유교에서 죽은 몸에 대해 어떻게 대우하였는가는 죽은 몸을 처리하는 과정을 통해 알 수 있으며, 이는 죽음에 대한 인식을 보여준다.

> 처음 죽으면 시체를 상에 옮기고 이불을 덮고 죽을 때 입었던 옷을 벗긴다. 소신이 이를 버티는 데 각사를 쓰고 발을 묶는 데 연궤를 쓴다. 어자가 들어가서 시체를 목욕시킨다. 소신 네 사람이 이불을 들고 어자 두 사람이 목욕시킨다. 목욕물은 동이에 담고 물을 붓는 데는 자루 달린 바가지를 쓴

---

211 李中生 지음, 임채우 역, 『언어의 금기로 읽는 중국문화』, 동과 서, 1999, 126~128쪽.
212 『논어』 「팔일 4」 喪, 與其易也, 寧戚.
213 『논어』 「선진 9」 顔淵死, 子哭之慟.

다. 목욕시키는 데는 치건을 쓰고, 물기를 말리는 데 욕의를 입히는 것은 다른 일과 같다.²¹⁴

　이러한 일은 전문가의 손에 맡겨지는 것이 아니라 친척 중의 누군가가 담당하였다.

　이처럼 전통 사회에서 한 사람의 죽음은 단지 개인에게만 해당되는 일회적이고 일의적인 사건이 아니다. 개인보다 공동체가 우선되는 전통 사회에서 한 사람의 죽음은 개인이나 개인의 가족에만 제한되는 사건이 아니라 공동체 전체의 일로 간주되었다. 전통 사회에서 죽음은 공동체와 연결되어 있는 사회적 현상으로, 그리고 집단적 상징과 의식에 둘러싸여 있는 사건으로 인식되었다. 가까운 집단 내에 있는 사람의 죽음 앞에서 산 자는 음식을 먹는 데서도, 옷을 입는 데서도, 움직거림에 있어서도 합당한 예의를 갖추어야 한다.

　참최에 해당하는 상을 당하여 복을 입은 사람은 사흘 동안 식사를 하지 않고 재최에 해당하는 상을 당하여 복을 입은 사람은 이틀 동안 식사를 하지 않으며 대공의 상에 복을 입은 사람은 3회 식사를 하지 않으며 소공, 시마의 상에 복을 입은 사람은 2회 식사를 하지 않으며 선비가 동료의 렴의 의식에 참례하는 경우에는 한 번도 식사를 하지 않으니, 부모의 상에 있어 이미 염이 끝나면 비로소 죽을 먹는다. 아침에 일일미(1승의 24분의 1, 아주 적은 양의 밥)를 먹고, 저녁에도 일일미를 먹는다.

....

214 『예기』「상대기(喪大記)」 始死, 遷尸于牀, 幠用斂衾, 去死衣, 小臣楔齒用角柶. 綴足用燕几 御者入浴, 小臣四人抗衾. 御者二人浴, 浴水用盆, 沃水用枓, 浴用絺巾, 挋用浴衣, 如它日.

재최의 상에는 거친 밥을 먹고 물을 마시며 채소나 과일은 먹지 않는다. 대공의 상에는 초와 장을 먹지 않는다. 소공, 시마에는 단술을 먹지 않는다. 이는 슬픔이 음식에 나타난 것이다.[215]

전통 사회에서 개인의 정체성 자체가 개인보다는 집단에 속해 있는 것으로 간주되었기 때문에 비록 개인이 맞이한 사건이기는 하지만, 개인이 사회에서 방출되고 지워졌다기보다는 사회가 일부를 상실했다는 의미로 이해되었다. 전통 사회에서 죽음은 단순히 개인적인 차원의 의미를 넘어 사회적인 존재로서의 마감을 의미한다. 즉 죽음은 개인이 경험하는 사적인 사건이지만, 거기에서 그치지 않고 그와 동시에 그것은 그가 얼마 전까지도 몸담고 있던 집단의 사회 구조에 다양한 변화를 가져오면서 사회적인 의미까지도 지니는 것이다. 때문에 전통사회에서 죽음은 개인들을 위협하는 의미이거나 개인을 두렵게 만드는 사건이 아니었다.[216] 오히려 죽은 몸과의 공존의식을 드러내며, 죽음을 자연적인 것으로 이해한다.

따라서 유가에서 죽음을 자연적인 것으로 이해하였다는 것이 죽음에 대하여 무감각하다는 것을 의미하는 것은 아니다. 부모의 죽음을 맞은 자식은 온 마음을 다해 슬퍼한다.

---

215 『예기』「間傳篇」斬衰三日不食, 齊衰二日不食, 大功三不食, 小功緦麻再不食, 士與斂焉則壹不食. 故父母之喪旣殯食粥, 朝一溢米, 莫一溢米. 齊衰之喪疏食水飮, 不食菜果. 大功之喪不食醯醬, 小功緦麻不飮醴酒. 此哀之發於飮食者也.

216 크리스 쉴링, 임인숙 옮김, 『몸의 사회학』, 나남, 1999, 267쪽 참조.

어버이가 처음 돌아가면 머리에 쓰는 관을 버리고 비녀와 머리싸개만 남기고 발을 벗는다. 옷자락을 허리에 끼고 교수하여 곡을 한다. 가엾고 슬픈 마음과 아프고 병든 의식으로 신장이 상하고 간이 마르며 폐를 태운다. 물과 장이 입에 들어가지 못하고 사흘 동안 밥을 짓지 못한다. 그래서 이웃과 마을에서 미음과 죽을 끓여 마시게 하니 이를 먹는다. 저 서럽고 애통한 것이 마음에 있으니 그러므로 모양은 변하여 밖에 나타나고 애통하고 병들어 마음에 잠겨 있으니 그러므로 입은 단맛을 모르고 몸은 편하게 안락하지 못한다.[217]

"부모의 상중에는 중문 밖 의노(倚廬)에 거처하되 거적에서 자고 흙덩이를 베며 머리와 허리의 삼줄을 풀어놓지 않는다"[218]와 같은 내용은 전통 유교 사회에서 죽은 자에 대한 산 자의 슬픔과 죽은 자와 산 자와의 감정의 연관성을 단적으로 드러내준다.

삶을 알면 죽음도 알게 되리

죽음과 여성이 유비되는 과정에서 죽음이나 여성에 대한 평가절하적인 인식이 담겨 있다고 할 때, 유교에서의 죽음 인식을 살펴보는 것은 유가

---

217 「예기」「問喪」親始死, 雞斯, 徒跣, 扱上衽, 交手哭. 惻怛之心, 痛疾之意, 復腎, 乾肝, 焦肺, 水漿不入口, 三日不擧火, 故鄰里爲之糜粥以飲食之. 夫悲哀在中, 故形變於外也. 痛疾在心, 故口不甘味, 身不安美也.

218 「예기」「間傳」父母之喪居倚廬, 寢苫枕塊, 不說絰帶.

철학과 여성의 관계를 생각해보는 하나의 통로가 될 수 있을 것이다. 주지하는 바와 같이 유가 철학에서는 현실적 삶이 중시되었다. 그렇다면 유가에서의 죽음관 역시 서구의 그것과 마찬가지로 죽음을 부정적으로 이해한 것이라고 보아도 좋을까? 전통 유가 철학에서도 죽음에 대한 언급 자체를 회피하면서 죽음을 금기시하는 풍조가 나타나는가? 죽음을 부정적인 것으로 금기시하는 과정은 죽음을 여성에 유비하는 서양 전통과 같은 맥락이라고 이해해도 좋은가? 현실적 삶을 중시하였다는 공자의 현실 의식은 결국 공자가 죽음을 도외시하였다는 의미인가?

자로가 귀신 섬기는 법과 죽음에 대하여 물었을 때 공자는 "사람을 섬기지 못하면서 어찌 귀신을 섬기겠는가?" "아직 삶도 알지 못하는데 어찌 죽음을 알겠는가?"[219]라고 답변한다. 그리고 이 한 마디 언설은 이제껏 공자를 죽음과 사후 세계에 대해서 관심 갖지 않은 인물로 평가하는 근거로 인용되어 왔다. 공자가 죽음이나 귀신 섬기는 일에 대해 무관심하였다는 것은 『논어』「선진편」에 대한 몇 가지 주석에 의거한다. 황간(黃侃)의 『논어집해의소(論語集解義疏)』는 그 대표적인 예이다. 황간은 "주공이나 공자의 가르침은 오직 현재만을 말하였고, 과거와 미래에 대해서는 분명하지 않다"[220]라고 해석한다. 주희는 이 구절에 대해 "삶을 분명히 알지 못하면 죽음도 알지 못한다"는 의미로 주석한다.

귀신 섬기는 일을 물은 것은 대개 봉제사의 의미가 지니는 바의 뜻을 물은 것이다. 죽음이라는 것은 사람에게 반드시 생기는 바이니 알지 않

---

119 『논어』「선진 11」 未知生 焉知死

220 黃侃, 『論語集解義疏』 周孔之敎唯說現在, 不明過去未來.

으면 안 되는 것으로 이는 모두 절실한 물음이다. 그러나 정성과 공경으로 사람을 섬길 수 있지 않으면 반드시 귀신을 섬길 수도 없을 것이요, 시초를 근원해 삶을 알지 못하면 반드시 끝으로 돌아가는 죽음의 소이도 알 수 없게 될 것이다. 대개 이승과 저승, 생과 사는 애당초 두 이치가 없으나, 다만 배움에는 순서가 있어 등급을 뛰어넘을 수 없는 것이다. 그러므로 선생님께서 이렇게 말씀하신 것이다.[223]

또한 주희의 해석에 의거해보면 삶을 분명히 알지 못하면 죽음에 대해서도 알 수 없다는 것이고, 이는 다시 말하면 삶에 대해 잘 알아야 죽음을 잘 알 수 있다는 의미이다. 이렇게 보면 공자가 죽음에 관심을 두지 않았다거나 죽음을 도외시하였다는 세간의 이해에 대해서는 좀 더 꼼꼼히 생각해보아야 할 필요가 있다. 죽은 자를 보내는 예법인 상례나 죽은 자에 대한 추모의 예법인 제례를 세세하게 밝히는 공자의 언행은 죽음과 죽은 자에 대한 관심의 정도를 가늠하게 하기 때문이다. 『논어』의 이 구절에 대한 정이천의 해석 역시 주희와 같은 맥락에 있다.

정자가 말하였다. "낮과 밤은 삶과 죽음의 도이다. 삶의 도를 알면 죽음의 도를 알 것이요. 사람 섬기는 도리를 다하면 귀신 섬기는 도리를 다할 것이다. 삶과 죽음, 사람과 귀신은 하나이면서 둘이요, 둘이면서 하나이다. 혹자들은 말하기를 부자께서 자로에게 말씀해주지 않았다

---

223 朱熹, 『論語集註』卷 11 〈先進〉, 問事鬼神, 蓋求所以奉祭祀之意, 而死者人之所必有, 不可不知 皆切問也. 然非誠敬足以事人, 則必不能事神, 非原始而知所以生, 則必不能反終而知所以死. 蓋幽明 始終 初無二理 但學之有序 不可躐等. 故夫子告之如此.

고 하는데, 이는 바로 깊이 일러준 것임을 알지 못하고 하는 말이다.[222]

어떤 것에 대해 자세하게 말하지 않았다는 점이 곧 어떤 것을 부정하였다거나 혹은 그것에 대해 무관심하다는 것과 동일하게 취급하는 것은 주요한 것을 간과하게 한다. 자신이 경험하지 못한 일, 확실히 알지 못하는 것에 대해 침묵하는 것이 그것에 대한 무관심으로 치부되는 것은 공정하지 못하다. 어느 누구도 스스로 죽음을 경험하는 사람은 없고 단지 타자의 죽음을 통해서만 자신의 죽음을 체험할 수 있을 뿐임을 생각해보면, 공자가 삶을 모르고서 죽음을 어찌 알겠는가라고 답변한 것은 자신이 경험하지 못한 것에 대한 무지함을 고백하는 솔직한 심정일 것이다. 때문에 공자는 자신이 경험해보지 않은 죽음에 대해서 왈가왈부하기보다는 삶을 잘 알면 죽음에 대해서 잘 알 수 있다고 말하는 방식을 택한 것이리라.

유가 철학에서 죽음은 생명에 대한 연속성으로 논의된다. 연속성이라는 말에는 반복, 재생의 의미가 내포되어 있다. 즉 자신의 생명은 계속 후세에 전해질 수 있으며(연속성), 후손의 모습을 통해 재생할 수 있다고 생각함으로써 죽음에 대한 불안 심리를 극복하는 방법론을 정립한 것이다. 유가 철학에서 생명의 연속성은 몸 은유의 과정을 통해 이루어진다. 내 몸은 내 몸 그 자체로 인식되기보다는 몸과 몸의 연결, 즉 내 몸과 부모의 몸 그리고 보다 먼 조상과의 몸을 일치시키는 몸 은유의 과정을 통해 이루어진다. 또한 이러한 몸의 유기체적 연결은 여기에서 그

----

222 上同. 程子曰, 晝夜者, 死生之道也. 知生之道, 則知死之道. 盡事人之道, 則盡事鬼之道. 死生人鬼, 一而二, 二而一者也. 或言夫子不告子路, 不知此乃所以深告之也.

치지 않고 정신적 생명의 연속성까지도 포함한다. 이런 맥락에서 유가에서의 제사와 효는 삶과 죽음 그리고 죽음 이후를 연결 짓는 축을 형성하는 의식으로서의 성격을 지닌다.

이 같은 사고로부터는 현대 사회에서처럼 웰빙(well-being)에 대한 관심만이 한껏 고조되어 있으면서, 그만큼 죽음을 홀대하는 인식 같은 것은 산출되지 않는다. 죽음이 삶의 반대항에 놓이거나 삶의 끝 혹은 삶과의 단절로 간주되지 않으며, 또한 가능한 멀리 있어야 할 것, 나와 내 주변에 닥치지 않으면 좋을 것으로 이해되지도 않는다. 그러기에 영원한 삶을 염두에 두는 인간 생명 복제에 대한 관심이나 내 집 부근에 장례식장이나 화장터, 납골당이 설치되는 것이 어쩐지 꺼림칙하게 여겨지는 인식 같은 것은 나타나지 않는다. 또한 여성을 죽음에 유비시키면서 부정적으로 인식하는 사고도 산출되지 않는다. 삶과 죽음이 단절이 아니듯이 여성과 남성 역시도 단절의 사고로 이해되지 않는 것이다.

사실 죽음은 삶과 무관하지 않으며 삶의 과정 중에 놓여 있다. 웰빙은 죽음의 문제와 아무런 상관없는 것이 아니라 웰다잉(well-dying)과 긴밀하게 연관되어 있다고 할 수 있다. 죽음을 염두에 두고 죽음을 준비하며 사는 사람들은 늘 자신이 잘 살고 있는가를 돌아본다. 결국 잘 사는 사람이 잘 죽을 수 있고, 잘 죽을 것을 염려하는 사람이 잘 살 것에 관심을 가질 수 있는 것이다. 이런 맥락에서 "삶을 알지 못한 채 죽음을 어찌 알 수 있겠는가?"라는 공자의 언급은 죽음에 대한 무관심으로 이해될 수 없다. 오히려 죽음을 준비하는 삶, 웰다잉을 염두에 둔 웰빙을 의미하는 것이며, 그것은 "삶을 잘 알면 죽음도 잘 알 수 있을 것이다"의 의미를 지닌다.

죽음에 대한 유교적 성찰과 여성

인간과 인간의 일을 문제로 삼고자 할 때, 합리성이나 초월을 기준이나 원리로 삼지 않는다고 한다면, 과연 무엇으로부터 논의해야 할까? 그것은 인간이 유한하며 죽음을 간직한 존재라는 의미에서 신체로부터 다루어야 할 것이다. 인간이 유한하다는 사실을 있는 그대로 받아들이면서 죽음을 삶에 유리된 것으로 보지 않고 연장선상으로 보는 유가 철학의 죽음에 관한 인식을 떠올려봄으로써 여성에 대한 이해를 새롭게 하고자 하는 이유는 바로 여기에서 찾아진다.

인간이 유한한 존재라는 사실은 인간의 불완전성을 드러내는 단적인 말이다. 그런데 이 말은 거꾸로 말하면 불완전하고 한계를 지니는 완전성 그리고 영원성을 요청하는 논리이기도 하다. 이 때문에 인간은 영원성과 완전성을 획득하기 위한 노력을 하게 되며 이로부터 인간 정신의 우월의식을 산출한다. 인간이 죽음을 부정하고 죽음이 가져오는 유한성에 도전하는 것 역시도 이러한 맥락에서 이해할 수 있다. 이러한 가운데 유한성의 근원이 되는 육체 혐오와 그에 대한 거부, 즉 정신의 우위를 담보하는 정신/육체, 삶/죽음의 이분법이 필수적으로 수반된다. 이성/감성, 영혼/육체, 남성/여성, 합리적/직관적, 개인/공동체, 인지적/감정적, 강함/약함 등의 배타적 이분법을 낳는 근대적 계몽주의의 패러다임은 바로 여기에서 출발한다.

하지만 근대 이후, 정신의 우월성을 등장시키는 기반 자체를 의심하고 합리성에 대한 의구심을 가지게 되는 등 근대성에 대한 의혹을 강하게 지니기 시작하였다. 그리고 이로부터 육체에 대한 관심이 생겨나게 된다. 육체를 불러일으키고 그것에 관심을 갖게 되는 상황은 결국 정신

/육체의 이분법적 구별의 경계를 지우며, 삶/죽음에 대한 사고에 대해서도 새롭게 다가서게 하며 육체, 죽음, 산 몸, 죽은 몸 등에 대한 규정을 새롭게 제기한다. 이로써 죽음, 생명, 섹슈얼리티에 대한 경계 역시 흩뜨리며 죽음-여성에 대한 인식에 대해서 재고하게 만드는 것이다.

"삶도 모르는데 죽음을 어찌 말하겠는가?" "사람의 일도 모르는데 어찌 귀신 섬기는 일을 알겠는가?"라는 공자의 말에서 죽음의 문제는 삶과 연장되어 있는 차원으로 논의된다. 또한 어떤 추상적 설명이나 사실에 대한 증명 등으로 설명할 수 없다는 인식으로부터 접근한다. 인간의 능력으로 해결할 수 없는 죽음 이후의 세계를 굳이 밝히려 하기보다는 현실의 삶에 충실함으로써 죽음의 문제도 해결해가는 방안을 엿볼수 있다. "삶도 모르는데 죽음을 어찌 말하겠는가?"라는 공자의 말은 삶과 죽음을 이분법적으로 구별하면서 삶을 좋은 것으로, 죽음을 나쁜 것으로 두는 것이 아니라 삶을 잘 사는 것이 인간이 담당해야 할 몫이며 그렇게 함으로써 죽음에 대해서도 잘 알 수 있는 것임을 강조하는 것이다. 즉 공자에게 죽음이란 "도의 실현을 위해 힘써 일하다 맞닥뜨리게 되는 삶의 자연스러운 결과였을 뿐이며 더 적극적으로는 사람다움의 실현을 위하여 스스로 택하는 길이기도 하였다."[223]

인간으로서 해결할 수 없는 문제에 매달리기보다는 현재의 시공 속에 살아 움직이는 인간을 사유와 행동의 출발점으로 삼아야 한다는 것, 그것이 공자의 삶과 죽음에 대한 가르침일 것이다. 공자의 이러한 교훈을 여성주의 논의에 들여올 때, 우리는 몇 가지 긍정적인 지점을 확보할

---

223 김교빈, 「죽음에 대한 유교의 이해-죽음을 두려워 않는 낙천적 세계관」, 『철학연구』 제75집, 5~6쪽

수 있게 된다. 사상의 초점을 현실적 인간의 삶, 즉 현재의 시간과 공간 속에 존재하는 구체적 인간과 인간의 일에 둔다는 공자의 생사관으로부터 현실적 여성의 경험, 여성의 삶에 대한 논의를 생생한 담론으로 이끌어낼 수 있다는 것이다. 공자의 죽음에 대한 가르침은 지금 억압된 삶에 순응하면서 참고 이겨내기를 권유하거나 힘든 현실적 삶의 고충을 저 세상에서 보상받을 수 있다는 거짓 희망을 주는 논리가 아니다. 그것은 현실적 삶에 관심을 가지고 그것을 고민하라는 논리로 발전할 수 있다. 그리고 이러한 공자의 죽음에 대한 언설은 여성들이 현실의 삶에 보다 많은 관심을 가지고 그것을 극복하는 방향의 철학을 모색하는 계기가 될 수 있다.

9장

한국의 다문화 가족을 위한 친친(親親)의 패러디[224]

한국의 다문화적 상황과 이주결혼여성

모든 것이 빠르게 변해가는 현대 사회 속에서 가족 혹은 가족을 설명하는 개념들 역시 기존에 익숙했던 형태나 방식을 넘어 무한히 변해간다. 따라서 기존의 개념 방식만으로는 현존하는 가족과 가족을 둘러싸고 일어나는 현상과 문제의 본질을 온전히 설명해낼 수 없게 되었다. 획기적으로 발전하는 의학 기술은 친자관계를 복잡하고 불분명하게 만들고,[225] 사람들은 더 이상 혼인과 생자 관계를 증명하는 서류 따위에 목숨 걸지도 않는다. 가족법, 친족법도 자꾸 변해간다. 최근 세계화로 인한 국가 간의 경제적 상호 의존성의 증가와 이에 따른

---

[224] '패러디' 개념은 "기존의 특권을 가진 정체성과 실패한 정체성 사이의 간극을 새롭게 형성하는 데 기여하는 것"이라는 버틀러의 논의에서 차용하였다. 버틀러에게서 패러디는 실체성의 개념을 흔드는 것이며 본래적인 기원이 없음을 드러내는 것으로 사용되며(Judith Butler, Gender Trouble, Routledge, New York, 1999, 176쪽 참조), 이 글에서의 패러디 개념 역시 이러한 의미로 사용되었다. 따라서 '친친의 패러디'란 친친의 개념을 실체화시키거나 고정된 범주로 이해하는 것이 아니라, 그것이 구성된 배경을 바라보고 그것을 전복하면서 새로운 것으로 재개념화, 재위치시키는 방식을 고민하는 데에서 비롯한다.

전 세계 인구 이동의 확산 경향, 그리고 급속도로 진행되는 전지구적인 다문화주의의 이행은 이러한 상황을 더욱 가속화시키고 있다. 순수 혈통에 대한 믿음은 점차 사라지고 어느 새 이주 결혼, 혼혈, 다문화 가족, 이주 노동 등의 단어가 매우 익숙한 것으로 자리하게 되었다.

다양한 문화들이 서로 접촉하고 타문화의 수용이 이루어지는 과정 속에서 발생하는 충격과 갈등은 아주 오래전부터 있어온 터다. 하지만 현대 사회에서 일어나는 문화 유입과 확산은 그 어느 때보다 활발하게 진행되고 있다. 이처럼 세계화, 지구화가 빠르게 진행되는 가운데 우리는 거부할 수 없는 숙명처럼 다문화적 상황[226]을 맞이하게 되었다. 다름과 차이, 혼종 등을 인정하고 심지어 그것을 가치로서 추구해야 할 현실적 상황에 처하게 되었다는 것이다. 그러나 다른 한편 우리는 다문화주의 논의와 관련하여 매우 복잡한 갈등과 문제들에 직면하기도 한다. 그것은 '우리'의 범주와 '우리가 아닌' 범주 간의 간극으로부터 발생하며, 특히 순혈주의와 단일민족의식, 혈통 강조의 전통을 강하게 지니고 있는 한국 가족 문화 안에서 심각한 문제를 산출하곤 한다.

한국 사회에서 다문화주의 논의는 이주노동자와 이주결혼가족의 지속적인 증가를 통해서 시작된다. 최근 들어 한국은 외국인 100만 명 시대를 맞이함으로써 명실상부한 '다민족 코리아'가 되었다. 특히 결혼

---

225 다양한 인공수정 방법을 제공하는 현대 의학 기술의 발달은 부모라는 개념을 모호하게 만들곤 한다. 때문에 정자제공자를 아버지로 할 것인지, 의뢰인을 아버지로 할 것인지, 난자를 제공한 여성 혹은 자궁을 빌려준 여성을 어머니로 할 것인지, 의뢰인을 어머니로 할 것인지의 문제가 복잡하게 나타나는 상황은 현대 사회에서 그리 낯선 것이 아니다. 엘리자베트 벡 게른스트하임 지음, 박은주 옮김, 『가족 이후에 무엇이 오는가?』 2005, pp. 11~15쪽 참조.

226 이 글에서 '다문화적 상황'이란 용어는 인구의 국제 이동으로 인해 맞이하게 된 다인종 상황을 의미하는 것으로 사용되었으며, 특히 아시아 여성과 결혼한 문화 간 결혼 가족을 염두에 두고 있다.

배우자의 자격으로 유입되는 다문화 배경을 지닌 이주여성 증가는 다양한 민족과 인종으로 구성된 가족[227]을 창출하게 하였다. 이주결혼가족의 증가는 인구 내에서 이주 인구의 비율을 높일 뿐만 아니라 이주 인구의 유입을 일시적인 현상에 그치게 하지 않고 장기적인 추세로 이어지게 한다. 그리고 이러한 현상으로부터 다문화주의에 대한 논쟁을 촉발시킨다. 최근 한국 사회에서 가족 문제를 논의하고자 할 때 다문화주의 혹은 다문화적 상황을 고려해야 함은 바로 이런 이유에서이다. 국제 이주는 이 같은 현상을 활성화하는 요인이 되고 있으며, 한국의 경우도 예외가 아니다. 국제적으로 '이주의 여성화'라고 할 만큼 여성의 국가 간 이동이 많아지고 있고, 특히 결혼을 목적으로 한 여성 이주가 늘어남에 따라 가족 내에서까지 다문화주의의 영향력이 강하게 행사되고 있다. 한국의 경우, 이주 노동자를 포함하여 50%가 여성이고 아시아 전체로 보았을 때는 70%가 여성이라고 한다. 이렇게 여성 이주자가 급증하는 상황[228]은 여성 이주자 자신의 정체성은 물론 한국인, 한국 여성의 정체성 문제에까지 파급된다.

----

227 '다문화 가족'이란 말이 정부 문서에 등장하게 된 것은 2003년 가정 문화운동 단체인 '하이패밀리' '코시안' '혼혈아'라는 표현이 인권을 침해한다는 내용의 진정서를 국가인권위원회에 제출하여 호칭을 다문화가족 2세로 변경할 것을 요청하는 과정에서 제시되었다. 김현미, 「국가와 이주여성 : 한국 사회의 '다문화가족' 만들기의 갈라지는 희망들」, 『한국여성연구원 30주년 기념 국제학술대회보 : 지구 지역 시대 지식생산과 여성연구의 도전』, 이화여자대학교 한국여성연구원, 2007. 11. 1~2 참조.

228 케슬과 밀러는 1970년대 후반 오일 쇼크 이후 급격하게 재편성된 글로벌 경제 구제부터 현재까지의 상황을 '이주의 시대'라 부르면서, 이러한 이주의 시대는 소위 '이주의 여성화'라는 현상을 야기한다고 말한다(김현미, 「아시아 여성의 이주 : 신화와 현실들」, 『제국, 지구화, 아시아 여성들의 이주』, 제9회 서울 여성영화제 국제포럼 2007에서 재인용). 1960~70년대 초반까지의 이주에 관한 연구는 남성 노동 이주자와 그의 가족에 대한 논의가 중심을 이루어졌고, 1980년대에 들어오면서 이주 문제 연구에 여성이라는 개념이 등장하는 것 역시 이러한 맥락에서 이해될 수 있다.

한국 내에서 문화 간 결혼[229]은 광복 후 미군정과 한국 전쟁을 치르는 과정에서 주로 미국인 남성(병사)과 한국인 여성(기지촌의 성매매업 종사자) 사이에 이루어지는 의미로 사용되어왔다. 그러나 외국인 노동자의 유입이 많아지고 내국인의 국외 이동이 빈번해지면서 다양한 형태의 문화 간 결혼이 이루어지게 되었다. 특히 한국의 가부장제가 남아선호와 극심한 여아 낙태와 긴밀하게 연관되면서 성비불균형으로 이어진 것과 최근 한국의 젊은 여성들이 농촌 생활을 기피함에 따라 농촌 남성들이 국내에서 배우자를 찾기 어려워진 상황은 한국인 남성과 외국인 여성과의 결혼을 증가시키는 요인이 되고 있다.[230] 이렇게 다문화 배경을 지닌 이주자, 특히 여성 결혼이주자가 급증하는 사실은 이제까지 한국인이 지니고 있었던 순혈주의, 단일민족이라는 신화를 깨뜨리는 요인이 되었고, 한국 가족으로 하여금 다문화적 상황에 직면하게 하였다.[231]

---

[229] 일반적으로 우리 사회에서는 한국인과 타국인과의 결혼을 '국제결혼'이라는 용어로 불러왔다. 이것의 영어 번역은 'international marriage'인데, 이 표현은 국제적으로 공용되는 표현은 아니라고 한다. 다문화적 사회로의 변화와 이를 수용하는 과정에서 이러한 결혼 사례가 많아지고 이에 따른 논의가 활발해지는 가운데 용어에 대한 정의가 새롭게 요구되고 있다. 최근의 연구 논문들은 '국제결혼'이라는 용어보다는 고유한 문화적 특성이나 인종적 특성을 고려한 '문화 간 결혼 (Inter-cultural marriage)'이라는 용어를 사용하고 있다.

[230] 이여봉, 『탈근대의 가족들-다양성, 아픔, 그리고 희망』, 양서원, 2006, 62쪽. , 이여봉, 『가족 안의 사회, 사회 안의 가족』 양서원, 2006, 331쪽.

[231] 〈2005년도 법무부 통계자료〉에 의하면 국내 거주 외국인은 74만 7,467명으로 집계되며, 이는 전체 인구의 1.55%로 앞으로 수적인 증가는 더하여 2010년에는 2.54%에 이를 것으로 예측되고 있다. 귀화하는 외국인의 수 역시 5년 사이 60여 배가 넘게 늘어났다고 하는데, 이는 내국인과 외국인의 문화 간 결혼이 매년 늘어나는 추세를 반영하고 있다. 이러한 상황과 연관하여 한국 사회에서 문화 간 결혼 역시 매년 20%씩 증가하여 2005년도에는 내국인과 외국인의 결혼이 전체 결혼 건수의 13.6%를 차지하게 되었고, 문화 간 결혼에서 태어나는 아기도 매해 4,000명을 웃돌게 되었다고 한다.

다문화주의와 여성주의 그리고 친친

다문화주의(multiculturalism)는 소수문화를 보호하고 상호 이해를 확대함으로써 사회적 갈등을 예방한다는 목표의식을 표방한다. 다문화주의에 대한 논의는 보편, 획일 등을 표방하는 단일 문화 개념을 벗어나 차이, 다양성 등의 다문화적 가치를 수용하고 주목하고자 하는 데서 시작한다.[232] 따라서 다문화주의는 다양한 인종과 문화에 대한 상호 존중과 관용을 강조하며 중심 문화와 주변 문화라는 위계를 없애고 다양한 문화의 차이와 특수성에 대한 이해와 존중, 소통, 관용 그리고 동등한 공존을 고려해야 함을 강조한다.[233] 나아가 이를 통한 사회 통합과 상호문화성을 꾀한다. 이러한 점에서 다문화주의는 비서구인들로 하여금 서구중심주의를 탈피하여 자신의 고유한 문화에 관심을 갖게 하고 그것을 통해 차이의 정치학을 실현할 수 있는 장을 제공해준다. 또한 이를 통해 지배적인 단일한 민족적 서사를 해체시킬 수 있는 역량과 기존 권력의 통일적 권위 그 자체에 의문을 제기하는 해방의 전략을 창출할 수도 있다. 여성주의가 차이의 철학에 기반한 다문화주의에 주목하고 이것으로부터 긍정적 전략을 찾아낼 수 있다고 기대하는 것은 바로 이 때문이다.

하지만 그와 동시에 다문화주의 자체에 내재되어 있는 다원주의에

---

232 다문화주의는 서구에서 1970년대 이래로 캐나다나 미국과 같이 다인종, 다민족, 다문화 상황에 있는 국가에서 주장되었고, 세계가 점차로 탈중심화되면서 지구화되어가는 오늘날에도 강한 힘을 얻고 있다. 다문화주의에 대한 서구의 논의는 1980년대 후반과 90년대에 Taylor, Young, Tully, Kymlicka, Parekh 등의 연구자를 중심으로 활발히 이루어졌으며, 사회적 약자 집단에 속하는 사람들 예컨대 여성, 유색인, 비기독교인, 동성애자 등에게 많은 호소력을 지니는 것으로 간주되었다.

233 김혜숙, 「여성주의 관점에서 본 다문화주의 : 열린 주체 형성의 문제」 『철학연구』 제 76집 참조.

의거해 극단적으로 차이를 강조함으로써 인종 간의 갈등을 심화시킬 수 있는 한계를 지니기도 한다. 세계화, 지구화 속에서 지역화, 민족 분쟁, 인종 갈등의 문제 등이 더 심화되어 나타나는 것은 이 같은 맥락에서이다. 또 소수문화를 보호한다는 미명 아래 소수문화를 박제화하여 소수문화의 발전적 변화를 저해하는 문제를 야기하거나, 다문화주의 시대에 외부 문화의 유입으로부터 전통 문화를 보호해야 한다는 차원에서 전통 문화 교육을 강화하는 방식으로 전개될 수도 있다.[234] 이러한 지점으로부터 다문화주의와 정체성에 대한 논쟁이 첨예화되어 나타난다.

다문화주의에 관한 논의는 주로 차이에 대한 민감성을 높이고 다문화적 가치를 수용하여 획일화된 가치 아래 움직이는 하나의 단일한 문화의 이념으로부터 벗어나야 한다는 시각에서 논의된다. 하지만 다문화주의는 다양한 가치를 인정해야 한다는 점에서 사회 통합을 방해하는 문제점을 초래할 수 있으며, 민주주의 가치보다 권위주의와 봉건적 가치를 우선시하는 전통 문화를 문화 다양성의 이름하에 정당화하는 위험성을 내포하기도 한다. 다문화적 상황과 연관하여 친친을 재해석하기 위한 작업 역시 이러한 맥락을 충분히 고려하여 이루어져야 한다. 사실 친친을 패러디하는 작업 그 자체가 친친이 지니고 있는 가부장제성을 저절로 사라지게 하는 것은 아니다. 친친은 개인적 관계망의 범위를 강조하여, 인간적 친근성을 흡수하면서 다양성을 감소시키는 한계를 내포하고 있다. 따라서 자칫 동일한 범주에 속해 있는 사람들의 집단의식을 강조함으로써 동화주의에 빠뜨릴 수도 있다.

234 한국문화관광정책연구원, 『다문화정책의 방향과 문화적 지원 방안 연구』, 2006, 27쪽.

"친한 이는 친하게 대접받아야 한다"는 친친의 논리를 현대 한국 사회의 다문화적 상황에 맞게 패러디하는 작업은 과연 가능하며, 그것은 한국에서의 다문화주의 정착과 관련하여 긍정적 의미로 작용할 수 있는가? 또 그것은 젠더, 한국남자의 아내, 혼혈아의 어머니, 모국에 두고 온 원가족의 딸, 자매, 한국인 혹은 한국여성 등의 중층적으로 구성되어 있는 이주결혼여성들의 정체성에 어떻게 작용하는가? 친친 개념을 전통적인 가족 이념이 산출하는 폐쇄적이고 배타적인 이미지를 넘어서 다문화적 상황 안에서 열린 공동체를 향한 긍정적 개념으로 이해할 수 있는 여지는 과연 있을까? 이러한 물음들은 아시아 이주 여성을 유입한 한국 가족의 다문화적 상황에 대한 이해를 높이고, 또 한국의 다문화적 가족 상황 속에서 재구성되는 가부장적 문화에 대한 반성을 촉구시킨다.

한국의 다문화적 상황과 유교 전통

한국의 다문화 가족은 다문화적 상황과 유교 전통에 입각한 가부장적 의식이 다층적으로 복잡하게 얽혀 있음을 보여주는 하나의 장이다. 한국의 다문화 가족이 처한 상황은 한국이 다문화주의의 영향 하에 놓여 있음을 증명하는 것이면서 동시에 한국 사회가 얼마나 강력히 혈통을 중시하고 단일 문화를 강조하는 것인지를 보여주는 실례가 되기 때문이다. 따라서 이주민의 증가와 문화 간 결혼, 그 결혼 관계에서 출생한 아이 등 이질적인 요소의 증가로 인해 증폭된 다양성은 다문화주의를 가장 잘 표방하는 것 같으면서도, 다른 한편으로는 인구 구성의 다양화가

곧바로 다양한 문화적 차이에 대한 존중으로 이어지지 않음을 보여주는 자료가 된다. 친친과 혈연의 강조, 혈통에 대한 강한 인식 그리고 그것의 연장선상인 같은 조상, 같은 뿌리를 강조하는 획일적 집단의식은 다른 문화에 대한 차이나 다양성을 쉽게 용인하지 못한다.

이러한 문화적 특성은 외국인 여성과 결혼한 한국 남성이 외국인 남성과 결혼한 한국 여성보다 많은 사실에서도 보인다. 한국인 여성과 외국인 남성이 결혼한 건수는 1991년 4,349건에서 2005년 11,941건에 이르기까지 약 3배 정도 증가한 반면, 한국인 남성과 외국인 여성이 결혼한 건수는 1991년 663건에서 2005년 31,180건에 이를 정도로 약 50배가량 증가하였다.[235] 이는 2005년 한 해 동안의 한국인 여성과 외국인 남성의 결혼 건수와 비교해볼 때 거의 3배에 달하는 수치이다. 이는 전 세계적인 추세인 이주의 여성화와 연관한 것이면서 또한 부계 혈통 계승을 강조하는 가부장제 문화와 직간접으로 연관되어 있다. 다른 나라 여성과 한국 남성 사이에서 출생한 아이는 한국인의 혈통으로 간주되지만, 부계혈통이 강조되는 속에서 다른 나라 남성과 결혼한 한국 여성이 낳은 아이는 한국인의 혈통으로 쉽게 간주되지 않는 모종의 정서가 있다.

또 외국인 남성과 결혼한 한국 여성의 79.6%가 '배우자를 사랑해서'라고 이유를 꼽은 데 반하여, 외국인 여성과 결혼한 한국 남성들은 '배우자가 순종적이고, 부모를 잘 모실 것 같아서(농촌 39.5%, 도시 36.9%)'라고 답한 것 역시도 한국에서의 다문화적 가족의 가부장적 특성을 잘 드

---

235 이정은 외, 「결혼이민커플에게서 나타나는 아내 폭력과 남편의 성역할 태도 간의 상관연구」, 중앙대학교 심리학과, 2006, 2 참조.

러내준다. 비록 다문화적 상황에 대면하고 있는 것이 현실적 실정이지만, 그 의식은 여전히 가부장제 수준에 머물고 있음을 보여주고 있다. 외국 여성과 결혼한 한국 남성들이 '한국 사람과 외모에서 거의 차이가 없는(농촌 33.6%, 도시 38%)' 재중 동포나 중국, 베트남 여성을 선호한다는 것은[236] 결국 2세의 외모를 고려한 혈통 계승과 직결되어 있다.

이러한 상황은 결국 한국의 이주결혼여성들에게 한국 가족문화에 동화될 것을 강력히 요청하고, 또한 그 여성들이 낳은 아이 역시 한국인의 정체성을 강하게 지니도록 강요한다. 베트남 여성과 한국 남성 사이에서 출생한 아이는 한국 여성과 미국 남성 사이에서 태어난 아이가 한국계 미국인이라고 호칭되는 것과 마찬가지로 베트남계 한국인이다. 하지만 피가 강조되는 한국에서 그 아이들은 순혈의 한국인과는 다른 범주의 인간으로 분리되면서 동시에 완벽한 한국인으로 동화될 것이 요구된다. 분리와 동화의 원리에 따라 그들은 '베트남계'인 것이 부각되는 동시에 자신들의 고유 문화인 베트남 문화를 배우고 그것에 익숙할 기회는 부여받지 못한다. 중요한 문제는 그들이 한국 사회에 어떻게 동화될 것인지 또 어떻게 적응할 것인가에 있지, 그들이 정체성을 구축하는 데 일정한 부분을 이루는 특성에 대해서는 별다른 관심을 갖지 않는다. 가능한 빨리 그들이 '우리가 아닌 특성'을 버리고 '우리' 안에 포섭되기를 종용하는 것이다.

---

236 농촌 총각과 결혼한 아시아 여성의 비율은 재중 동포가 41.6%, 중국이 20.1% 베트남 11.1%, 일본 10.7%, 필리핀 5.7%, 태국 2.2%, 몽골 1.9% 등으로 나타난다. 출처 : 법무부(2005), 2005 출입국관리통계연보.

친친의 배제성과 이주결혼여성의 정체성

한국 사회에서 집단의식은 개인의식보다 강한 영향력을 발휘한다. '나'
보다는 '우리'가 강조되는 경향성은 이를 증명해주며, 이러한 집단의식
은 집(家)을 중심으로 이루어지는 한국인의 전통적 가족의식, 즉 혈연,
혈통, 가문을 중시하는 전통 유교 이념을 반영하고 있다. 부계 혈통[237]
의 동일성이 영구히 계승되어간다는 전통 유교 이념은 한국 가족에 매
우 강하게 표방되어 있으며, 따라서 같은 성, 같은 피를 가진 사람들의
유대감, 같은 조상을 통한 동질감 등 전통 유교적 가족 이념이 사회 전
반에 내면화되어 있다. 그리고 이러한 유교적 이념은 친친 개념에 의거
한다. "친한 사람은 친한 사람으로 대접받아야 한다"는 내용을 지니는
친친은 나와 가장 가까운 관계 즉 부모와의 관계에서 비롯하며[238], 부
모-자식 간의 사랑을 온전히 함이 도덕 주체에 이르는 길이라고 여겨
졌다. 유교 사회가 효를 강조하고, 대를 잇지 못함을 불효로 간주하는
것, 또 효가 자연적 인간관계를 넘어 사회관계에까지 파급되는 것 등은
모두 이와 같은 맥락에서 이해될 수 있다.

친친에 의거한 유교 가족과 친족의 범위는 종법제도와 연관되어 있
으며, 이는 남계의 친족 관계를 이념적 차원에서 점차 실제적인 것으로
변화시킨다. 제사의식은 혈통의 영속성을 유지하는 기제로, 조상의 생
명이 사후에도 가족공동체를 통하여 지속된다는 믿음에 철저하게 의거

---

237 전통 유교에서 같은 성은 같은 혈족으로 간주되지만 이때에 같은 성의 범주는 모계혈통은 제외
한 부계혈통으로 제한된다(이숙인의 「중국 고대의 질서 담론」 『중국철학』 책세상, 2007, 195~198쪽을 참조).

238 『맹자』 「양혜왕 상」 : 老吾老 以及人之老, 幼吾幼 以及人之幼.

하고 있다. 부계조상에 대한 제사 공동체는 혈족의 단결과 신분 유지를 이루어주는 단위였으며, 이를 통해 가문의 정체성 또한 강화될 수 있었다. 4대조를 같은 조상으로 두는 8촌 이내의 직 방계는 그들 나름의 '우리(소종)'를 이루고, 장남 직계손의 집안은 종가로서 분가한 형제들의 집안과 항렬과 촌수에 따라 위계적 관계를 유지하면서 '큰 우리(대종)'를 이룬다. 과거 친족의 범위를 규정하였던 오복친제도[239]는 친족 간 친소의 관계를 구체적으로 보여준다. 유교 사회 안에서 대를 잇는다는 것은 개별적인 몸과 몸, 현 세대와 윗세대를 이어주는 효과적 장치로서 기능하였다. 이렇게 혈연과 생자, 혈통의 의미가 강하게 해석되는 전통 유교 가족에서 부계를 중심으로 한 가족, 친족 간 유대와 동질감은 매우 강조된다. 개인의 성취를 가족이나 가문이 공유하는 의식은 이러한 가족 유대를 강하게 해석하였던 유교 가치관에 기인한다.[240]

하지만 이렇게 혈통, 가문 등을 중시함에 기반하여 친족의 유대를 강력히 이루어내는 원리인 친친은 그 집단에 속하지 못한 사람들을 배제하고 분리지우는 배타적인 근거이기도 하였다. 유교적 사랑인 인의 기본 원리가 되는 친친은 묵가[241]의 겸애나 기독교의 박애와는 구별되는 차별애적 방식을 강조하며,[242] 이는 가족 내에서의 혈연관계를 다른 어

---

239 고려 성종 4년에 제정되어 성종 11년에 공포한 것이 제도로 정착되었다. 초기에는 당의 오복제도나 의례상복전을 모방하였지만, 조선시대에 와서는 전기에 완성된 『경국대전』에서 예전에 오복조를 두어 본종, 외친, 처친, 부족 등으로 구별하여 복상을 하는 친족을 나열하고 있다. 오복제는 망인과의 친소후박에 따라 각기 다른 기간의 성복을 입고 애도하는 제도로 참최, 자최, 대공, 소공, 시마 등의 순서로 애도하는 기간이 짧아진다. 최홍기 외, 『조선시대 가부장제와 여성』, 아카넷, 2006, 97쪽 참조.

240 조선시대에 남편이 입신하면 부인에게 남편과 동일한 품계가 주어진 것이나 아들이 입신행도를 하면 부모와 할아버지, 증조부에게까지도 명예가 주어진 것, 또 반대로 중죄인일 경우 그 죄가 조상은 물론 처가, 외가에까지 미쳤던 사실은 가족, 친족 간의 연대를 잘 보여주는 것이다.

떤 인간관계보다도 우선하는 것으로 놓는다. 그리고 이로부터 배타적, 분리적 논리를 산출하게 된다. 이렇게 친친의 원리를 강하게 미루어 나가게 되면 서로 다른 집단 간의 차이와 다름은 용납될 수 없고, 한 집단이 다른 집단을 철저히 배제하는 배타적 경향을 심화시킬 수도 있다. 한집단 내에서의 동질감이 강하게 요구되는 사회 한가운데에 친친의 논리가 있으며, 그것을 통해 같은 혈통으로 묶이는 사람들과 그렇지 않은 사람들의 간극은 보다 분명하게 구분되어진다.

한국 사회에서 전통 유교와 관련하여 오랫동안 문제시되어왔던 연(緣) 의식의 부정적 이미지들은 바로 여기에서 기인한다. 같은 피, 같은 성을 강조하는 친친의 원리는 한 가문과 다른 가문의 분리는 물론, 한 가족 내에서 다른 성을 가지고 있는 사람(여성)을 배제하는 가부장제적, 차별적 논리를 개발하게 된다. 따라서 혈통 계승의 과제를 그 무엇보다 강조하고 획일성에 대한 압박을 심하게 요구하는 문화 속에서 타민족, 타국가 출신인에 대한 환대의 분위기는 쉽게 조성되지 않는다. 이주결혼 여성이 한국 가족 및 사회 내에서 주체성을 확보하기 어려운 맥락은 바로 여기이다. 이러한 한국적 상황은 한국에서의 다문화주의에 대한 논의가 진정성을 확보하는 데 상당한 어려움을 준다. 다문화적 상황에 처해 있으면서도 그 기저에는 친친이념을 강하게 영향받은 한국 문화의

---

241 "묵가가 가족을 혈연적 폐쇄성과 재산 사유의 문제에 있어서 모순을 지니는 근원이라고 파악하고 전면 부정한 데 반하여 유가는 가족 개념을 넓혀서 천하에까지 적용함으로써 가족이 지니는 혈연성적 폐쇄성을 극복하고자 하였다." 김수중, [개인 가족 국가 : 전통 중국의 공동체 사상] 『공동체란 무엇인가』 이학사, 2002. 37쪽.

242 『논어』 「자로」 편의 섭공과 공자의 대화는 공자가 보편주의보다 배타주의의 형태인 친족주의를 더 좋아한다는 증거로 자주 사용되는 근거이다.

특징은 아주 많은 부분 폐쇄적이고 가부장적인 의식을 내포하고 있다. 따라서 차이, 다름을 용인하는 다문화주의 가치와 그 진정성을 강조하기보다는 혈통과 한국전통문화 수호 등을 강조하는 동화의 방식으로 진행시키는 경향이 있다. 순혈주의 신화가 깨지는 것을 강하게 경계하거나 그것의 일환으로 한국전통문화 수호, 한국인의 정체성과 한국전통문화 교육의 강화 등을 강조하는 배타적 성향을 드러낸다는 것이다.

친친 원리에 입각한 혈통의 중시로부터 야기되는 분리와 배제의 의식은 이주결혼여성의 자율성과 독립성을 부정하는 경향과 연관되어 있다. 그리고 이러한 가운데 이주결혼여성의 주체적 삶의 양식은 확보되기 어렵다. 결혼을 목적으로 한 이주결혼여성들은 한국에서의 삶이 장기화된다는 점에서 다른 이주노동자들의 상황과는 구분된다. 외국인도 한국인도 아닌 과도기에 그들이 겪어야 하는 불확실한 시간은 그들의 삶을 종속화한다.[243] 문화적 다름은 그들을 한국 사회에 쉽게 귀속되지 못하게 하고, 그래서 그들은 한국 시민으로서의 권리를 획득하는 데에도 많은 어려움을 겪는다. 또한 국적 취득을 하고 그래서 투표권과 사회 복지 혜택 등 시민으로서의 현실적인 권리를 보장받은 후에도 한국인의 정체성을 구성하는 다양한 요건들과 관련한 차별을 해소하기도 쉽지 않다.

개인이 어느 사회에 속해 있다는 것은 그 개인이 사회의 구성원으로 수용되고 공동체의 일부로 인식되며, 공동체 안에서 안전함을 느끼고 공동체의 미래에 관심을 갖는다는 것을 의미한다.[244] 따라서 어딘가에

---

243 이주결혼여성들의 국적 취득은 남편의 동의를 반드시 필요로 하기 때문에 그 과정에서 가정 폭력이나 노동력 착취, 불화 등의 불합리한 대우를 감내해야 하며, 따라서 종속된 삶을 살 수밖에 없다.

244 김정선, 「공동체 경험을 통해 본 이주여성의 귀속의 정치학」 제9회 서울여성영화제 국제포럼, 2007, 99쪽 참조.

속해 있다는 것은 시민으로서의 권리와 의무 또는 공동체에 대한 단순한 동일시의 차원을 넘어 자신이 공동체의 일원이라는 의식, 그리고 그 집단과 함께 하는 유대감과 공명을 지니는 것이다. 하지만 분리와 배제로서의 친친의 개념이 강하게 작용하는 한국 가족 안에서 이주결혼여성들의 한국인으로서의 정체성은 쉽게 마련되지 않는다. 한국인의 많은 수가 "누가 한국인인가?"라는 질문에 대해 부모가 모두 한국인인 경우로 답변하며, 국내에 거주하는 외국인으로서 한국어와 한국 문화를 잘 아는 사람이라고 답변한 경우는 20% 내외에 불과하다는 사실은 이를 증거해준다.[245] 또 다른 통계자료에 의하면, 한국인들은 한민족 구성원을 규정할 때 혈통(68.2%), 한민족 문화(12.3%), 한민족 소속감(10.1%), 한국/북한 국적(6.3%), 한글 구사(3.1%) 순으로 꼽는다고 한다.[246] 이러한 사실 역시도 한국인의 의식 구조 속에서 친친의식과 혈통중시의 사고가 팽배함을 보여준다.

혼인과 생자를 중요시하고 저출산을 걱정하면서 이러한 고민을 이주여성과의 결혼을 통해 긍정적 방향에서 풀어보고자 하지만 구체적 대안을 마련하지 못하는 것 역시도 한국의 다문화적 상황을 여실히 드러내 보여 준다. 혈통과 동일성이 강조되는 한국 문화의 맥락에서 베트남 여성들은 한국인과 가장 외모가 비슷하고 같은 유교 전통 안에 있어서 제사를 잘 모실 수 있다는 이유에서 신붓감, 며느리감으로 선호되지만, 그

---

245 90.1%의 사람들이 부모가 모두 한국인일 경우라고 답하였으며, 20.5%만이 한국에 살고 있으면서 한국어와 한국문화를 잘 아는 사람이라고 답변했다. 임혁백 외 지음, 『세계화의 문화정치학』, 집문당, 2004, 115~117쪽 참조.

246 위의 책, 118쪽 참조.

럼에도 불구하고 또 다른 한편에서는 여전히 그들의 다산이 경계된다.[247] 친친의 논리가 이렇게 동일 집단 계승의 원리로서 다른 집단과의 분리와 배제를 기본적으로 지니는 원리로 이해될 때, 그것이 다문화주의와 만날 수 있는 여지는 그만큼 약해진다. 또한 이 같은 한국의 다문화적 가족 상황 속에서 이주결혼여성의 정체성 역시 온전히 논의될 수도 없다.

이주결혼여성을 위한 친친의 패러디

유교의 친친은 가부장적 유교 사회를 지탱하는 근간이며, 배제, 차별, 억압 등의 가부장적 개념과 밀접하게 연관되어 있다. 한국 사회에서 자주 사회 문제로 떠오르는 가족 이기주의, 성차별, 순혈주의에 의한 배타성 등에 대한 비판은 곧 유교의 친친에 근거한 가족주의의 비판이기도 하다. 친친에 대한 기존의 논의를 비판적으로 검토해야 할 필요성은 여기에서 찾아진다. 친친이 지니는 부정적인 내용은 극복되어야 마땅하겠지만, 친친에서 역설을 발견하고 그것을 통해 개발될 수 있는 한국적 친밀성의 영역은 개발해야 할 필요성이 있기 때문이다.

전통 유교에서 친친은 혈연과 부계 혈통 계승을 중요한 근거로 하기 때문에 대를 잇는 작업이 강조되고 그러한 의미에서 생자의 역할은 무

---

247 이주결혼 여성들이 자녀를 많이 낳는다는 통념과는 달리, 보건복지부 인구여성정책팀의 이주 여성 945명을 대상으로 조사한 결과는 이들 중 자녀가 없는 경우가 전체 50.5%, 자녀 1명이 27.1%, 자녀 2명이 16.0%, 3명이 6.4%에 불과하다는 사실을 보여준다(노컷 뉴스 2006. 5. 9일자 기사 참조).

엇보다 중요한 것으로 간주된다. 그러나 생자를 위해서는 혼인이 함께 강조되지 않을 수 없었다. 이렇게 보면 친친의 원리는 생자의 경우처럼 같은 성을 통해서만 이루어지는 것이 아니라 엄밀하게는 다른 성, 다른 피, 다른 문화와의 결합을 통해 이루어지는 것이다. 혼인을 통해 맺어지는 친족관계는 같은 성을 근거로 하지 않고 다른 성을 근거로 하기 때문이다. 이러한 맥락에서 볼 때 혼인은 같은 성을 잇는 작업이면서 동시에 한 문화 안에 다른 한 문화를 영입하는 방식으로 이루어진다. 『예기』에서 "혼인은 위로는 종묘를 섬기고 아래로는 후세를 잇는 것이다"[248]라고 정의하는 것이나 『내훈』의 "혼인의 예는 장차 두 성이 결합하여 좋게 지내면서, 위로는 종묘의 제사를 모시고 아래로는 자식을 두어 후세를 잇게 하는 것이니, 마땅히 군자는 이를 중요한 일로 여겨야 한다"[249]는 내용은 전통 유교 사회에서 혼인을 중요한 의례로 이해하였음을 보여준다.

이러한 때문에 전통 유교 사회에서 친친의 논리는 단지 분리와 배제뿐 아니라 동화의 의미도 함께 지녀야 했다. 이질성을 동질성으로 바꿔야 할 필요가 있었기 때문이다. 그러나 혼인을 통한 두 문화의 만남은 공생관계를 전제하지는 않았다. 그보다는 한쪽 축에 중심을 두고 다른 한 축이 흡수되는 방식으로 이루어졌다. 혼인은 서로 다른 두 성(姓)이 만나 새로운 하나의 집단을 구성하는 기제였고 따라서 두 개의 서로 다른 문화의 유대를 목적으로 하는 것이었지만, 그보다 우선하여 부계혈통 계승과 관련한 생자에 기본적인 목적을 두고 있었으므로 두 문화 간

248　『禮記』「昏義」昏者 將合二姓之好, 上以事宗廟, 而下以繼後世也.

249　『內訓』「婚禮」婚禮者 將合二姓之好, 上以事宗廟, 而下以繼後世也.

의 동등한 화합은 보장되지 않았다. 한 문화(여성이 속해 있던 집단의 문화)가 다른 문화(남성이 속한 집단)에 흡수 동화되는 방식으로 이루어졌다. 부계혈통계승이 강조되는 유교적 가부장제의 전통에서 그것은 일반적으로 여성이 결혼 전의 문화를 버리고 남성 집안의 문화에 가능한 빨리 동화되는 방식이어야 했다.

그런데 혼인을 통한 친친의 확보는 한 문화에 다른 문화를 영입하는 과정에서 배타성을 지울 수 있는 지점을 마련할 수도 있지만, 동화주의 모델을 지향하게 된다는 측면에서 여전히 큰 한계를 지닌다. 분리나 배제 못지않게 동화 역시 이주 여성을 타자화하고 다문화주의 가치의 진정성을 보장하지 못해서 결국 차별을 산출하게 되기 때문이다. 결국 이러한 맥락에서 보면 다문화적 상황에 처한 우리에게 친친의 배제와 동화라는 속성은 공히 부정적인 논리를 산출하는 개념일 수밖에 없다. 그렇다면 친친의 논리와 다문화주의가 만날 여지는 진정 없는 것인가? 친친의 기본적 성향인 친밀성을 기반으로 한 다문화주의 전략은 마련될 수 없는가?

가까운 것과 손에 잡힐 듯한 것은 일상적이고 친근하며 잘 알려진 것들인데, 먼 것, 소원한 것과는 비교할 수 없는 친밀성에 근거한 다문화주의 전략을 마련해보는 것은 어떤가? 이러한 생각으로부터 친친을 패러디해보자. 친친에 근거하여 혈연을 강하게 인식하고 부계혈통 계승이 강조되는 의식은 실제적으로는 매우 역설적이게도 오히려 혈통을 무시하고 혈통에서 멀어지는 행위를 용납할 수밖에 없는 상황을 초래하기도 한다. 이는 친친의 본래적 의미를 철저하게 수행하는 것이면서 또한 동시에 본래적 의미를 상실하게 되는 역설적인 상황을 초래하였다. 상기한 바와 같이 전통 유교 사회에서 부계 혈통의 계승은 매우 중요한 과제였으며, 따라서 이를 수행하지 못함은 최대의 불효로 간주되었다. 부계 혈통의 계승이 온전히 이루어지도록 종(宗)이 세워지면 그것은 영속화 되어야 할 것으로 이해되었고, 그 영속성은 출계선상에 있는 조상들에 대한 제사를 지속함으로써 유지될 수 있었다. 제사를 받들 후계자가 적실에서 태어나면 종은 안전하게 승계되고 친친의 원리 역시 온전히 보장될 수 있다.

그러나 만약 적장자가 적실에서 태어나지 못할 경우, 집단의 연속성을 확인시켜주는 대체 후계자의 마련이 요청되어야 했다. 대체후계자는 되도록 같은 혈통 안에서 지명되어야 했으며, 특히 아들의 특성을 최대한 만족시키는 자가 우선적으로 고려되었다. 따라서 양부와 가장 가까운 친척이 고려되었으며[250], 일반적으로 양부의 친조카가 가장 이상적인 인물로 간택되었다고 전해진다.[251] 가능한 친족 내 동질성을 확보해야 했기 때문이다. 하지만 이러한 상황 모두가 충족되지 않는 경우 즉, 남편 또는 부인의 혈통을 구할 수 없을 때는 혈통 계승을 위해 버려진(출신을 알지 못하는) 3살 이하의 아이를 양자로 선택하기도 하였다. 이러한 경우, 아이는 부계와 아무런 연관을 갖지 않지만 어릴 적부터 오로지

---

[250] 최재석의 연구에 의하면 입양에 있어서 양부와 생부와의 혈연관계 및 지역적 입양권과의 관계도 고려되었음을 알 수 있다. 양부와 생부와의 관계는 첫째, 원거리보다는 근거리에서 입양자를 택하였다. 둘째 혈연적으로 가까운 부계친의 아들을 입양할 경우는 양자와 생부가 동일지역에 거주하는 비율이 증가하고 혈연적으로 먼 자를 입양할 경우는 양부와 생부가 타지역에 거주하는 비율이 증가한다. 셋째 형제지간에 양자를 주고받을 때는 거의 전부 양부와 생부가 동일지역에 거주한다(최재석, 『한국가족제도사연구』, 일지사, 1996, 615쪽 참조).

[251] 조선 후기 사회로 넘어오면서 유교적 이념이 보다 확산되면서 혈통의 계승이라는 측면은 더욱 더 강조되었고, 혈통계승의 의식이 강화된 만큼 드물긴 하였지만 이전 사회에서 이루어지지 않았던 이성(異姓)에서의 양자 입적이 시행되었다. 조선 사회에서 17세기까지는 양부와 생부의 관계가 근친자이지만 18세기를 거쳐 19세기에 이를수록 원친자에게까지 확대되는 경향은 이를 증명해준다. 위의 책 620쪽 참조.

양부모에게만 의존하게 되며, 양부모의 재산도 상속받는다. 이와 비슷하지만 좀 다른 경우로 시양자(侍養子) 제도가 있었다. 시양자는 성년의 나이에 입양되며 문서로 분명하게 작성하지 않아도 양부모의 재산을 조상 봉사를 맡은 이와 함께 나누도록 되어 있었다.[252]

이렇게 양자를 들이면서까지 혈통을 유지하고자 했던 유교적 가부장제는 사실상은 혈통 강조가 아니라 종통 강조였다. 조선시대 종법 시행을 둘러싸고 종통론과 혈통론이 대립한 가운데 종통론에 입각한 종법의 원칙이 강조되었기 때문이다.[253] 이는 방계친을 배제하는 배타성의 논리를 강하게 지니는 것이면서 동시에 타자를 '우리'의 범주에 맞아들이는 하나의 계기이기도 하였다. 친친의 역설을 발견하고자 하는 우리에게 부모를 인위적으로 창출하는 이 같은 입양제도는 매우 중요한 의미를 지닌다. 그것은 양자와 양부모 사이에 혈연적인 관계가 전혀 없지만 양부모의 적법한 자식이 되며 법률적으로나 사회적으로나 양부모에게서 태어난 자식으로 간주된다는 것에서 비롯된다. 이러한 친친의 역설에 의지하여 친한 이를 친하게 대접한다는 친친의 논리를 뒤집어보면, 어떤 방식으로든 친친의 범주에 들어오게 된 사람은 친친에 합당한 대접을 받을 수 있다는 논리로 전환될 수 있다.

일반적으로 부계혈통의 전통이 강한 한국의 가부장제에서 모계혈통은 인정되지 않는다. 동성동본의 결혼이 금지되는 속에서 모계쪽 혈통이 고려되지 않은 상황은 이를 단적으로 보여준다. 일반적으로 한국 남

---

252 최재석, 『한국가족제도사연구』, 일지사, 1996, 600~626쪽 참조.

253 종통론과 혈통론의 대립에 대해서는 『성종실록』 권 51, 권 69, 권 91, 권 107, 권 146, 권 150, 권 166, 권 170 및 『중종실록』 권 26, 권 27, 권 36, 권 38, 권 50 등의 내용을 참고.

성과 외국 여성 사이에서 낳은 아이는 혼혈아로 순수혈통의 한국인과는 구분되지만 한국의 혈통을 계승하였다고 인식된다. 반면에 한국 여성과 외국인 남성 사이에서 출생한 아이들은 한국인의 혈통계승의 의미를 갖지 못한다. 하지만 이러한 상황은 때때로 무시되기도 한다. 한국계 미국인인 다니엘 헤니와 하인즈 워드는 일반적인 사고에서는 한국인의 혈통으로 간주될 수 없는 것이지만, 그들을 한국인으로 귀속시킴으로써 그들과 같은 정체성을 지니고 싶은 한국인의 욕망은 그들을 아주 쉽게 한국인으로 포섭시킨다. 그들 역시 한국인으로 포섭되는 순간 친친의 논리에 의해 우리와 친한 이로 대접받으며, 또한 아주 쉽게 혈통의 의미를 부여받을 수 있다. 친친의 역설은 어떤 상황이로든 친친의 범주에 포섭되는 순간 그들을 우리로 인식하게 하며, 그래서 우리와 하나가 될 수 있다.

타자 영입의 계기로 친친을 패러디하기

가족을 구성하는 가장 기본적인 조건을 혈연이라 간주하고, 혈연에 대해 강한 의미를 부과하지만 실제로는 혈연을 넘어서까지 혈연의 관계를 확대하는 것은 과거에서부터 현재에 이르기까지 다양하게 나타난다.[254] 그것은 '우리'라는 범주에 모든 것을 동화시키는 동화주의의 논리로 비판받을 여지가 다분하지만, 다른 한편으로는 타자를 내 안에 받아들이

---

[254] 입양보다는 비배우자간의 인공수정을 통해서라도 혈통을 잇겠다는 의식 역시 이와 같은 맥락에서 생각해볼 수 있다.

는 하나의 기제로 재활용될 수 있는 가능성을 지닌다. 친친 개념을 배타성과 폐쇄성으로 이해하는 것이나, 그런 점에서 다문화주의와 친친이 서로 공존할 수 없다고 말하는 것, 따라서 한국에서의 다문화적 가족 상황은 가부장제적 한계를 넘기 어렵다는 논의는 일면 타당하다. 다문화주의는 다양성, 차이를 드러내는 것이어야 하며 그것은 개방성을 전제로 하는 것이기 때문이다. 그러나 개방성, 열린 의식을 말하는 것이 어떠한 방호벽도 설정하지 않는 것, 완벽한 개방의 상황을 말하는 것은 아니다. 하나의 세포는 세포질을 세포막과 혹은 세포벽으로 둘러싼 형태로 구성되며, 이 때 세포벽 혹은 세포막은 세포를 보호하고 보존하는 역할을 한다. 세포와 세포 간에는 어느 정도의 개방성이 보장되어야 하며 그래야 생명체를 유지시킬 수 있다. 만약 세포막과 세포벽이 다른 세포벽과 세포막과 소통하지 않는 폐쇄적인 상태로 있다면 그 세포는 영양공급을 받을 수 없기 때문에 생명을 지속시킬 수 없다. 하지만 그와는 반대로 세포질을 싸고 있는 세포막이나 세포벽이 없는 완전히 열린 상태로도 생명체의 유지는 이루어지지 않는다. 세포막이나 세포벽에 의한 경계 없이는 세포는 보호될 수 없으며 결국 생명을 계속 유지할 수도 없기 때문이다.[255]

이러한 맥락을 유교의 친친 개념에서 발견할 수 있다. 유교의 친친은 가장 가까운 사이에서 진한 사랑이 산출된다는 것을 전제로 하지만, 그

---

255 기존의 세포분자 생물학의 주된 관점인 '세포막으로 둘러져 있는 경계'라는 세포 개념이 전파하는 고립된 개체로서의 세포 개념을 넘어서 세포와 세포 사이의 관계를 연결과 협조, 상호관계성의 은유로 보고자 하는 노력에 대해서는 Lisa Weasel, The cell in relation, The Gender and Science Reader, 2001, p.p. 430~432 를 참조. Lisa Weasel은 소통과 상호작용 같은 은유들을 세포막으로 둘러친 경계들의 침투 가능성에 초점을 두며 외부와 내부를 연결하는 동시에 둘 사이의 인터페이스로 기능한다고 이해한다.

것이 단지 가까운 범주의 사람들에게만 국한하는 것이라 말하지는 않기 때문이다. 내 부모와 형제, 친척을 사랑하는 마음을 기본으로 하고 거기에서 출발하도록 강조하지만, 반드시 그것을 먼 인간관계에까지, 더 나아가서는 자연에까지 확장하도록 요청한다. 친친 개념을 기반으로 하여 혈연과 가문의 계승을 강조하지만 거기에서 그치지 않고 '치국평천하', '사해동포'[256], '만물일체지인(萬物一體之仁)'[257] 등이 강조되는 것은 이를 증거해준다. 이러한 의미에서 친친 개념에 입각한 유교적 사랑이 비록 차별적 사랑의 방식이긴 하지만 보편적인 사랑을 전적으로 배제하는 것이라고 말할 수는 없다. 나와 가까운 범주의 사람들을 규정하고 그 안에 다른 인간관계에서와는 구분되는 진한 사랑이 있다고 말하는 것은 그 범주 밖의 사람들을 타자화하는 방식으로 발전할 가능성이 농후하다. 유교의 친친이 가족이기주의, 혈통주의와 연관되는 분리, 배제의 맥락을 가지고 있음은 이를 잘 보여준다. 하지만 친친은 또한 동시에 그것을 넘는 역설적 가능성 또한 지니고 있다. 가족이기주의와 혈통주의의 논리를 뒤집어서 오히려 타자를 맞아들이는 계기를 마련하는 친친의 역설을 발견할 수도 있기 때문이다. 친친의 논리는 혈연 가족 간의 친밀성을 전제로 하는 것이지만, 그것을 넘어서까지 그런 친밀성을 확대하는 방식을 기대하는 것은 다문화주의 수용에서 고려해볼 문제이다.

타자를 분리하는 친친의 배타적 의식만큼이나 타자를 나에게 혹은

---

258 송대 유학자인 장횡거의 [서명(西銘)]에서 사해동포주의에 대한 언급을 만날 수 있다.

257 유학은 인간과 자연, 만물과의 일체성을 부정하지 않는다. 가(家), 국(國), 천하(天下)로 몸을 은유함으로써 궁극적으로 바람직한 인간(성인)이 될 수 있다고 말하는 수신제가치국평천하의 단계는 이를 실천하는 중요한 유가적 과제이다. 하지만 유가가 기본적으로 친친과 혈연을 강조하였다는 사실과 그것에 대한 강한 해석은 유교가 배타적 가족주의의 온상이라는 혐의에서 벗어나지 못하게 한다.

나를 포함한 우리의 범주에 완전하게 동화시키려는 의식 역시 차이, 다양성을 강조하는 다문화주의의 가치와는 거리가 있다. 동화주의는 소수의 약자, 예컨대 부계혈통이 강조되는 가부장제 사회 안에서 여성, 다문화적 상황에서의 이민자, 난민, 외국인 노동자 집단 등의 존재가 인식되고 그들의 고유성과 정체성을 인정하기보다는 그들이 주류에 동화되는 방식을 우선의 목표로 하기 때문이다. 동화주의는 각 문화를 존중하고 고유한 가치를 인정하여 문화 간의 우월관계를 부정하는 것이 아니라 강한 문화가 약한 문화를 흡수하는 것을 목표로 설정하는 것이기 때문이다. 한국어 교실, 한식 조리반, 문화 접하기, 결혼이민자 가족 캠프 등 그동안 한국 사회가 진행해왔던 대부분의 이주결혼여성을 위한 프로그램은 동화주의적 입장을 다분히 표방하고 있다. 따라서 어느 한쪽은 교육을 주관하고 다른 한쪽은 교육을 받는 대상이라는 차원을 강하게 드러낸다. 이러한 방식은 소수인종에게 고유의 문화를 포기하도록 강제하지 않는다 하더라도, 고유의 문화와 언어를 유지하기 위한 어떠한 지원도 하지 않는다. 이 같은 동화정책은 결국 단일 문화주의에 입각하고 있으며, 가부장제 하에서의 친친 개념은 다분히 동화주의를 표방한다.

하지만 과거에 부정적 인식을 산출하던 개념이 변화된 토양 속에서도 여전히 그럴 것이라 단정 지을 확실한 근거는 사실 없다. 친친을 둘러싸고 일어나는 역설적 상황은 동화주의와 혼동되기 쉽고 혹은 그로 인해 빚어지는 탈정치화의 위험에 놓일 수도 있지만, 그럼에도 불구하고 타자를 맞아들이는 계기로써 해석될 수 있으며 이를 통해 새로운 전략의 지점을 제시할 수도 있다. 이는 우리가 아닌 타자를 우리의 범주에로 맞아들이는 데 익숙한 의식이 전통적 사고 안에도 내재함을 인식하는 것이며, 다문화주의에 대한 논의를 우리에게 좀 더 익숙한 개념 안에서 접근하려는 시도이기도 하다. 상호 연관된 과정을 통해 문화들의 분절과 통합적 틀은 마련될 수 있을 것이기 때문이다.

이러한 지점으로부터 친친은 다문화적 상황에 맞게 재해석되고 재구성되어야 할 필요성을 확보하며, 친친의 역설적 상황에 주목해 볼 확실성을 제공한다. 세포막은 세포가 성장하거나 모양이 변하는 것에 따라 변화한다. 하지만 그 변화는 본래의 세포막에 새로운 막을 첨가함으로써 그 표면적을 넓히는 방식을 취함으로써 본래의 세포막을 부정하거나 전면적으로 훼손하지 않고서도 변형을 꾀하는 것이다. 친친을 패러디하면서 그것을 발전시켜 다문화주의에 대한 새로운 전략을 마련하는 작업 역시 이러한 방식 안에서 이루어질 수 있다.

10장

자유·권리에 대한 유교적 반추와 여성주의[258]

개인, 공동체, 여성주의

자유주의 전통에 의거하면 인간은 누구나 날 때부터 존엄성을 지니며 그러한 의미에서 모든 인간은 평등하다. 한 인간이 도덕성을 갖추었느냐 못 갖추었느냐의 문제는 전적으로 사적인 영역에 속하는 것일 뿐 권리의 문제와는 직접적으로 상관되지 않는다. 즉 인간의 평등성은 고유한 인간존엄성에서 비롯되는 것이지 그 사람이 도덕적인가 아닌가와 상관되지 않는다는 것이다. 목적적 주체로서의 개인들이 지니는 이성적이고 자율적인 능력이 평등성의 요건이 되며, 이때 권리는 인간의 존엄성을 보장해주는 장치가 된다. 인간의 존엄성이 확고하게 보장될 수 있는 것은 개개인이 서로의 권리를 존중해 줄 때 비로소 이루어지며, 이러한 가운데 공정성, 정의, 상호불간섭, 권리 등이 주요

---

258 반추는 "한 용어나 개념을 반복하는 과정에서 같은 용법만 사용하는 것이 아니라 매번의 반추에 의미를 바꾸고 추가하여 윤택하게 만들 듯, 원본의 의미를 새로운 맥락 속에 위치시켜 이후의 지시와 사용을 창조적으로 전유하는 것을 의미한다"는 세일라 벤하비브의 논의로부터 차용한 것이다.

한 논의 주제가 된다.[259]

여성주의 역시 바로 이 지점에서 출발한다. 인간존엄성, 자유, 권리 등의 문제는 여성주의에서 역시 매우 중요한 사안이 된다. 여성주의는 여성을 위한 평등권의 요구, 즉 인간이 누구나 존엄하다는 전제 하에 여성을 위한 평등권의 요구, 즉 여성에게도 남성과 마찬가지로 동일한 권리와 자유가 주어져야 한다는 것을 기본 목표로 한다. 여성주의가 종종 여성을 위한 평등권 요구와 등치되는 것은 이러한 맥락에서 이해될 수 있다. 여성에게도 남성과 똑같은 권리와 자유가 허용되어야 한다고 주장한 메리 월스턴 크래프트나 19세기 당시 사회에 만연해 있던 남녀 불평등의 견해를 비판하면서 평등권과 평등 기회가 여성에게 확대되어야 함을 주장하면서 여성 종속의 종식을 요구했던 존 스튜어트 밀과 해리엇 테일러 밀 등의 입장은 하나의 예이다.

사실 자유와 권리는 봉건체제 하의 특권계급의 이익에 대항하는 진보적 개념이며, 자유와 권리의 문제를 말하지 않고서는 억압과 강제를 벗어날 수 없다. 또한 자유, 권리, 평등의 문제를 고려하지 않고서는 억압, 해방, 저항 등의 담론을 산출할 수도 없다. 이혼한 여성들이나 미혼모 여성들이 생존과 양육의 수단을 확보하기 위해서는 균등한 고용의 기회가 확보되어야 하며 다른 모든 차별적 대우에서 벗어나기 위해서도 여성의 권리가 보장되어야 한다. 남편 혹은 가부장에게 여성이나 아동보다 더 많은 권리가 주어지지 않았다면 엄연히 불법이었을 많은 사항들, 예컨대 부부 강간이나 아동 학대, 폭력 등은 불평등한 권리가 주어

---

259 이승환, 「왜 유학에서는 권리 존중의 윤리관이 형성되지 못했는가」, 중국철학연구회, 『중국의 사회사상』, 형설출판사, 1994. 41쪽.

진 속에서는 합법적인 채로 남아 있을 수 있었다. 이러한 맥락에서 여성에게도 평등한 권리가 주어져야 한다고 주장하는 것, 불합리한 것들에 의해서 침해받지 않을 자유와 권리를 보장받는 것은 매우 중요한 사안이다. 이러한 기본적인 사항이 존중되지 않고서는 여성의 권익은 확보될 수 없기 때문이다. 권리와 자유가 아니고서는 여성들이 균등한 교육의 기회나 고용의 기회를 보장받는 것은 물론 여성 자신의 몸에 대한 선택권을 주장한다는 것도 불가능한 일이 된다.

그런데 자유주의 전통에 입각한 자유, 정의, 권리의 문제는 보살핌의 윤리를 전개하는 여성주의자들[260]과 공동사회주의 여성주의자[261] 혹은 사회주의 여성주의자[262]들에 의해 비판받는다. 그들은 비판의 지점을 자유주의 전통에 입각한 자유와 권리의 문제들이 과도한 개인주의로 발전할 가능성을 지닌다는 데에 두면서, 보살핌의 윤리에 입각한 여성주의자들은 도덕적 쟁점, 가치, 문제들을 인간관계, 특히 가족이나 친구들 사이에서 그리고 여성으로서 경험하고 가치를 두는 관계 안에서 검토한다.[263] 또한 여성 문제 해결의 원리를 권리에 두는 담론은 권리가 주어져

---

260 예컨대 캐롤 길리건은 "권리와 불간섭의 도덕성은 여성에게는 그것이 잠재적으로 무관심과 무배려를 정당화하고 있는 것이라는 점에서 놀라운 것으로 비춰질 수 있다"고 말한다. 캐롤 길리건, 『다른 목소리로』 1982, 22쪽 참조. 또 넬 노딩스는 보살핌의 맥락에서 권리의 규칙과 원칙이 갖는 파괴적 역할을 지적하면서 "배려 윤리의 토대가 되고 있는 관계에 대하여 서로를 정서적으로 인식하는 개인들의 연결 또는 결합 또는 관계를 맺고 있는 사람들이 서로에 대해서 무엇인가를 느끼는 일련의 만남으로 정의하고 논의를 시작한다." Nel Nodings, "An Ethics of Caring and Its Implification for Instructional Arrangements", Stone L.(ed), The Education Feminism Reader(N.Y. Routledge, 1994, p. 173, 박병춘 지음, 『배려 윤리와 도덕교육』울력, 2002, 130쪽에서 재인용).

261 Jean Bethke Elshtain, Meditations on Modern Political Thought : Masculine/ Feminine Themes from Luther to Arent (New York : Praeger, 1986)

262 Alison Jaggar, Feminist Politics and Human Nature, 28쪽.

있는지와 권리 침해가 있는지의 여부 등 이분법적인 물음과 매우 긴밀하게 연결되면서 자칫 여러 가지 현실 경험과 차이를 간과하는 한계를 노정한다. 그리고 이로부터 여성 억압의 문제를 권리라는 담론 안에서 풀어내는 섯이 과연 최선의 길인가 하는 여성주의 물음에 봉착하게 되고,[264] 전통 유가 철학의 공동체주의, 화합 등의 개념에 주목하게 한다. 또한 권리 개념과 정의의 틀에 기반한 논의는 현실 법체계를 검토하는 여성주의자들에 의해서도 비판받는다.[265] 이들은 어떻게 법과 권리가 가부장적 태도와 결합하여 억압적 사회 구조를 떠받치고 있는가를 보여준다.

하지만 이러한 권리 담론에 대한 비판과 의문을 권리를 무시하거나 권리를 거부하는 전략과 동일시하면서 공동체주의만을 내세울 수도 없다. 개인의 권리보다 공동체의 안녕을 우선으로 삼음으로써 개인의 권리가 무시될 수 있는 위험성을 간과할 수 있기 때문이다. 이렇게 보면 공공복리를 위태롭게 하지 않으면서 개인의 자유를 극대화하는 제도적 장치를 동시에 만족시키는 것은 그리 단순하거나 쉬운 일이 아니다. 개인의 권리가 중요한 것이라고 해서 공동체를 포기할 수 있는 것은 아니기 때문이다.

그렇다면 공동체에 매몰되지 않으면서도 개체의 욕망과 개인의 권리

---

263 앨리슨 재거, 아이리스 마리온 영 편, 한국여성철학회 옮김, 『여성주의 철학』 서광사, 2005, 244쪽 참조.

264 앨리슨 재거, 아이리스 마리온 영 편, 한국여성철학회 옮김, 상게서, 서광사, 2005, 247쪽 참조.

265 Patricia Smith ed., Feminist Jurisprudence, New York : Oxford University Press, 1993, 3쪽, Catharine MacKinnon, Tward a Feminist Theroy of the State, Cambridge, M.A. Harvard University Press, 1989, 238~248쪽, Carol Smart, Child Custody and the Politics of Gender, New York, Routledge, 1989, 2쪽 참조.

에 대한 담론이 이루어지는 맥락을 동시에 언급하는 것은 불가능한 것인가? 공동체의 안위를 무시하지 않으면서도 개인의 권리와 자유의 문제를 고민하는 철학은 개발될 수 없는 것인가? 개인의 자유와 권리를 보장하는 문제와 공동선을 추구하는 것은 언제나 양자택일적이거나 양립 불가능한가? 둘 중 어느 하나를 반드시 더 기본적인 것으로 상정해야 하는가? 만약 둘 중 어느 하나가 더 기본적인 것이라면 개인의 권리가 공동체의 안위를 보완해야 하는가? 아니면 그 반대인가?[266] 이러한 문제의식과 관련하여 유가 철학의 관계 윤리, 공동체주의, 보살핌 등은 주요한 논의 대상이 된다.[267] 그리고 유가 철학의 도덕 공동체 윤리와 관계 윤리는 때때로 서구의 자유주의, 민주주의를 넘어서는 우월성을 지니는 것으로 논의된다.[268] 또 전통적 자유주의가 지니는 한계를 비판하는 공동체주의자나 그것에 기반해 있는 여성주의자의 입장이 공동체를 우선으로 하는 유가 철학과 만나는 지점을 마련할 수 있을 것 같기도 하다.

그러나 개인보다는 공동체가, 개인의 욕망 추구보다는 그것을 억압함으로써 바람직한 인간의 전형이 될 수 있다고 보는 전통 유가 철학의 논의는 여성주의가 표방하는 자유, 권리의 문제와 대치되는 국면이 더 많다. 물론 여성주의 논의의 가닥은 매우 다양하고 그렇기 때문에 자유

---

266 앨리슨 재거, 아이리스 마리온 영 편, 한국여성철학회 옮김, 상게서, 서광사, 2005, 247쪽 참조.
267 공동체 논의는 덕 개념을 중심으로 하는 윤리로 돌아가야 한다는 후기 근대론자들의 주장에서 나타난다. 공유하는 가치들을 위해 그 가치를 실현하는 데 필요한 규율의 장을 만들어가는 데서 찾아진다는 것이다. 여성주의 역시 공동체주의의 전제들을 상당 부분 받아들이고 공유하지만, 과거 전통이나 공동체가 공유하는 이해, 전승된 관습이나 규범 등에 대해서는 비판한다. 허라금, 「유교의 예와 여성」 『유교의 예와 현대적 해석』, 청계, 2004, 125쪽 참조.

와 권리에 대한 입장에서도 한 가지로 단순화시켜 말할 수 없다. 하지만 어떤 여성주의 입장이라도 여성을 위한 평등권의 요구, 즉 여성도 남성과 동일한 권리와 자유를 가져야 한다[269]는 입장에 동의한다는 것을 고려해보면, 전통 유가 철학과 여성주의와의 만남을 시도하는 것은 그리 만만해 보이지 않는다. 공동체주의의 인간 사회에 대한 사회 맥락적인 분석에 대한 강조를 무비판적으로 여성주의 공동체 논의에 적용시킬 수 없다는 말이다. 이러한 논의는 자칫 공동체와 공동체적 관계가 인간의 자아를 결정짓는 데에 어떻게 성차별적으로 작용하였는가의 문제, 가족 공동체라는 특정 공동체에 제한되어 가족공동체 내 여성적 역할의 의무가 부가되었다는 문제 등을 간과하기 때문이다.

---

268 유가 철학에서의 권리 문제에 대해서는 함재봉, 송영배, 이승환의 연구를 참조. 함재봉은 유교를 바탕으로 하는 도덕 공동체를 추구하면서, 유교 체제와 인권 이념은 갈등 관계가 아니라고 본다. 또한 설령 인권과 전통이 충동하는 경우가 생기더라도 권리 선택보다는 도덕 선택이 우선시되어야 한다고 주장한다. 함재봉, 『탈근대와 유교 : 한국 정치 담론의 모색』 나남출판, 1998, 함재봉, 「아시아적 가치와 민주주의 : 유교 민주주의는 가능한가?」 『철학연구』, 44, 1999. 송영배는 세계화 속에서 유교적 문화의 정체성을 발양할 수 있는 가능성을 검토하면서, 유교주의적 공동체주의가 실현되기 위해서는 우선 자유와 평등이 강조되어야 하며, 이를 기반으로 한 민주주의가 실현되어야 한다고 주장한다. 민주주의 보장이 실현된 후에라야 공동체주의가 실현될 수 있다고 보는 것이다. 송영배, 「세계화 시대의 유교적 윤리관의 의미」 『철학』, 62, 2000. 이승환은 서구의 권리 개념을 제국주의적 지배를 정당화하는 이데올로기로 규정하면서 유교적 가치 체계 안에 내재하는 진보적 가능성을 강조한다. 이승환, 『유가 사상의 사회철학적 재조명』, 고려대학교 출판부, 1998.

269 앨리슨 재거, 아이리스 마리온 영 편집, 한국여성철학회 옮김, 상게서, 서광사, 2005, 245쪽 참조.

전통 유가 철학의 동질적 공동체

몸 은유로서의 개인의 존재 방식과 권리

전통 유가 철학에서 인간은 유기체적 방식, 즉 그가 속해 있는 공동체로부터 분리될 수 없는 존재로 이해된다. 내 몸은 개별적이고 고립적인 것이 아니라 부모의 몸, 조상의 몸과 긴밀하게 연결되어 있으며 더 나아가서는 만물과의 일체로 이해된다. 따라서 개인은 자율적이고 독립적이며, 무관심한 존재로서가 아니라 관계 중심적, 상호의존적인 존재로 이해되고, 공동체 내부의 객관적 도덕 규범을 개인의 도덕심과 일치시킴으로써 그 둘 사이에 한 치의 괴리도 없는 상태를 이상적인 것으로 받아들인다.[270] 전통 유가 철학에서 개체는 나의 몸 그 자체로 의식되기보다는 공동체의 성원으로 존재하며, 나는 나이면서 동시에 내가 귀속해 있는 다양한 세계와 일치될 것을 요청받는다. 이러한 맥락 속에서 유교 사회에서 바람직한 인간의 전형은 개체의 독립성, 이성적 존재, 권리를 가진 존재가 아니라 자신의 몸을 가, 국, 천하로 잘 은유하여 그들과의 일체를 완전하게 이루는 자를 말한다. 몸 은유의 메카니즘을 통해서만이 진정한 도덕적 주체가 될 수 있기 때문이다.[271]

전통 유교 사회가 바라는 바람직한 인간 전형이 되기 위해서 일차적

----

270 인의 실현 과정과 萬物一體之仁은 나와 공동체와의 관계를 잘 보여주며, 『대학』의 修身齊家治國平天下는 내 몸을 세계로 은유하여 유교 사회가 바라는 모범적 인간을 이루는 단계를 나타내는 전형이다.

271 김세서리아, 「유가 철학의 몸 은유 방식을 통해 본 여성 이해」, 『여성의 몸에 관한 철학적 성찰』, 철학과 현실사, 2000, 157~158쪽 참조.

으로 요구되는 과제는 도덕 규범에 따라 자신의 몸을 잘 수양하는 것이며, 이차적으로는 타자와의 관계를 잘 형성하는 것이다. 유교 사회에서 자타 인간관계의 상호 합당성을 부여하는 형식은 예(禮)이며, 이런 의미에서 예는 다양한 인간관계를 조절하는 합당한 방법, 길이 된다. 전통 유가 철학에서 자유의 의미는 개인이 타인의 간섭으로부터 자유로운 상태를 의미하기보다는 한 개인이 자신의 도덕심을 잘 발휘하여 자기 내면의 도덕심과 공동체의 도덕 규범을 합치시킬 수 있는 상태로 이해된다. 따라서 '위기지학(爲己之學)'의 '위기(爲己)'는 글자 그대로 해석하면 '나를 위함'이지만, 결코 이기적이고 개인주의적인 자기애를 의미하지 않는다. 그것은 나 자신을 수양하여 덕을 쌓고 그 덕을 타인에게, 더 나아가서는 생물, 무생물에게까지 미치게 하는 의미까지를 내포한다.

세계에 대한 이 같은 전통 유가 철학의 시각 속에 서구의 자유, 권리, 개인주의와 같은 개념들은 중요한 의미를 지니지 못한다. 전통 유가 철학에서 모든 것과 고립되어 존재하는 추상적인 개인을 상정하는 것은 불가능하며, 따라서 자기 자신을 위한 사적인 이익의 추구가 정당한 것으로 용납되지 않고, 사익 추구는 공동체의 안위를 위협하는 아주 위험한 사고로 간주된다. 군자와 소인을 공동체와 화합하는 인간과 사익을 추구하여 공동체에 해악을 끼치는 인간으로 구분하면서, 전자를 바람직한 인간의 전형으로, 그리고 후자를 경계해야 할 인간 유형으로 묘사하는 것은 그 대표적인 예이다.

군자는 의에 밝고 소인은 이익에 밝다.[272]

군자는 덕을 생각하고 소인은 토지를 생각한다.[273]

군자는 남과 조화를 이루되 남과 같아지려 하지 않고 소인은 남과 같아지려 하되 조화를 이루지 않는다.[274]

군자는 두루 사귀되 편당하지 않고 소인은 편당을 지어 사람을 두루 사귀지 않는다.[275]

이렇듯 전통 유가 철학에서는 타인의 간섭으로부터 자신을 보호하고 지키려는 권리 주장의 의미보다는 자신의 내면에 갖추어져 있는 도덕심을 발휘하여 공동체의 규범에 부응하는 것, 그리하여 자신이 속한 공동체와 합치하는 것을 더 중요한 것으로 간주한다. 인간을 개체적이고 독립적으로 보는 자유주의 윤리체계 안에서는 각 개인이 자기만의 이익과 관심을 추구하는 것이 당연시된다. 그러나 인간을 자기가 속한 공동체나 남과의 관계에서 분리하여 생각할 수 없다고 보는 전통 유가에서는 자기만의 이익 추구는 결코 정당화될 수 없다.[276]

전통 유가 철학에서 개인의 권리 행사는 "자신이 서고자 하는 데에 남도 서게 함"[277], "내가 하고 싶지 않은 일을 남에게 베풀지 않음"[278]과 같은 원리에 의해서 이루어진다. 즉 '남도 세우고(立人)', '남도 완성하

---

272 『논어』 「이인 16」 子曰 君子 喩於義 小人 喩於利.

273 『논어』 「이인 11」 子曰 君子 懷德, 小人 懷土.

274 『논어』 「자로 23」 子曰 君子 和而不同 小人 同而不和.

275 『논어』 「위정 14」 子曰 君子 周而不比 小人 比而不周.

276 이승환, 『유가사상의 사회철학적 재조명』, 고려대학교 출판부, 1998, 245쪽.

277 『논어』 「옹야 28」 己欲立而立人, 己欲達而達人.

278 『논어』 「안연 2」 己所不欲勿施於人.

게 함(達人)'은 자기에 입각하면서도 거기에서 그치지 않고 그 마음을 타자에까지 미루는 행위 준칙이다. 그리하여 개인의 권리나 몫에 대한 주장보다는 남에게 어질게 베풀고 보살피는 정신을 강조하게 된다. 전통 유가 철학에서 사적 욕망을 극복하는 수양론적 과제, 타자와의 관계를 고려하는 문제, 공동체 구성원의 조화와 합일 등의 윤리 의식이 개인의 권리를 존중하는 의식보다 더 발달하게 되는 것은 이러한 맥락에 있다. 또한 "소송을 판결하는 일은 나도 남같이 할 수 있지만, 반드시 송사가 없게 만들어야 할 것이니라"[279]라는 공자의 말에 보이는 것처럼 전통 유가 철학에서는 소송이 일어난 이후에 그것이 잘 해결되는 사회보다 소송 자체가 일어나지 않는 사회를 더 바람직한 사회로 간주하며, 개인의 이익이 상충하거나 분쟁을 해결해야 하는 상황에서 갈등을 무마하고 양보와 타협의 방식을 강조한다.[280]

내면적 자유와 공동의 선

개인의 권리 주장보다는 덕(德) 함양이 더 중요한 문제로 인식되는 속에서는 개인의 권리를 적극 요구하는 것이 덕에 위배되는, 그래서 진정한 자아의 실현을 방해하는 요건이 된다. 또 이와 같은 맥락에서 개인의 욕망 역시도 가능한 절제되어야 할 것으로 이해된다. 때문에 덕 함양을 일차적 목표로 하는 유가 철학에는 '나의 사욕을 이김'은 예(禮)와 밀접하

---

279 『논어』 「안연13」 子曰 聽訟 吾猶人也. 必也使無訟乎.

280 이승환, 「왜 유학에서는 권리 존중의 윤리관이 형성되지 못했는가」 『중국의 사회사상』 형설출판사, 1994.

게 연결되며,[281] 이는 인을 실현하기 위한 매우 중요한 과제가 된다. 극기에서 기는 자기중심적인 개인, 사욕을 추구하는 개인으로 부정적으로 인식된다. 따라서 사적인 욕망을 극복하여 이르게 되는 자신의 내면적인 도덕성과 합일하는 것이야말로 진정한 자유로 이해된다. 물론 방임적, 해방적 의미를 강하게 지니는 자유주의의 입장에 입각하면 이 같은 유가 철학에서의 '자기를 이김(克己, 자기의 사적 욕망을 극복함)'과 같은 방식의 자유는 자유가 아닐 것이다. 하지만 개인의 이기성을 극복하고 그것을 주체적, 자율적으로 다스린다는 자유주의의 고전적 의미에 입각하면 일종의 자유라 이해할 수 있다.[282]

이처럼 전통 유가 철학에서 자기를 이긴다는 의미는 자기의 도덕적 잠재성을 적절히 발휘하여 사적 욕망을 잘 억제함으로써 공동체에 부합하는 방향으로 발전시켜 나감이다. 그리고 이러한 과정은 외압에 의해서 강제로 이루어지는 것이 아니라 자발적으로 이루어진다. 즉 사적인 욕망을 억제하는 구속을 내재화하고 그것을 자발적으로 따름으로써 오히려 구속을 초월하는 방식으로 이루어진다는 것이다. 전통 유교 사회에서 이러한 과정은 예라는 기제를 통해 이루어진다. "예가 아니면 보지도 듣지도 말하지도 행동하지도 말라"[283]에서처럼 예는 사람들의 생각과 행동을 규제함과 동시에 행동, 언어, 듣고 보는 것에 대한 지침을 제공한다. 세세하게 규정된 유가적 예를 받아들이고 익힘을 통해 자기

---

281 『논어』「안연 1」 "안연이 이에 대해서 여쭈었다. 공자가 말하였다. 자기를 이겨 예로 돌아가는 것이 인이다. 하루라도 자기를 이겨 예로 돌아간다면 천하가 인으로 돌아간다."

282 박원재, 「자유, 질곡과 해방의 경계에서—자유(민주)주의에 대한 동양적 단상」『현대의 위기, 동양 철학의 모색』 예문서원, 1997, 191쪽.

283 『논어』「안연 1」 子曰非禮勿視 非禮勿聽 非禮勿言 非禮勿動.

와 타인들 사이의 차별을 극복하고 도덕적, 정신적 공동체에 자발적으로 참여한다. 그리고 이러한 과정을 통해 자유로움의 경지에 들어선다. 공자가 "한 그릇의 밥과 한 표주박의 마실 물로 누추한 시골에 있는 것을 즐거워하는"[284] 안회의 생활을 칭찬하는 것이나 "70세가 되어 자기 마음 가는 대로 하여도 규범(예)에서 벗어나지 않았다"[285]는 발언은 내면적 자유의 경지를 말하는 것이다.

이렇게 보면 전통 유가 철학에서의 자유는 "개인이 타인의 간섭으로부터 벗어날 때 얻어지는 정치적 개념이 아니라 절제되지 않고 여과되지 않은 자기 내부의 일차적 욕망을 극복할 때 얻어지는 도덕적, 내면적 자유의 의미를 강하게 지니는 것"[286]이라 할 수 있다. 즉 전통 유가 철학에서 자유는 개개인이 서로의 간섭에서 벗어난 불간섭의 상태가 아니라, 공동체의 도덕규범에 최대한으로 자기를 복속시킨 상태를 말한다는 것이다. 자유주의 전통에서 볼 때 자유를 추구하는 궁극적인 목적은 개인이 타인의 부당한 간섭에서 벗어나 가능한 더 많은 자율적 선택을 할 수 있게 하는 데 있으므로 자유주의가 추구하는 자유는 어떤 특정한 목적을 적극적으로 추구하려는 적극적 혹은 긍정적 자유가 아니라 외부의 간섭으로부터 벗어나려는 소극적 혹은 부정적 의미의 자유이다.[287]

---

284 『논어』「옹야 9」子曰賢哉回也 一簞食 一瓢飮 在陋巷 人不堪其憂 回也不改其樂 賢哉回也.

285 『논어』「위정 4」七十而從心所欲 不踰矩

286 이승환, 「왜 유학에서는 권리 존중의 윤리관이 형성되지 못했는가」, 『중국의 사회사상』 형설출판사, 1994, 35쪽.

287 이승환, 상게서, 33쪽.

전통 유가의 동질적 공동체에 대한 여성주의 비판

전통 유가 철학에서 한 개인의 정체성은 자신을 타인으로부터 분리, 고립시킴으로써 얻어지는 것이 아니라 타인과의 관계 안에서 자신의 위치를 확인함으로써 얻어진다. 따라서 유가 철학에서 꿈꾸는 이상적 사회역시 서로의 간섭으로부터 해방의 상태를 지향하는 것에서 찾아지기보다는 사회 구성원 간의 윤리적 관계가 잘 지켜지고 그로 인해서 화목한 공동체가 이루어지는 속에서 모색된다. 즉 전통 유가에서 추구하는 이상적인 공동체의 모습은 화목을 이룬 공동체이며, 이러한 이상은 개인의 이익을 추구하고 그것이 분쟁을 일으키는 상황보다는 양보와 화해를 통해 이루어진다고 이해된다. 그리고 이러한 공동체의 화합을 위해서는 이기심을 극복하는 것, 겸양, 화해 등의 덕목이 강조된다. 그리고 이로부터 개인의 사적인 권리보다 공동체의 안녕이, 또 '~로부터의 자유'라는 외면적 자유보다는 개인의 욕망 억압과 도덕적 수양을 통해 얻어지는 내면적 자유가 더 중요한 것으로 부각된다. 이러한 전통 유가 철학의 논점들은 합리적이고 자율적이며 독립적, 고립적 개인을 상정하는 것 안에서 규범적이고 이원론적 입장을 취하게 되는 것, 그리고 모든 이성적 인간들이 항상 그리고 이미 인간 공동 사회에서 존재했다는 점을 인식하지 못하는 점[288] 등의 한계를 비판하고 그것을 넘을 수 있는 지점을 시사한다.

하지만 전통 유가 철학에 있어서 개인, 권리, 공동체의 문제와 관련

---

288 로즈마리 통, 이소영 옮김, 『여성주의 사상』, 한신문화사, 1996, 54~55쪽

하여 긍정적 지점을 발견할 수 있다고 하더라도, 그것이 여성주의의 입장과 전적으로 합치되는 것은 아니다. 유가 전통 내에 평등한 권리관이 없었다는 점이 권리 개념 그 자체가 없었음을 말하는 것이 아니라 하더라도[289], 그것이 유가 전통에서 모든 사람이 평등한 권리 존중의 의식과 같은 것이라고 말할 수는 없다는 것이다. 따라서 전통 유가 철학은 한 여성의 정체성이 설명되는 방식이 개체의 욕망이나 개성에 의한 것, 즉 개개인의 권리가 존중되는 방식이 아니라 누구누구의 딸, 아내, 며느리, 어머니라는 관계적 위치가 더 중요한 것으로 간주된다. 그런데 개인의 정체성이 관계성 안에서 논의되고 또 개인의 권리보다 공동체의 안위가 더 중요한 사안으로 간주되는 속에서 개인의 권리 특히 여성의 권리는 중요한 논의의 대상이 될 수 없다.

또한 유가 철학의 내면적 자유를 획득하기 위해서 요구되는 욕망 억제의 과제는 여성의 섹슈얼리티와 관련하여 매우 억압적인 방향으로 나

....

289 이승환은 유가 윤리 전통에 권리 개념이 없었다는 주장들을 다음의 세 가지로 요약해서 정리한 바 있다. 첫째, 유가 경전 안에는 영어 a right에 해당하는 단어가 나타나지 않고, 이처럼 '권리'라는 단어가 부재하는 것은 곧 권리라는 개념이 부재하였음을 의미하는 것으로, 유가 윤리 전통에는 권리라는 개념이 없었다고 하는 입장이다. 둘째, 유가 윤리는 그 특성상 개인이 사회 안에서 자기가 분담한 역할을 충실히 수행함으로써 사회적 조화를 이룩하도록 하는 데 초점을 맞추고 있는 역할 중심의 윤리, 즉 개인이 유기적 인관관계 안에서 각자가 처한 위치를 깨달아 그에 알맞게 행위를 하도록 권장하는 관계 중심의 윤리라는 것이다. 역할 중심, 관계 중심의 윤리 안에서는 권리나 몫에 대한 주장보다는 화합과 의무를 바람직하게 여기고 따라서 이러한 입장 안에서는 권리라는 개념이 싹틀 여지가 없다는 입장이다. 셋째, 권리라는 개념은 개인의 자유가 극대화되고 개인의 자율적 이성이 대두되는 근대 서양의 자유주의와 개인주의에 근거한다. 따라서 개인의 자유와 자율보다는 개인들이 자신이 속한 공동체 안에서 공동선의 실현을 위해 헌신할 수 있도록 덕의 함양에 궁극적인 목표를 두는 공동체주의적 윤리를 표방하는 유가 윤리 내에서는 권리라는 개념이 공동체주의적 윤리와 양립불가능하다고 보는 입장이다 (이승환, 『유가 사상의 사회 철학적 재조명』, 고려대학교출판부, 1998, 206쪽을 참조). 이 같은 입장들에 대해 이승환은 유가 윤리 전통에 비록 서양에서와 같은 의미의 권리라는 단어가 등장하지는 않더라도 개념 자체가 없었던 것은 아니라고 비판한다. (이승환, 상게서, 1998, 228쪽)

아가게 된다. 외적인 구속으로부터의 해방보다는 내적인 욕망의 속박을 벗어나는 것에 더 많은 가치를 두면서, 자유의 의미를 욕망으로부터 벗어난 상태로 이해하는 전통 유가 철학에서 욕망, 특히 여성의 성적 욕망은 억압되어야 할 것으로 간주되는 것이다.[290] 스스로 자기를 창조할 수 있는 자율적 주체가 단지 이성을 지닌 주체로서가 아니라 신체성의 원리에 따라 몸으로써 존재하는 신체적 주체임을 떠올려볼 때, 전통 유가에서처럼 욕망이 억압되어야 한다는 사고의 틀 안에서 성적 주체로서의 여성에 대한 논의를 마련하기란 매우 어렵다. 또 사회가 바라는 바람직한 여성상을 마련할 수는 있어도 그 바람직한 여성상이 바람직한 인간의 전형과 일치하지는 않았던 유교 사회에서 여성의 자율적 주체에 관한 논의 역시 이루어질 수 없다. 따라서 유가 철학에서 말하는 내면적 자유의 경지 안에서 여성이 주체로서 자유를 언급할 지점은 그만큼 사라지거나 축소되어버린다.

상기한 바와 같이 내면적 자유를 얻기 위해서는 욕망 극복의 과제를 이루어야 한다. 그런데 전통 유가에서 욕망 극복의 과제는 예의 실현과 긴밀하게 연관되어 있고 이 예는 여성의 지위를 더 열악한 데에 빠뜨린다는 문제가 있다. 전통 유가에서 예는 기본적으로 상하와 남녀를 분리하는 체제로 이루어져 있다.[291] 즉 예는 통치자와 피통치자, 부모와 자식, 남편과 아내, 남자와 여자 등을 세밀하게 구분 짓는 방식이 강조되

---

290 『이정유서』의 "굶어서 죽는 것은 작은 일이나, 절개를 잃는 일은 큰 일이다(餓死事極小, 失節事極大)"라는 말은 이를 대표하는 예이다.

291 예의 실현은 군주와 신하, 부모와 자식, 남과 여, 처와 첩, 적자와 서자, 장자와 차자 등의 구분을 엄격하게 함으로써 이루어진다.

고, 섬김/부림의 구분이 없는 수평적 공존을 상정하지 않는다. 어떤 것(위, 남)과 또 다른 어떤 것(아래, 여)의 수직적, 위계적 관계를 강조하며, '함께'라는 이미지와 더불어 상하남녀 구분을 강력하게 내포하는 구조를 지닌다는 것이다. 따라서 예를 통한 사회화는 남녀평등, 권리의 동등성과는 거리를 둔 남녀차별적 방식으로, 남녀의 권리를 불평등한 위치에 배치시킨다.

개인의 권리보다는 공동체의 안녕이, 개인의 욕망 추구보다는 그것을 억압함으로써 바람직한 인간의 전형이 될 수 있다고 보는 것, 그리고 내면적 자유로 가는 과정에서의 예가 지니는 차별성은 여성주의가 표방하는 자유, 권리의 문제와 확실히 대치되는 국면을 갖는다. 다양한 여성주의 논의의 가닥 속에서 자유와 권리에 대한 입장을 어느 한 가지로 단순화시켜 요약할 수는 없을 것이다. 하지만 어떤 여성주의 입장에서도 여성을 위한 평등권의 요구, 즉 여성도 남성과 동일한 권리와 자유를 가져야 한다[292]는 것을 전제로 함을 생각해 볼 때, 전통 유가 철학이 여성주의와 갈등 없이 만날 수 있는 지점을 확보한다는 것은 상당히 어렵다. 많은 여성주의자들이 여성에게도 남성에게서와 마찬가지로 주어져야 할 기본 권리가 있다고 말한다. 인간 존엄성의 권리, 인간 정체성의 권리, 어머니–자녀–관계의 권리, 여성적 전통의 권리, 경제적 권리, 동등한 교환의 권리, 여성시민지위의 권리 등이 그것이다. 그런데 전통 유교 안에서는 이러한 여성의 권리의 차원보다는 여성이 어떤 의무를 지녀야 하는가, 그리고 그러한 여성의 의무가 남성을 도덕 주체로 만드는 것에

---

292 앨리슨 재거, 아이리스 마리온 영 편집, 한국여성철학회 옮김, 상게서, 서광사, 2005, 245쪽 참조.

어떻게 도움이 되는가를 중요한 과제로 논의한다. 또 여성이 가정과 사회에서 어떤 권리를 가지며, 그것을 행사할 수 있는가의 문제보다는 여성이 공동체를 위하여 지켜야 할 의무를 더 강조하여 말한다. 전통 유교 사회에서 여성훈육서와 교훈서를 통해 봉제사, 음식 만들기, 정절 지키기, 자수 잘하기, 부모 봉양 잘하기, 친인척 및 가족 간의 유대에 힘쓰기 등의 여성 의무를 강조하는 것은 이와 같은 맥락이다.[293] 이런 가운데 유교와 페미니즘 간의 만남을 생각해보기란 매우 어려워 보인다.

개인의 권리를 넘어서, 동질성의 공동체를 넘어서

사실 자유와 권리는 봉건체제 하의 특권계급의 이익에 대항하는 진보적 성향을 지닌 개념이며, 따라서 자유와 권리의 문제를 말하지 않고서는 억압, 강제를 벗어날 방안을 마련하기 어려운 지점이 있기 때문이다. 그러나 아무리 개인의 권리와 자유가 중요한 것이라고 해도 공동체를 포기할 수는 없다. 개인주의에 기반한 자유주의적 전통은 모든 인간이 자신의 몸과 재산을 보호할 권리를 가지고 있다는 믿음에 기초한다. 따라서 자유주의 전통에 입각한 여성주의 전략은 여성들에게 공평한 고용기회를 창출하고 남녀 모두에게 균등한 교육의 기회를 부여했으며 이를 통해 궁극적으로 성의 편견을 종식시키는 등 의식의 변화를 꾀해왔다. 또 2세를 선택하는 생식의 문제로부터 포르노그라피, 매매춘에 이르기

---

[293] 『내훈』을 비롯한 전통 유교 사회의 여성훈육서에서 이러한 내용들을 자세히 볼 수 있다.

까지 여성이 직면한 모든 이슈에 일관성 있게 적용한다. 이 과정에서 여성과 여성 몸, 여성의 욕망에 관한 권리 등이 폭 넓게 논의된다.[294] 이러한 측면에서 여성들의 삶의 질을 증진시킨 많은 교육적, 법적 개혁이 자유주의 전통에 빚지고 있음은 부정할 수 없는 사실이다.

하지만 자유주의 전통에 입각한 권리를 중심으로 하는 패러다임은 필연적으로 고립적인 인간 그리고 대립관계에 놓이는 인간관계를 상정하게 된다. 자유주의적 개인주의는 애초의 예상과는 달리 도덕적인 개인주의보다는 단지 개인이 사회에 우선한다는 원칙만을 고수하는 존재론적 개인주의에 치중하게 되는 한계를 노정한다.[295] 때문에 이성과 자율성에 인간 존엄성의 근거를 두는 자유주의 전통에서의 권리 담론은 자칫 남성과 인간, 남자다운 덕목과 인간다운 덕목을 동일시함으로써 여성과 남성, 그리고 여성들과 남성들의 다양한 차이를 간과하게 한다. 여성은 마음만 먹으면 남성과 같아질 수 있다고 간주되며, 대부분의 여성은 남성과 같이 되기를 원한다고 여겨진다. 또 모든 여성은 남성적인 가치를 열망하기 위해서 남성과 같아지기를 원해야 한다는 이데올로기를 양산하기도 한다. 여성 억압의 문제를 권리라는 담론 안에서 풀어내는 것이 과연 최선의 길인가 하는 여성주의 물음은 여기에서 시작한다. 개인의 자유와 권리에 관한 문제는 발전과 연관되는 개념이고, 소중한 개념이지만 지나치게 그것에 치중할 경우, 인간관계, 공동체 전체와 관련한 문제는 상대적으로 중요한 사안이 될 수 없다는 것이다. 개인의 자

---

294 웬디 맥엘로이, 「개인주의적 자유의 토대」『여성과 자유―21세기의 자유와 페미니즘』, 나남, 2006, 25쪽.

295 박원재, 위의 글, 1997, 165쪽 참조.

유와 권리를 강조하고 행복의 문제에만 강조점을 두는 경우 대리모, 낙태, 복제 등의 사안 등에 대해 개인의 복지와 행복을 넘어서 공동체의 차원을 들여올 여지는 그만큼 없어진다.

이런 맥락에서 전통 유가 철학의 사유 방식에 주목할 필요성이 주어진다. 고립된 개인을 상정하지 않고 관계성을 중시한다는 측면, 공동체를 무시하지 않는다는 측면에서 전통 유가 철학은 자유주의 전통에 입각한 권리와 자유의 문제가 지니는 한계점을 어느 정도 극복할 수 있다는 측면에 대해 논의해볼 수 있기 때문이다. 개인에 대한 수양이 공동체의 화합, 화목과 밀접하게 연관되어 있다고 보는 전통 유가 철학의 이념 안에서 공동체와 개인의 문제를 함께 고민할 여지를 발견할 수 있다는 것이다. 물론 이러한 논의는 여성주의가 기본적으로 표방하고 있는 여성의 권리, 욕망, 자유, 정체성 등의 문제가 전통 유가 철학의 입장을 그대로 고수하는 방식 안에서는 확보될 없음을 솔직히 인정하는 가운데 이루어져야 할 것이다. 유가 철학의 공동체 논의는 동질성을 강조하는 조화로운 공동체를 상정하며, 따라서 동질성을 확보하지 못하는 존재들에 대해서는 차별화하거나 억압을 가할 수 있기 때문이다. 단일한 공동체를 상정하고 그것을 강조하는 공동체 논의는 자칫 전체주의적 성향을 띠는 방식으로 나아갈 수 있으며 소수자, 주변인들의 입장이 간과되거나 무시되기 쉽다. 또 공동의 어떤 것만을 강조하는 전체주의적 성향에서 소수자의 목소리는 드러나기 힘들다. 여성주의가 공동체 논의에 전적으로 동감하지 못하는 지점은 바로 여기이다. 공동체주의는 종종 인간 사회에 아무런 문제점을 제공하지 않는 듯이 보이지만 사실은 인간 사회에 대한 이질성과 파편화의 측면을 억압한다는 것이다.

그럼에도 불구하고 만약 우리가 유가 철학의 공동체 논의를 여성주의적 공동체 논의와 만나게 할 지점을 찾고자 한다면 그것은 이질성, 파편화, 특수성, 차이, 변화 등의 개념을 도외시하는 것이 아니라 그것을 포용하는 수정된 공동체 논의여야 한다.[296] 전통과 그 전통적 역할, 관계를 강조하며 공동체를 논의하는 것이 아니라 인종, 계급, 성, 나이 등과 같은 다양한 요소를 고려하는 방식으로 공동체를 규정하고, 관계의 망 역시 다차원적이고 다각적으로 바라보는 노력을 해야 한다. 전통 유가 철학에서처럼 동질성을 강조하는 공동체가 아닌 이질적인 것[297]이 인정되는 공동체 개념이 전제되어야 한다는 것이다. 따라서 단일한 가치, 신념, 규범, 통일성보다는 다양성, 특수성, 차이 등의 개념이 살아나도록 해야 한다. 이를 위해서는 우선적으로 개개인의 정체성이 구성되는 방식이 결코 일률적이거나 단일한 것이 아님이 인정되어야 할 것이다. 그래야만 그 안에서 성, 인종, 계급, 나이 등의 차이들이 존중받고 수용될 수 있을 것이기 때문이다. 차이를 드러내지 않은 채로 권리, 평등, 자유를 언급하는 것, 그래서 여성도 남성처럼 인간으로서의 존엄성을 가지고 있으며 인간으로서의 권리를 똑같이 행사할 수 있는 존재라는 것을 입증해내고자 애쓰는 방식은 여성과 남성의 같음을 강조하는데서 머물게 될 뿐, 불평등의 원인이 되는 여성의 생물학적, 심리적, 사회적 차이에 대해서는 말하지 못한다.[298]

---

296 Elizabeth Frazer & Nicola Lacey, The Politics of Community : A Feminist Critique of the liberal-communitarian debate, U.K. : Harvester Wheatsheaf. 1995, 199~200쪽 참조.

297 플레이저와 레이시는 이질성 개념을 "타자성의 의미에서 차이를 규정하는 것이 아니라, 타자와 함께 살아가는 것을 배우는 것"이라고 이해하며, 이 글에서 역시 그러한 의미로 사용하였다. Elizabeth Frazer & Nicola Lacey, 상게서, 206~207쪽 참조.

298 장미경, 『페미니즘의 이론과 정치』, 문학과학사, 1999, 110쪽.

또한 유가 철학의 공동체 논의를 여성주의에 유용한 전략으로 활용하기 위해서는 여성의 권리, 욕망, 자유, 정체성 등의 문제가 전통 유가 철학의 입장을 그대로 고수하는 방식 안에서는 확보될 수 없음을 솔직히 인정하는 것도 필요하다. 자아 성취, 자기 확신, 독립성, 자아 실현 등은 여성주의가 기본적으로 표방하는 것이며 개인주의적 가치와 여성주의의 결합은 해방된 여성의 이미지를 어느 정도 구축하고 있기 때문이다. 따라서 전통 유가 철학의 공동체 논의를 여성주의적 공동체 논의로 전향시키기 위해서는 이러한 두 가지 방향으로의 조정과 재활용의 작업이 필요하다. 유가 철학에서의 개인의 권리, 자유, 공동체 논의에 주목하고 그것을 여성주의와 만나게 하려는 시도는 유가 철학에서의 자유와 권리의 문제, 공동체 논의를 더 이상 하나의 일관된 도식에 속하는 것으로 이해하는 것을 넘어서, 다양한 방식의 논의를 진행할 계기를 제공해 주는 것이다. 포기할 준비가 되어 있고 경청하는 겸손함을 지닌 상태에서라야 삶을 목적한 대로 의미 있게 성취하기 위한 준비를 이룰 수 있다. 절제할 준비가 되어 있고 책임을 느끼는 자유의 기반 위에 설 때라야 인간은 비로소 자신의 특수한 인생의 과제를 인식하고 의식적으로 받아들일 수 있게 된다.[299]

---

299 C. 메베스, H.D. 오르드니프, 강성위, 박경숙 옮김, 「조망」, 『평등이 인간을 행복하게 하는가?』 서광사, 1994, 174쪽 참조.

공자, 페미니즘을 상상하다

하나의 에피소드 : "공자의 유희적 상상"

미래의 공상사회를 그린 헤르만 헤세의 『유리알 유희』에는 수십 개의
철사를 친 틀 속에 늘어놓은 유리알이 어느 음악가의 장난에서 비롯된
것으로 서술되어 있다. 유리알 유희를 통해 머리에 떠오른 주제를 구성
하고 변조하고 발전시키고 다른 주제와 대립시킴으로서 새로운 것을 개
발한다. 그래서 더 이상 구슬과 아무런 상관이 없는데도 그냥 '유리알
유희'라고 불리게 되었다고 한다.[300] 유희의 일반적인 의미는 "즐겁게
논다"이지만 여기서의 유희의 의미는 자기 발전과 새로운 것을 생산해
내는 의미를 포함한다. 유희적인 상상은 현실에서 있기 어려운 상황이
지만 즐거운 상상의 유희를 즐긴 후에는 절제되었던 의식 속의 답답한
마음이 사라지고 오직 편안하고 즐거운 심리로 변하는 것을 발견할 수
있게 된다. 이처럼 유희란 특별한 목적의식 없이도 그것 자체로서 흥미
를 느끼게 되는 활동, 의미에 전혀 강박되지 않는 활동, 무목적인 삶

---

300 진중권, 『미학 오딧세이 1』, 새길, 216쪽.

의 활동을 총칭하는 말이다.

유희의 사전적 정의는 "즐거움과 흥겨움을 동반하는 가장 자유롭고 해방된 인간 활동"이다. 이러한 정의에 입각해 볼 때, 유희라는 말에는 어떤 것으로 고정화되거나 절대화되는 의미는 들어 있지 않다고 할 수 있다. 생활의 이해관계를 떠나서 자발적이고 능동적으로 참여하는 무목적적인 활동, 즐거움과 흥겨움을 동반하는 자유롭고 해방된 인간 활동을 뜻하는 유희에서 무한한 상상력을 산출해낸다. 과거의 기억이나 경험을 현재에서 다시 재구성하게 되면 그것은 유희적인 상상의 기억으로 승화된다. '공자, 페미니즘을 상상하다'라는 제목은 이러한 유희 개념으로부터 차용된 것이다. 가부장성을 담보한 유가 철학의 이념과 개념으로부터 출발하지만, 그것을 넘어서는 새로운 상상력을 기대하는 것이 이 책의 제목이 갖는 의도이다. 이는 이제껏 우리가 공자를 숭배와 비판이라는 이분법적인 논리 안에서만 평가해온 것[301]에 대한 반성적 작업이며, 한국적 여성철학의 이론을 정립하려는 시도이기도 하다.

지나간 시절에 이러저러하게 논의되었던 것을 새로운 토양 안에서 색다르게, 본래와는 아주 다른 모습으로 전환할 수 있지 않을까하는 바람을 이 책에 담고자 했다. 사회의 지배적인 원리에 저항하여 새로운 세계에의 가능성을 그려보기 위해서는 무한한 상상력이 필요하다. 그것은 단순히 지금 직면하는 문제를 지적하여 비판하거나 지배 구조를 전복하

---

301 줄리아 칭의 "유교의 숭배자는 유교의 가르침의 알맹이가 인간의 자기실현과 자기성취인 휴머니즘이라고 강조하고, 지혜를 습득하고 성인에 도달하는 일에 입각해서 설명해왔다. 그러나 그 비판자는 유교의 전개 과정을 통해 다섯 가지 관계들에서 각각 아래 위치에 해당하는 자들에 대해서 권리는 빼앗고 오직 의무만을 당연히 요구해온 특히 그 위계질서적인 탈인간화 경향만을 지적해 왔다"는 이러한 논의의 대표적인 예이다. 줄리아 칭, 『유교와 기독교』 138쪽.

는 것이 아니라 완전히 새로운 것을 꿈꾸는 일이기 때문이다. 사실 공자의 사상에서 페미니즘에 대한 목적성을 찾기란 매우 어렵다. 그러나 그렇다고 해서 페미니즘 담론에 전혀 무가치하거나 영향력을 아주 못 미치는 것은 아니다. 공자의 사상 속에 감추어져 있는 페미니즘의 파편을 표현하여 유희적 상상의 공간을 만들어보는 것 역시도 우리가 해야 할 중요한 과제 중의 하나일 것이다.

프로젝트 : 하나의 주제에 대한 다양한 접근성을 위하여

논쟁을 함에 있어서 둘 중 어느 하나를 전적으로 무시해버리거나 혹은 놀림감이 되게 함으로써 어느 한쪽을 무색하게 만드는 방법이 있다. 이러한 방식은 둘 중 어느 하나를 완전히 폐기시켜버림으로써 한 편의 합법성을 전면 부정하거나 다른 한 편에 완벽한 승리를 안겨준다. 예컨대 평가절하의 방식, '너는 ○○○일 뿐이고'의 방식이다. 이러한 방식에서는 한 편이 '페미니즘은 ○○○일 뿐이고'라고 평가절하하고, 상대편 역시 '공자는 ○○○일 뿐이고'로 응수한다. 이 둘의 관계는 사람들로 하여금 불편함을 느끼게 한다. 서로 만나려 하지 않고 대화, 타협, 소통을 불가능하게 하는 데서 수반되는 불안한 감정이다. 때문에 이러한 방식 안에서는 결국 상대방을 '○○○일 뿐이고'로 제압하면서 서로 어긋날 궁리만 한다.

또 다른 방법이 있다. 둘의 관계가 어차피 떨어질 수 없는 관계, 함께 가야 할 관계임을 깨닫고 같은 편이 되어보는 것이다. 공자와 페미니즘의 만남을 시도하는 데에도 이 같은 방법을 적용해볼 수 있다. 이 작업은 다음의 두 가지 방향으로 이루어질 수 있다. 하나는 공자의 사상이 인간 삶에 기본적이며 그것은 페미니즘에 기여함으로 인해 더욱 풍부해질 수 있다고 생각해보는 것이다. 다른 하나는 페미니즘이 인간의 삶에 기초가 되며 그것은 우리 현실에 발 딛음으로써 더욱 현실적이고 구체적일 수 있다는 생각을 해보는 것이다. 이 책을 통해 내가 말하고자 하는 것은 공자의 사상과 페미니즘이 동일한 것을 지향하는 두 가지 다른 방법임을 보여줄 수 있는 접근 방식을 제공하는 것이다. 그래서 이 둘 사이에 어느 한 가지를 선택해야 할 필요도 없고, 그럴 가능성조차 없도록 하자는 것이다.

많은 사람들이 이제껏 그래왔듯이 공자에 몰두할 수도 있고 혹은 페미니즘에 몰두할 수도 있다. 그러나 사람이 그 둘 다를 추구할 수 있다거나 혹은 이분법 자체는 의심스럽다는 생각을 하지 못하는 것은 그만큼 상상력이 부족하다는 증거일 수 있다. 둘 모두를 관대한 애정을 가지고 받아들일 수는 없는가? 왜 우리는 늘 어느 하나를 선택해야 한다는 강박관념에 시달리는가? 어느 지향점을 따라서 우리에게 익숙한 개념들을 재활용하는 것은 왜 안 되는가? 공자 사상의 개념들을 낱낱이 흩뜨려서 그것이 페미니즘의 참된 의미를 포함하고 있는 것으로 생각해보고, 그렇게 되도록 애써보는 것은 그저 곤란한 일이기만 한 것인가?

이러한 개인적인 물음과 문제의식을 이제껏 내가 생각해오던 것과 관련지어 논의를 진행하고자 했다. 그리고 그것은 논의를 진행시키는 과정에서 점점 더 확실하게 숙고되었다. 물론 다른 사람들은 정반대의 지점으로부터 출발하여 우리가 지향하는 여성주의라는 동일한 목표, 결론에 도달할 수도 있다. 또 공자와 페미니즘의 결별, 화해의 불가능성을 고집하는 사람들은 이 책을 통해 다시 한 번 그들 싸움의 진지를 구축할 수도 있다. 하지만 그렇다고 해서 이 책의 의도가 어그러지는 것은 아니다. 그동안 생각해보지 못했던 문제를 수면 위에 끌어올리려는 노력, 어쩌면 부당하게 사로잡힌 영역을 넘어서서 새로운 것을 획득하기 위한 야망들은 여전히 살아남아서 하나의 주제에 대한 다양한 접근성을 보여주는 프로젝트로 기능할 것이기 때문이다.

오류, 그리고 약간의 해명

유교 혹은 공자와 페미니즘, 이 둘을 만나게 하려는 것은 어쩌면 처음부터 오류였는지도 모른다. 이 작업은 두 개의 분리된 세계가 있다는 전제를 이미 받아들인 채로 시작하고 있고 따라서 그러한 전제의 가정 안에서 오류를 발생시킬 수 있기 때문이다. 어쩌면 이 작업은 둘 사이의 간극을 좁히고 만나게 하는 것으로서가 아니라, 두 개의 분리된 세계를 적나라하게 보여줌으로써 그들이 '만날 수 없음'을 확증 짓는 내용으로 읽힐 수도 있다. 그러나 내가 확신하는 것은 이 작업이 단지 두 가지 상이한 것들을 균형 잡기 위해 어설픈 연결을 시도한 것은 아니라는 점이다. 분열증을 비판하면서 두 대립적인 요소들을 얼렁뚱땅 균형만 유지하게 하거나 하나로 뭉뚱그려놓기 위한 시도는 무의미하다. 서로 만날 지점을 확보하지 못한 채 그것들을 그저 한자리에 모아두거나 혹은 단순히 균형을 잡으려는 방식으로 문제를 해결하고자 하는 것은 진정한 해결 방법이 아닐 것이기 때문이다.

유교 혹은 공자와 페미니즘, 이들을 한자리에 놓고 기술한다는 것은 기술적으로는 가능하나 그 둘의 관계는 여전히 거북한 채로 남아 있기 쉽다. 이미 사용되고 있는 개념과 용어들은 벌써부터 오해를 초래할 소지를 충분히 담고 있기 때문이다. 하지만 지금 우리가 사용하고 있는 개념과 용어들로는 전달할 수 없는 내용들을 구체화하는 사건이나 사람들의 행위들을 드러내서 기존의 개념과 용어들을 재활용하는 작업이 아주 불가능한 것은 아니다. 때로는 어떤 단일한 단어를 찾는 작업보다는 우리의 현실을 인정하면서 우리가 성취하고자 하는 주된 과제에 충실할 수 있는 또 다른 의사소통의 길을 모색해보는 것이 더 의미 있는 작업일 수 있다.

이 책은 공자의 사상과 페미니즘이 서로 다른 두 개의 갈라진 세계를 가진 것이 아니라, 오히려 우리가 상상한 것보다 더 많은 공통점을 가지고 있을 수 있다는 막연한 믿음을 드러내 보이려는 의도를 품고 있다. 비록 그 둘은 불안한 동맹관계일 수밖에 없음을 인정하지만, 동맹을 통해 새로움을 받아들이고 능동적으로 진화하고 변형되어 자신을 새로운 모습으로 만들 수 있음을 말하고 싶은 것이다. 비판이나 파괴, 혹은 포기에만 참여하는 것이 아니라, 자신이 반대해왔던 혹은 반대할 수도 있는 담론들의 재활성화에 참여할 수 있는 힘을 마련하고자 하는 것이다. 이는 이 두 입장에 대한 자기 극복이자, 역동적인 자기 발전, 혹은 자기 확장으로의 위치 변동이다. 새로운 지식을 생산하기 위해서는 이미 지니고 있는 한계와 잘못을 비판하는 데에 그치면 안 된다. 이제까지 사용된 개념과 용어들이 새로운 토양 위에서는 어떻게 다른 모습이 될 수 있는지, 어떻게 다른 방식으로 사용될 수 있는지, 그것들이 원래는 할 수 없었던 것을 이제는 할 수 있는 것으로 만들어낼 수 있는지를 고민하고 활용하는가에 있다.

우리가 몸 담고 있는 현실과 페미니즘 논의는 서로 분리될 수 없다. 그래서 유교(공자)와 페미니즘, 이 둘을 놓고 서로 다른 두 영역의 일을 함께 하는 것이 어떻게 가능하냐고 묻는 질문은 그 자체로 오류이다. 유교의 가부장성을 비판하는 사람에게도 전통은 있고 그 전통은 어떻게든 해석되어야 한다. 마찬가지로 페미니즘을 비판하는 사람에게도 억압받는 자들과 함께 살아가는 현실은 있고 그 억압은 어떻게든 해소되어야 한다. 우리가 무엇인가를 시작할 수 있는 유일한 근거는 우리 자신에게, 즉 우리 내부에서 계속해서 일어나고 있는 문제에 달려 있다. 스스로의 정체성을 가지지 못하는 사람은 남에게 도움을 청할 수도 남을 도울 수도 없다. 이러한 지점에서 유교와 페미니즘의 어색한 만남의 자리는 계속 모색되어야 한다. 이러한 일은 길고도 힘든 여정이며 어쩌면 우리 생애에 끝나지 못할 일이 될 수도 있다. 하지만 우리의 현실에 대한 관심을 향상시키기 위해서, 그리고 남의 말과 생각을 빌어서 사회 변혁을 이룰 수 있다는 어리석고도 엄청난 모험을 시도하지 않기 위한 기초를 위해서, 우리 자신의 전통과 현실을 한꺼번에 돌아보지 않을 수 없다.

현대 사회에서 전통을 어떻게 향유할 것인가의 문제는 다양한 방식으로 이루어질 수 있을 것이다. 전통과 현대 사회가 만날 수 있는 기회를 마련할 수도 있고 아니면 그와는 아주 반대로 전통과 현대가 어떻게 결별하는가의 지점을 찾는 작업일 수도 있다. 사람다움, 인(仁), 효(孝), 친친(親親), 충서(忠恕), 조화(和), 음양(陰陽) 등은 단지 칭송받기 위해 '거기에' 있어야 하는 것이 아니다. 그것들은 현실과 만나기 위한 표지와 지침들로서 우리를 향한 '여기에' 있어야 하는 것이다. 그것을 현실의 무대로 나서게 하는 일, 그것이 비록 모험일지라도 그 모험은 이제 단행되어야 한다. 왜? 우리가 미래에 서 있을 자리는 이제껏 우리가 서 있어왔던 자리, 혹은 지금 우리가 서 있는 자리보다 훨씬 나아야 하기에.

이 책은 1997년 박사 학위를 받은 이래로 줄곧 관심을 가지고 연구해오던 문제를 2008년도 성균관대학교 출판부의 우수도서 공모를 위해 기획한 결과물이다. 전통 철학과 현대 페미니즘을 엮으려는 시도는 결국 그 중간지대에서 작업할 수밖에 없게 하였으며, 이 속에서 둘 사이에 서로 만날 수 없는 지점을 봉합하는 데 미묘한 신경전을 펼쳐야 하는 고충을 겪었다. 또한 전통, 가부장제, 여성 억압이라는 지평 아래 쓰여진 다양한 유가 문헌들의 내용을 페미니즘의 시각에서 비판하고 재활용하느라 힘들기도 하였다.

그러한 노력에도 불구하고 두 개의 상이한 전통과 논의의 지평 사이에서 타협의 지점을 마련하려는 가운데 억지가 있을 수 있다. 팽팽한 긴장이 서려 있는 불편한 관계에 있는 두 개의 사상이 비록 충돌하지만 그래도 만날 수 있는 여지가 있다고 파악하고 그것을 드러내고자 하는 데서 통합성, 동질성 같은 문제에 대해서는 미처 해결하지 못한 면이 있다. 아니 좀 더 정확히 말하자면 단일한 관점이나 하나의 단단한 원리가 아니라, 이론 틀과 지적인 해석 모델을 변경시키면서 그것으로부터 산출되는 삐죽삐죽한 모습을 그대로 드러내는 것이 본래 의도였다고 해야 할 것이다. 그래서 통합성, 종합성, 동질성 등의 것들은 처음부터 필자의 관심 대상이 아니었다고 말하는 편이 더 맞을 것 같다.

이 작은 결실은 많은 분의 도움이 있었기에 이루어질 수 있었다. 우선 낱낱이 흩어져 있던 필자의 생각을 하나로 꿸 수 있게 기회를 제공해준 성균관대학교 출판부에 감사한다. 성균관대학교 출판부에서 멍석을 깔아주지 않았더라면, 이 결실은 몇 년을 더 기다려서야 세상에 나올 수 있을 것이거나 아니면 영영 세상에 나올 용기를 내지 못하였을지도 모른다. 또한 성균관대학교 유학동양학부의 은사님들과 선생님들께 감사드린다. 필자가 여성주의 입장에서 유가 철학의 가부장성에 대해 심히 비판하면서도 30년 가까이 동양철학의 끈을 놓지 않을 수 있었던 것은 그분들의 동양철학에 대한 애정과 필자에 대한 온화한 관심과 격려에 힘입은 것이다. 일일이 찾아뵙고 인사드리는 것이 도리겠지만 우선 이 자리를 빌어 감사드린다.

이 작업을 하는 데 무엇보다 직접적인 도움을 받은 것은 오랫동안 여성주의 연구를 함께 해온 두 단체이다. 한국여성철학회의 신옥희, 이상화, 최인숙, 김혜숙 등의 역대 회장님과 김혜련 현 회장님 및 회원들, 그리고 연효숙, 이정은, 이현재를 비롯한 한국철학사상연구회 '여성과 철학' 분과원의 힘이 참으로 컸음을 밝힌다. 이 동지들이 아니고서는 동양철학을 전공한 필자가 온전한 여성주의 연구를 할 수 없었을 것이다. 여성주의 인식과 실천은 혼자만의 생각으로, 책상 앞에서 그저 이루어지는 것이 아니라 같은 경험, 같은 고민을 하는 사람들과의 연대 속에서 이루어지는 것이기 때문이다. 그들이 있었기에 오늘의 이 자리까지 길을 잃지 않고 올 수 있었다. 여기에서 그들의 이름을 하나하나 모두 밝히지는 못하지만 이 결실은 그들의 도움이 아니고서는 불가능했을 것임을 고백하며, 그들 모두에게 무한한 감사를 드린다. 또한 이대 아시아여성학센터의 허라금 선생님을 위시한 생명정치연구회 세미나 팀과 우재명 신부님, 최혜영 수녀님을 비롯한 한국가톨릭여성연구회 생명연구 세미나 팀에도 감사드린다. 그들과 함께 공부하면서 여러 가지 새로운 여성주의 이슈를 개발할 수 있었고, 그것의 결실이 이 책 곳곳에 숨겨져 있다.

연구에 전념할 수 있도록 배려해주신 성신여대 교육문제연구소 윤용남 소장님께도 감사의 마음을 전한다. 소장님의 특별한 배려 덕분에 주어진 시간 안에 작업을 마무리할 수 있었다. 또 The Madeira School의 Ms. Reilly와 Ms. Mahoney, 그리고 Dr. Elisabeth Griffith에게도 감사드린다. 그들은 양육의 문제와 관련하여 자매애를 톡톡히 발휘하여 주었으며, 미래의 여전사를 키워내는 작업이 얼마나 중요하고도 필요한 것인지를 실천적으로 보여준 분들이다. 마지막으로 이 결실이 있기까지 늘 곁에서 힘이 되어주신 부모님을 비롯한 가족 모두에게 감사드린다. 그들은 내가 이 결실을 맺지 못했더라도 내가 하는 일에 끝까지 응원과 격려를 보내줄 사람들이지만, 이 결실에 누구보다도 기뻐하고 흐뭇해할 것이다. 이 밖에도 음으로 양으로 도와주신 모든 분들께 감사의 말씀을 전한다.

2010년 봄
김세서리아

공자, 페미니즘을 상상하다

초판 1쇄 인쇄 2010년 5월 19일
초판 1쇄 발행 2010년 5월 26일

지은이 김세서리아
펴낸이 서정돈
펴낸곳 성균관대학교 출판부
출판부장 한상만
편 집 신철호 · 현상철 · 구남희
외주디자인 아베끄
마케팅 장민석 · 송지혜
관 리 손호종 · 김지현

등록 1975년 5월 21일 제1975-9호
주소 110-745 서울특별시 종로구 명륜동 3가 53
대표전화 02)760-1252~4
팩시밀리 02)762-7452
홈페이지 press.skku.edu

ISBN 978-89-7986-849-4 93150

잘못된 책은 구입한 곳에서 교환해 드립니다